作者简介

贾 毅 博士，教授，广东财经大学人文创意学院院长，广东省青联文艺界别委员会理事。长期研究电视及新媒体节目和节目主持人，出版专著《电视节目主持人影响力研究》，编著教材《普通话语音与科学发声训练教程》，主持多项国家级、省部级课题，在核心期刊发表学术论文30余篇。

贾 毅◎著

电视节目主持人
意见性话语研究

人民日报学术文库

人民日报出版社

图书在版编目（CIP）数据

电视节目主持人意见性话语研究 / 贾毅著. —北京：
人民日报出版社，2017.5
ISBN 978 - 7 - 5115 - 4772 - 9

Ⅰ. ①电… Ⅱ. ①贾… Ⅲ. ①电视节目—主持人—社会
影响—研究 Ⅳ. ①G222.2

中国版本图书馆 CIP 数据核字（2017）第 151045 号

书　　名：	电视节目主持人意见性话语研究
著　　者：	贾　毅
出 版 人：	董　伟
责任编辑：	曹　腾　高　亮
封面设计：	中联学林

出版发行：人民日报出版社

社　　址：北京金台西路 2 号
邮政编码：100733
发行热线：(010) 65369509　65369527　65369846　65363528
邮购热线：(010) 65369530　65363527
编辑热线：(010) 65369523
网　　址：www.peopledailypress.com
经　　销：新华书店
印　　刷：三河市华东印刷有限公司

开　　本：710mm×1000mm　1/16
字　　数：270 千字
印　　张：16.5
印　　次：2017 年 10 月第 1 版　　2017 年 10 月第 1 次印刷

书　　号：ISBN 978 - 7 - 5115 - 4772 - 9
定　　价：68.00 元

前　言

　　电视节目是从前期到后期多个工作岗位、多位电视人的合作结晶。其中，主持人是非常重要的一个节目创作主体，是主持人节目的核心角色，传播信息、驾驭节目是其基本角色职能，主持人的表现与节目质量、收视率、影响力等密切相关。诸多学者认为，权力的不平等来自于不均衡的战略资源分配，诸如金钱、法权、知识、信息资源的控制，节目主持人就是战略资源优势群体，因为他们具有在大众媒介发布信息的权力。"话语表达"是电视节目主持人的一项主要工作和基本工作方式，"表达什么"和"怎样表达"是主持人话语表达最基本也是最关键的两个方面。

　　"表达什么"，主要指主持人话语表达中的内容，包括"事实性信息"和"意见性信息"，前者是对客观事实的真实表述，后者是指包含有观点见解、立场态度的主体诉求。"怎样表达"则是指主持人所采用的传播方式及其策略。对于具有高度自主性的电视节目主持人而言（这也是主持人与播音员这两个电视传播主体的最大不同之处），传播意见性信息是其在主持节目过程中的一项要务，通过适当的方式和策略表达意见性信息，不仅是主持人完成角色功能不可缺少的信息内容，更是主持人充分利用话语空间表达个性化信息吸引和影响受众的重要方式，是收视率的重要保障。意见性信息理应是主持人传播的核心信息，意见性信息的话语表达（从内容到形式），也是主持人语言表达至关重要的一个组成部分。然而，通过梳理国内外已有研究发现，欧美学者将"节目主持人"作为一个专门性对象进行的研究并不多，对主持人意见性信息的作用和需要在一些相关文章中有所涉及，但基本是"蜻蜓点水"；而国内学者对此的关注也非常有限，没有形成系统性的论说。个别学者在相关研究中对主持人传播意见性信息贯通性地存在于各类节目中，而并非局限于新闻节目中的事实和作用予以了肯定,但较为散乱、认识尚浅,未见深入的、成体系的研究。因此,对其从内涵到外延、从理论到应用开展立体式的深入研究就显得很有必要性。

康德认为:"无论是一段粉笔与其余的事物之间,还是在粉笔与太阳或月亮之间,都存在着差异。在一段粉笔内部,每一个分子的位置和可能处于的位置这两者之间也都存在着不计其数的差异。我们只是从这数量众多的无限之物中选取出非常有限的部分,这一部分即信息。"①可见信息源本身具有无穷性和复杂性的特点,所以信息的掌控自然就具有难度,正因如此,寻找规律、把握规律就显得尤为重要。本著作,试图从全新的角度审视和思考电视节目主持人的意见性信息传播活动,阐明这种信息在各类节目中的普遍存在性和重要价值,关注和研究其在传播实践中的话语表达,包括内容与形式,深入探究意见性信息符号生成与表达方式二者的内在联系和规律,厘清与之相关的内外部因素,这对于深刻理解电视节目主持人的角色、使命和特征,从而更加自觉有效地传播意见性信息,满足受众的多元需要,提升其传播力、影响力和竞争力,无疑具有重要的理论创新价值和实际指导意义。

---

① Bateson, G. Steps to an Ecology of Mind. London: Granada, 1972: 428.

目 录
CONTENTS

从全新的角度审视和思考电视节目主持人的意见性信息传播活动,关注和研究其在传播实践中的话语表达(包括内容与形式),深入探究意见性信息传播与话语表达方式二者的内在联系,阐明其所具有的独特功能作用,厘清与之相关的内外部因素,进而认识和揭示其规律,这对于深刻理解电视节目主持人的角色、使命和特征,促使其更加自觉有效地传播意见性信息,满足受众的多元需要,提升其传播力、影响力和竞争力,无疑具有重要的理论创新价值和实际指导意义。

前已提及,电视节目主持人话语表达所传播的信息内容,如果从种类上划分,大致可分为事实性信息和意见性信息,前者主要源于客观事实且受其制约,后者更多属于主持人自身的"个人制造",它能更加凸显主持人的话语创意能力,抒发其独到见解与情感,故而日益成为节目主持人语言表达的核心内容和影响受众的重要方式。

2014年第十届金鹰节颁奖晚会上,中国电视界目前人气傲人的四大男主持人——汪涵、何炅、撒贝宁、华少,被冠以"F4"的"昵称"同时请出,晚会给他们四人出的"考题"或者叫"表演节目"就是即兴观点表达。他们被要求分别打开自己面前的礼盒,根据里面的东西作即兴"演说",话语表达的落脚点是对金鹰电视节的祝福。这一对当今中国最优秀男主持人的"测试",既代表了电视观众对节目主持人的期盼与诉求,也在一定程度上明示着电视节目主持人发挥其聪明才智的方向。与此同时,电视节目主持人的意见性信息话语在各类节目中的风行,也昭示了其快速发展的态势和日益重要的地位,凸显了其愈益强烈的现实需求,这是不断创新发展的传播实践对滞后的理论研究提出的挑战与呼唤!

电视节目主持人以各种方式表达的"意见",既是主持人的个性化产品,也是电视媒体的产品,关乎社会效益和经济效益。对电视节目主持人的意见性信息话语表达的研究,是从信息传播内容和话语表达方式双重视角对主持人理论的深度挖掘。以理论创新拓宽研究思路,用更有针对性的研究成果来回应和解答实践提出的问题,这既是本文的动因,也是研究的意义所在。

二、研究对象及核心概念的界定与解读

如前所述,电视节目(不含电视剧)可划分为主持人节目和非主持人节目。主持人节目中,主持人常常以其落落大方、潇洒自如的表现为节目增色,他(她)们作为电视节目的传播主体、创意主体和控制主体,言行贯穿于电视节目的制作和播出的全过程,因而是电视节目的核心角色。主持人以电视作为传播介质和平台,以节目(内容和形式的统一)作为其信息传播载体,以传播信息、驾驭节目为基本角色任务,其表现与节目质量、传播效果、影响力、收视率等密切相关。

信息传播活动是大众传播研究领域特别是新闻传播研究的重要对象。概而言之,传播活动中主要传播两类基本信息:一类是新的事实性信息,主要告诉人们发生了什么事,其表现方式是各类新闻报道;另一类是新的意见性信息,主要针对新近发生的大事要闻或是各种社会问题,发表意见观点、表明立场态度等,其表现方式是各类新闻评论。这种泾渭分明的情形,在报刊为主体的新闻业中曾长期存在。然而,随着当代新闻传播业的发展,电视作为不仅传播新闻类信息,而且提供各种娱乐与服务的大众传媒,满足了社会受众的多方面需求,包括在主持人节目中实时传播的各种意见性信息,以满足电视观众的新需求。事实上,在令人眼花缭乱、目不暇接的众多电视节目中,以主持人为核心或灵魂的节目里面,意见性信息的传播方式已经发生了许多值得注意的新变化,即它已不再局限于传统的狭义新闻评论的传播模式之中,而是通过各种话语表达方式渗透于电视节目的全过程。

倘若从符号学的视角考量,电视节目主持人所传播的意见性信息,应是指信息符号中包含有表达观点、见解、态度、立场等指向性的符号,与客观表达事物的事实性信息符号相对应。电视节目主持人传播的意见性信息符号可以有广义和狭义之分,广义的概念是指:电视节目主持人这一传播主体、身份主体,通过各种途径所传播的具有意见性质的符号,包括人际传播、大众媒介、自媒体、各种艺术形式、各种活动,等等。这一概念下的主持人是一个社会视野下的大众传播人;狭义的概念是指:电视节目主持人在节目中为了完成主持人的角色任务,为了促成节目线状流程,为了保证节目质量,为了提升节目竞争力,在话语表达时传播的具有意见性质的符号。这一概念下的主持人是一个电视角色明确而且受到媒介规约的信息传播人。我们这里讨论的是狭义概念的电视节目主持人及其所传播的意见性信息符号。

电视节目主持人对意见性信息的传播,主要通过各种话语表达方式得以实现。而话语表达是主持人根据节目需要和特定情境,组织具有意见性的信息符号,形成语句,通过有声语言的形式进行传播。虽然意见性信息也被人们在日常生活中广泛地传播,但是,电视节目主持人的意见性信息传播与日常生活中人们对于意见性信息的传播,两者之间还是存在一定的差异,其区别见表1.1。

表1.1　两种不同性质的意见性信息传播之比较

电视节目主持人的意见性信息传播	日常生活中的意见性信息传播
即刻成意,即刻表达,通顺流畅	可以思考,可以停顿
意见表达目的明确,主要服务于节目和观众	没有特定的目的要求
社会传播要求语言具有审美性和广泛接受性	语言表达随意
意见表达要有恰当的意见点	没有特定的时间、时机需要把控
意见性信息一次性表达,观点必须清晰、易懂	可以重复表达
观点受制于内外部环境(社会环境、政治环境、节目类型、形态、角色定位等)	观点表达相对自由
时间有限、篇幅有限	长短灵活自由
意见传播方式讲求表达的艺术化(有多种技巧)	表达清楚即可

不言而喻,目的明确、主要服务于节目和观众的电视节目主持人的意见性信息传播,只有采取与之相契合的有效的话语表达方式,才能收到预期的传播效果。正因如此,深入研究电视节目主持人意见性信息传播活动,就需要细致地考察其话语表达方式,并从学理层面剖析和阐明二者之间的内在联系,解读其所具有的独特功能作用,探究与之相关的内外部因素,进而认识和揭示其中蕴含的规律。

需要特别说明的是,主持人的意见性信息并不完全等于"评论",意见性话语表达并不完全等于传统意义上我们认为的"主持人评论"。虽然两者均是以"意见观点"表达为核心,但传统意义上的主持人评论一定是就某一"新闻事件"或"事物"发表言论、评价,形式较为正式,意义较为深刻,观点较为充分。而本书中所说的意见性信息更为广泛:这种意见可以是传统型评论,比较正式;可以是一句简洁的判断,如"我不这么认为",也可以是包含着观点的玩笑、小曲、打油诗等等,形式不拘一格,如叶惠贤在首届"金话筒"颁奖晚会上,面对赵忠祥从信封中抽出的题目"目前综艺晚会的通病是什么",回答道:"节目老一套,掌声挺热闹。不看舍不得,看后全忘掉。"因此,这里探讨的意见性信息概念内涵丰富,表现形式多样,应用灵活。而且主持人的意见性信息话语并不一定有"我认为""我觉得""我建议"等评价性标记语,常常是意融于言的状态。

从当前媒介的内容呈现样态来看,"主持人"存在于广播、电视和新媒体之中。为什么本文仅仅强调"电视"媒体,在此需做一说明。

首先,要区分广播电视节目主持人和新媒体主持人。在"中国知网"以"新媒体主持人"进行"主题"搜索,共获得相关论文 73 篇,主要是针对视频节目主持,这说明新媒体主持人已被不少人视为一个独立的研究对象。不过,虽然新媒体环境下视频节目的传播通道、视听方式、接受人群等与传统电视节目有一定区别,新媒体自制节目也具有一定的自我特征,但节目本身的艺术样态、构成元素、制作方式没有实质性区别,因而对电视节目主持人的探讨与新媒体视频节目主持人具有很高的相通性。

其次,是厘清广播与电视。主持人在广播与电视节目中的功能和作用并无实质性区别,但在此还是必须把二者分离开来。首先,媒介即信息,不同的媒介与体裁则使得不同形式的思考与行为成为可能。① 这就预示着依附于两种媒介的意见性信息必然存在差别;其次,二者在媒介特性、节目样态、传播方式等方面具有差别,这些在主持人这一传播主体身上均有体现。

因此,笔者在三思之后还是决定选择"电视节目主持人"为具体研究对象,这样研究点更集中,更具代表性,也更易将核心观点深入阐释。但本文的研究理念和核心论点,对于广播节目主持人也完全适用。

对电视节目主持人的研究必然与电视节目相关,主持人不可能孤立于电视节目之外。而电视节目有多种分类方法,如从主持人这一角度可以分为主持人节目和非主持人节目。本文选取的研究对象是主持人节目,且以主持人深度参与的节目类型及其个案节目为研究对象。研究对象如图 1.1 所示。

---

① ［丹麦］克劳斯·布鲁恩·延森. 媒介融合:网络传播、大众传播和人际传播的三重维度 ［M］. 刘均译. 上海:复旦大学出版社,2015:111.

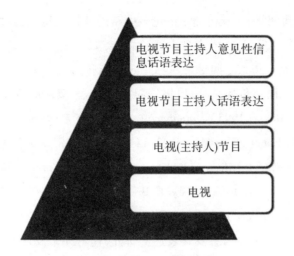

图 1.1 本论文研究对象

三、国内外研究现状述评

（一）国外研究述评

20世纪20年代节目主持人诞生于荷兰,美国人使这一角色获得长足的发展,并于1952年界定了"Anchor"即"节目主持人"这一角色概念。西方学者对话语表达的研究也很早,公元前330年,亚里士多德(Aristotle)在《修辞的艺术》一书中就谈到演讲者的话语表达技巧,指出演讲者要运用逻辑的(理性)、情感的(感性)、道德的(德性)感染力去进行讲话。但是,以美国为代表的西方国家,并没有把"节目主持"作为一个单独的专业在大学中开设,专门针对"节目主持人"的研究也并不多,对主持人话语表达专门性研究很少。在 ProQuest 博硕士论文全文数据库进行标题搜索,输入"TV Host"或者"TV Anchor"或者"TV Presenter"或者"TV Commentator"均无搜索结果,这至少说明在欧美国家,电视节目主持人没有被研究生作为一个重要对象专门研究。但搜索结果同时发现,对电视节目、电视文化、传播效果等方面的研究中,会涉及节目主持人。

总体而言,西方国家涉及节目主持人的相关研究主要归结为以下几个方面:其一,新闻节目主持和新闻主播,尤其是在美国,对新闻主播的关注度很高。20世纪40年代,美国就出现了对主持人及新闻评论员在电视新闻节目中的传播作用的研究。其中有针对新闻主持人的专门性研究,如:Conway, Michael Thomas(2004)的博士论文 *The visualizers: A reassessment of television's news pio-*

neers。在有关新闻学、大众传播学的论著中新闻节目主持人会被作为一个要素提及;其二,主持人个人自传或个人经验总结,如《芭芭拉·沃尔特丝回忆录》《你我之间:迈克·华莱士回忆录》《拉里·金自传》;其三,节目主持相关技巧,包括语音、发声、语言传播技巧、风格培养,等等。如 *Making it as a Radio or TV Presenter*(Peter Baker,1995), *Announcing:Broadcast Communicating Today*(Carl Hausman,Philip Benoit,Fritz Messere,Lewis B. O'Donnell,2007), *Broadcasting Announcing Worktext:A Media Performance Guide*(Fourth Edition)(Alan R. Stephenson,David E. Reese,Mary E. Breadle,2013), *The TV Presenter's Career Handbook:How to Market Yourslef in TV Presenting*(Kathryn Wolfe,2014)。

　　对于主持人意见性信息及其表达的研究,作者并未发现专门的、系统性的论著。但在相关问题的研究中有对此议题的关注,也有一些比较零散的研究成果。一类是传播效果与舆论领袖的研究。西方学者对大众媒介及电视的传播效果研究较早,研究成果也很丰富,传播效果的研究中会涉及对传播主体——主持人的研究。例如:1984 年美国在任总统罗纳德·里根(Ronald Wilson Reagan)与民主党人候选人沃尔特·蒙代尔(Walter Frederick Fritz Mondale)进行总统竞选角逐。有学者对美国三大电视网[①]新闻主持人在报道里根或者蒙代尔时的面部表情进行对比研究。结果发现,CBS 的丹·拉瑟(Dan Rather)和 NBC 的汤姆·布洛考(Tom Brokaw)报道有关两位竞选者的新闻时,面部表情没有任何差异,ABC 的彼得·詹宁斯(Peter Jennings)在报道里根时,面部表情明显积极很多,结果 ABC 观众投给里根的票明显多于 CBS 和 NBC 的观众。McLeod J M,McDonald D G 和 Scheufele D A,Shah D V 分别于 1985 年和 2000 年在 *Communication Research* 发表文章指出:"主持人传播的信息对公众观点、政治倾向,有很大影响。"Marianna Patrona 在 'A mess' and 'rows':*evaluation in prime - time TV news discourse and the shaping of public opinion* 一文中指出:主持人、记者的意见在他们的提问中就有所包含,而且他们是公众的代言人,有公正地引出代表公民利益的他人观点的责任;另一类是对不同类型节目及其主持人的研究。西方一些学者在对不同类型的节目及其主持人的探讨中,认同主持人意见性信息的存在性及其重要传播价值。例如:美国学者 Angela Smith(2010)在 *Lifestyle*

---

① 美国三大电视网分别是:哥伦比亚广播公司(CBS),全国广播公司(NBC),全美广播公司(ABC).

television programmes and the construction of the expert host 一文中指出："时尚节目主持人以这个领域专家和朋友的身份给大众一些建议和指引，大众也乐于接受他们的意见"；希腊学者 Marianna Patrona（2006）在 *Conversationalization and media empowerment in Greek television discussion programs* 一文中指出："在希腊电视讨论节目中，主持人会积极参与讨论，会表达自己的意见。"美国体育解说员、体育主持研究专家 Tom Hedrick（2008）在对体育主持人深度分析的 *Art Sportscasting* 一书中指出："主持人不仅仅是讲话，他讲的话必须具有权威性并饱含丰富的信息，主持人的讲话要能够给听/观众一些可享受的东西、一些可理解并玩味的东西以及一些真实而准确的信息和见解的声音。"其中权威性信息和有见解的信息都体现出对主持人意见性信息的要求。

这些研究成果说明，西方学者对电视节目主持人意见性信息的话语表达从不同角度有一定认识和认可，而且也在实践中有所运用。但并未有系统性的理论研究。

（二）国内研究述评

1980 年 7 月 12 日中央电视台《观察与思考》节目中出现"主持人"三个字，开启了中国电视节目主持人的历史，1983 年《为您服务》首次设置固定主持人，由沈力担任，沈力成为第一位固定栏目的主持人。与西方国家不同的是，我国广播节目主持人的诞生稍晚于电视节目主持人，她的诞生以 1981 年元旦徐曼以主持人的身份主持《空中之友》为标志。因此，从"主持人"这一角色审视，两种媒介的传播主体差不多在同一时间起步。对主持人的研究在国内是从 1981 年之后陆续开始出现的，但 1987 年以前对"主持人"这一角色的使用和相关研究都非常之少，20 世纪 80 年代末 90 年代初，"主持人"这一角色在我国电视节目中被广泛认可且日渐普及，其研究也渐渐增多，1993 年以后电视节目主持人和对其的研究随着中国电视的迸发一同进入了快车道。因此，国内真正对主持人理论的深入研究仅仅 20 余年的历史。

与本论文最密切相关的研究视角主要是"话语（语言）表达"和"主持传播"，当然与其他研究方向亦有交叉。语言表达在"播音员"时代就是对传播主体主要的研究内容。对主持人语言的研究，是在原有基础上对话语内容和表达方式的增补性和差异性研究。已有研究主要集中在五个方面：第一，主持人语言的规范性使用。例如，吴郁教授（2004）在《播音主持语言的定性分析》中指出："播音员、主持人是用语言进行传播的，同一社会的人们在进行语言活动时要想获得理想的交际效果,就必须遵守已经选定的语言的规范。"张颂老师(2001)在《关于"通用语言"的思考》一文中说,"普通话一级甲等和规范汉字仅仅是播音员、主持人的基础的起码的要求",而且提出"还必须进入美学层面"。第二,主持人话语表达的艺术性。主持人的艺术表现性很大程度上就体现于"语言"的艺术性,这一点学界颇有共识。张颂老师(1999)提出语言传播美感营造的四个层面:音声美、意蕴美、分寸美、韵律美。第三,主持人语言特点以及在各种节目类型中主持人的语言运用。早在1987年敬一丹在《论节目主持人的语言特点》一文中指出主持人具有"个性化"和"谈话式"两大特点;刘力军(2006)在《主持人的语言特点评析》一文中总结出了主持人语言的五大特点:讲求口语、语言规范、交流感强、具有个性、富于审美;应天常、吴宏林等学者结合语言学与口语应用的特点,指出主持人语言表达的几个要素:语感、语流、语义、语形、语脉,对口语表达有较大的指导作用。第四,主持人语言的风格、个性的研究。吴郁(1999)指出主持人的语言风格特征:整体性、稳定性、多样性,她还指出主持人的语言是富于个性的正式口语,主持人的语言个性可以通过主持人所关注的话题、立意、角度、材料组织、话语方式、表达特点表现出来;徐洁(2011)归纳出主持人语言的五种风格:朴实无华型、青春活泼型、沉稳儒雅型、感情真挚型、蕴含哲理型。第五是对主持人语言综合运用和评价的研究。姚喜双教授(2005)总结出的主持人语言考评体系由语言和副语言系统构成,包括语音、声音、形象、气质、感受、表达等。对主持人语言研究的代表性著作有,张颂(2003)《中国播音学》、吴弘毅(2007)《广播电视语言规范化研究》、吴郁(1999)《主持人的语言艺术》、应天常(2008)《节目主持语用学》、翁如(2007)《主持人思维训练教程》等,多侧重于主持人话语表达技能和艺术表现性。

从传播学角度解析主持行为的系统研究出现于近10年,代表著作是中国人民大学高贵武教授的《解析主持传播》(2004)和《主持传播学概论》(2007)。从传播学的角度系统分析了主持人传播的形态、符号、特点、环境、策略、优势、劣势、内外动因以及受众等。同类研究还有,陈虹(2007)《节目主持人传播》,毕一鸣(2011)《主持艺术的新视野:传播学视野中的主持艺术》。

以上两类研究,对主持人话语表达和信息传播均有比较全面的研究,也是本研究重要的辅助性理论基础。其中,对节目主持人意见性信息的话语表达亦有涉及,但对这一概念的理解还比较浅,还未形成系统性研究。综合分析已有的论著,发现相关研究可以归为以下几大类:

第一，新闻节目主持人评论。在"中国知网"进行"篇名"检索，键入"意见传播"共获得54篇搜索结果，主要是研究"意见领袖"的文章，均与节目主持人意见传播无直接关系。键入"意见性信息"，仅仅获得一篇与本论文研究相关的学术论文，谢今文（2005）的《新闻传媒中意见性信息传播初探——兼谈传播者的素养要求》，而且该文所谈的传播者是指传播活动的各级领导者和各种实施者，并不是针对节目主持人而言的。在"中国知网"进行主题搜索，"主持人"并含"意见"，仅仅查到数量很有限的有关主持人意见领袖的文章。在"中国知网"进行"篇名"检索，输入"节目主持人评论"共获得147条相关结果，而且在已有的研究中，"主持人评论"就基本等于"新闻节目主持人评论"。这些研究对主持人评论的方法、要求、语言、素养等，做了很详细的研究。换言之，在已有的研究理念中，研究者多立足于新闻事件，认为主持人只有在新闻类节目中才存在评论，才存在意见性信息的传播，这一理解显然不够全面。

主持人电视新闻评论节目在我国起步较早，1980年"主持人"的诞生地《观察与思考》就是一档评论节目，20世纪80年代主持人在评论节目中的表现就已很活跃了，演播室评论、现场评论、采编播评一体等。因此，对新闻评论节目主持人的研究，从20世纪80年代就开始了，但研究成果很有限。早期有代表性的研究成果是，1983年王非发表于《现代传播》的《电视新闻采、编、播的一体化——试论新闻节目主持人的发展和影响》一文。作者直言，能否发表评论，是衡量电视新闻节目主持人水平的重要标准。文章谈到主持人在新闻节目中的意义："在电视新闻节目主持人主持的杂志式新闻节目中，评论占有一定的比例。评论打破了电视新闻的领域，打破了传统的狭义的电视新闻概念，为电视新闻注入了新的生命……"此文还指出了主持人评论的形式："主持人发表评论的方式是多种多样的。既可代表电视台发表针对全局的本台评论，又可针对一条新闻发表一事一议，也可以发表一两句富有哲理，幽默风趣的即席评论，使观众对主持人精辟的见解和点睛之笔留下深刻的印象，玩味不已。"由于受到时代的局限，作者认为："主持人发表的意见，不是一般性的客观叙述和描写，也不是随便谈点个人看法，而是代表编辑部表示鲜明的褒贬扬抑的态度。"1988年，姜力发表于《现代传播》的《浅析节目主持人的议论》是早期另一有代表性的成果，该文指出了主持人议论的三种方法：主持人在现场议论；主持人利用"同被采访者交谈"的形式议论；主持人采用点评的方式议论。20世纪90年代，随着《东方时空》《焦点访谈》《新闻调查》等一批电视评论节目成功，再加上中国国际地位的提升,媒体人意识到不仅要有第一报道权,还要争夺第一解释、评论,新闻评论节目主持人成为一个被重点关注和广泛研究的对象,这种研究"热情"一直持续到今天。吴郁(1999)在《主持人的语言艺术》一书中用两章内容来分析"评论类节目主持人的语言艺术",对新闻评论类主持人节目的类型、主持人言论特点、语言样态等做了详细的分析。评论类节目中主持人的评论确实属于典型的意见性信息话语表达,但这仅仅是本论文中心概念所包含的一小部分。

　　第二,对主持人"意见领袖""舆论领袖"身份和作用的研究。这一视角的研究虽然成果数量很有限,但确属主持人的意见传播效果的体现。学者们从信息源角度、话语权角度、社会角色角度等多个角度论证了电视节目主持人是意见领袖。但对于主持人意见领袖的探讨主要还是集中于新闻类节目,如《意见领袖:新闻节目主持人的理想状态》(柯涛,2003),这其实还是只有新闻类节目才能够传播主持人意见这一观念的延续或体现;其次,有学者突破了新闻类节目,把视角切入了谈话类节目,如赵汉庭(1997)《搞好谈话类节目主持人舆论导向》,毕一鸣(2004)《谈话节目中的"场效应"和"场控制"——论谈话节目主持人的调控作用》。毕一鸣核心论述了节目主持人是意见领袖,明确指出:意见领袖的高论被公众接受,不在于他们能说会道,富于鼓(煽)动,而在于表达的意见完美……另外,也有少数学者认为主持人的意见领袖身份体现在不同节目之中,如《论主持人的"意见领袖"角色》(昌毅,2011)一文中就谈到主持人在《经济半小时》《开卷 8 分钟》《娱乐串串 SHOW》等各种节目中具有舆论引导的作用。主持人舆论领袖的作用体现于各种节目之中,其实已经说明主持人的意见性信息存在于各类节目之中,意见性信息话语表达是主持人在各种节目中的言语常态,但这些学者并未明确地意识到并提出"主持人意见性信息话语表达"这一概念,更未从这一概念和角度进行深入研究。

　　第三,对谈话节目中主持人意见性信息传播的研究。由于谈话类节目的核心就是某些问题的探讨,因此避免不了意见性信息的传播,近年来也有极少数学者较为明确的指出,谈话类节目中意见表达是主持人角色完成的必须途径。例如:毕一鸣(2004)《谈话节目中的"场效应"和"场控制"——论谈话节目主持人的调控作用》一文中还指出:谈话节目就是无数意见相互刺激的形成的意见空间,即舆论场,主持人发挥着引发众意、循循善诱、促成共识的作用。这就表明主持人在谈话中需要传达自己的观点。陶皆良(2011)在《关于电视节目主持人话语权的思考》一文中指出:"主持人引导最关键的是在访谈节目不同观点的交锋中,进行政治、思想、观点、理念、道德、情绪等方面的引导,这不仅体现媒体的社会责任感,也是衡量主持人话语权水平高低最重要的一环。"话语权主要就是意见观点的体现。他在此文中还指出,评论是节目主持过程中最具个性化的评析,也就是主持人个性的体现。郭娟(2013)在《电视访谈中的评论性话语引导标记》一文中指出:"主持人作为代表媒体面向观众的传播者,作为访谈节目的组织驾驭者,需要在访谈的环节中恰当地、不失时机地进行点评、解读、强调或提炼归纳某些观点……评论性话语表明主持人是以个人身份直接面对观众的,它体现了主持人的主体作用,可以用来提升访谈的意义和价值,凸显主持人作为大众传播机构代言人的角色。""电视访谈节目中有很多评论性话语是由一些标记语引导的,如:我觉得、其实、就是、所以、那等。"

从以上回顾与分析可知,首先,在节目主持人领域,对于"意见、观点"之类的表达并没有一个统一的界定,"评论""点评"是最常用的表述概念,"意见性信息"这一从信息传播角度阐释的概念和"意见性话语"这一从语言学角度阐释的概念,还没有被广泛使用于节目主持人领域,对主持人意见性信息的理解还存在很多局限性;其次,已有研究其实从不同角度较为零散而隐晦地显现了,主持人话语表达中存在意见性信息,且具有常态性,但未能鲜明地提出,更没有全面论述其存在的原因;再次,对于主持人意见性信息的功能、意义以及具体应用等没有系统性研究,即使在对新闻类节目、谈话类节目主持人意见性信息的传播所做的有限研究中,也是由节目类型和宗旨而带入主持人观点表达这一研究视角的,并不是以意见性信息及其表达为切入点,更缺少对这一信息类型和传播行为的全面系统研究和深入思考。

笔者在进行了大量文献研究后,发现有三位学者,分别是高贵武、陆锡初和应天常,对"主持人意见性信息话语表达"使用于多类节目之中,是主持人基本的传播内容和重要的表达方式有较清晰的认识,甚至提出了与之相似的概念。

1997 年,高贵武在《浅论节目主持人的点评艺术》一文中指出:"所谓节目主持人对节目内容的点评,即节目主持人在主持节目时,根据需要对节目内容所作的真实、客观而富有个性的评论。"他还强调:"主持人的点评是主持人节目的重要组成部分,就新闻类、访谈类的节目而言,主持人点评不仅是节目过渡的必要环节,而且能起到画龙点睛的作用,为整个节目增色。"也许此时高贵武教授还没有完全突破新闻和谈话这两类节目类型,但至少是鲜明地提出主持人意见性信息在不同节目中都起着重要作用。2012 年,高贵武在《节目主持人的影响力及其生成》一文中指出:"广电节目主持人影响力的意义之一就在于,如果这样的角色'出席'或'缺席',会带来或缺少独有看待事物的方法,会促进或者无法促进有可能改变他人反应的关键进程……正如我们无法想象《实话实说》缺少了崔永元,《冬吴相对论》缺少了梁冬,会是怎样的一种结果。"这里所说的"独有看待事物"就是主持人的个性化意见,指出了意见性信息对于主持人和节目的价值。

中国传媒大学教授陆锡初(1998)在《节目主持人的点评议论艺术》一文中指出:"主持人点评是任何一个主持人节目结构中都必不可少的重要组成部分,它起着支撑节目结构的组织功能。事实与说理是构成主持人节目的两个基本要素,缺一不可。"文中的"主持人点评"就是"主持人意见性话语表达"。这说明,陆教授已经认识到主持人意见性信息的必然存在性和重要性。但是,他对这一观点的具体论述还是主要置身于新闻类节目,他这样说:"如果说新闻事实是基础、是依托;那么,点评议论则是对新闻事实的理性升华,又是提高主持人节目思想深度的重要手段。两者相辅相成,互为因果。"陆锡初在该文中还指出了主持人点评的几大特点:第一,不能独立成章,不搞集中的长篇大论,是零星、分散、片断式的,通常是依附事实并根据事实的需要,有感而发,适时点评;第二,表现手法,不拘一格,灵活多样;第三,从情景场合看,节目主持人的点评议论具有现场性和"我"在场的意识;第四,语言具有主持人的个性化;第五,从说理方法看,节目主持人常常通过"我"的生活经历,见闻和感受,将党性、个性和人情味融在一起,使情理交融,增强了感染力、亲和力。陆锡初提出三个要注意的问题:要有感而发,切忌无病呻吟;要有独特见解,切忌人云亦云;要抒发真情实感,切忌政治说教。从作者的这些分析和建议来看,既立足于新闻节目,也有超越之意。陆锡初(2012)在他后来出版的《节目主持人导论》一书中讲解主持人的点评时,还专门提及了"文娱晚会上的即兴点评",但没有做详细论述。

应天常教授(2001)在《节目主持语用学》一书中,根据主持人在节目中不同环节发挥的作用,将主持人的话语分为:主持人节目开场语、主持人节目衔接语、主持人节目发问语、主持人节目点评语、主持人节目交流语、主持人节目终结语。对"主持人节目点评语"的解释是,这是主持人在节目语境中重要的语言表达方式,而且常常是即兴式的表达。这一解释比较清晰地指明意见性话语是主持人在各种节目中均需使用的重要的话语表达形式。同时总结了三点节目点评语的语用功能:第一,意义揭示功能;第二,个性展示功能;第三,节目结构功能。

虽然以上三位学者对主持人意见性信息传播的理念已相对明确,但并没有做深入、系统的研究。至此可知,中外学术界对于主持人意见性信息的话语表达的存在性、功能、意义、应用方式等,还没有全面的认识,更没有系统性深入性的研究,甚至没有规范统一的学术用语。

也正基于研究现状,对节目主持人传播活动中的意见性信息及话语表达方式做出系统的理论剖析与策略研究显得很迫切。

四、研究思路与研究方法

(一)研究思路

本文从全新的角度审视、思考电视节目主持人这一角色的意见性信息传播活动,关注和研究其在传播实践中的话语表达(包括内容与形式)及其功能作用,并深入探讨与主持人意见性信息话语表达相关的内外部因素,在全面考察分析的基础上,得出相应的结论,形成一些带规律性的认识,实现理论创新的预期研究目标。

针对以往相关研究存在的认识误区或概念盲点,论文首先从理论认识的层面廓清概念,阐明意见性信息传播、话语表达和电视节目主持人等核心概念的内涵,以此为逻辑起点和理论依据,探究主持人通过话语表达传播意见性信息的必然性、必要性、存在原因、路径和重要意义,继而对不同类型电视节目中主持人的意见性信息话语表达进行系统深入的分析探讨,在此基础上进行归纳综合,总结意见性信息话语表达所具有的优势和特性、方式和途径,并且对电视节目主持人意见性话语表达的内在素养和相关语境等,做出有深度的剖析解读,最后对融媒体环境下电视节目主持人的意见性信息传播发展新态势、面临的机遇与挑战等做出预测和展望,同时对本文研究的主要内容、核心观点等做出简略概括。

(二)研究方法

本文采用规范研究和经验研究相结合、定性分析与定量分析相结合的方法,力求做到观点和材料、定性和定量、价值和工具等的统一,对不同形式的资料运用不同方法进行分析。主要使用的研究方法如下。

1. 文献分析。通过系统检索、认真查阅与本项研究相关的论著等文献资料,对其进行梳理分析,全面了解已有研究的现状,借鉴有价值的研究成果,在此基础上提出所要研究的主要问题,形成基本观点和研究思路,进而开展专题研究,完成论文撰写任务。

2. 个案研究。个案研究是通过详细地调查一件实例来了解这一实例所属的整类个体的情况。也可以理解为在同类事物中选择具有代表性的案例进行重点研究,以说明整体情况。本论文选取了四种节目形态,即新闻评论类节目、谈话类节目、真人秀节目和体育竞赛节目,希望通过对这四种应用广泛的节目类型中主持人话语的研究,说明意见性信息的广泛存在性和功能性。对不同类型节目的分析中仍然会选取典型节目做个案研究。

3. 内容分析。这是一种搜集与分析文章内容的技术,使用客观与系统化的计数与记录程序,得出对文本的符号内容的一种定量描述。本研究以不同类别具有代表性节目主持人话语为分析文本,通过对意见性信息关键词的量化研究,推理出主持人话语表达的意见性。

4. 比较分析。比较分析法也称对比法,通常是按照特定的指标系把两个相互联系的指标数据进行比较,以达到对研究对象客观、科学的评价。本文主要是对不同类型节目中的主持人意见信息话语表达进行比较分析,以更好地认识事物的特征,进而认识和揭示规律。

5. 问卷调查。问卷调查是实证调研最基本的方法,本论文意在通过实证调研获得受众对主持人意见性信息话语表达所产生的传播效果(如对其重要性、作用、影响等的看法)。

五、创新点与难点

(一)创新点

1. 研究视角具有创新性。以往对于节目主持人的话语分析多从话语表达的方法上进行研究,有关观点、见解等意见性信息传播的已有概念则是"评论"或"点评",而且与意见性信息传播相关的研究主要集中在新闻评论类节目,本论文突破了这一窠臼,从"角色扮演"的角度全面审视思考电视节目主持人在众多节目类型中的意见性信息传播活动,考察主持人的角色期待、角色定位、角色功能,探寻其不同的话语表达方式及内在联系,阐明意见性信息的功能作用,解读形成机制及内外部条件,为拓展此领域的研究和理论创新,提供了一种新路径和新思路。

2. 具有观点与见解的创新性。从理论上说明意见性信息是主持人在各种节目话语表达中普遍存的必然现象,并从理论上阐明了"意见内容"与"意见表达"二者的内在联系。通过对现有主要节目类型中主持人意见性信息话语表达的大量案例研究,归纳、总结和提炼出一些新的观点和独到见解,形成了一些带规律性的认识,这是在理论创新方面的有益尝试,也是对主持人实战技能指导的创新。

(二)难点

1. 在语用学中口语研究出现得较晚,研究的人也较少。书面语料比较容易获得,而口语语料的收集比较困难,研究时所牵涉的语境因素十分复杂,会话场合中的人和物,所听到的、所看到的或是所感受到的任何细节都不能忽视,这就给研究增加了难度。此外,这项研究还牵涉到很多会话参与者的背景知识,这些背景知识在语料分析中常常是极为有用的。因此,对于节目主持人口语的研究,存在语料收集、环境复杂、涉及元素众多等困难。

2. 节目主持人的意见性信息传播非常灵活,是一种很难全面把握的传播现象,要对这种应用性传播技能从实践层面上升到理性认识层面,并做出理论概括,其难度很大。虽然本论文基于对大量的理论研究和案例研究之上,试图全面找寻和深刻阐明主持人意见性信息话语表达的方式方法、途径手段、功能作用、内在规律等,但也难免不无疏漏之处。

3. 研究对象涉及了多种节目形态,包括:新闻评论类节目、脱口秀节目、真人秀节目、体育类节目等,与之相关的意见性信息话语表达方式(包括内容和形式)丰富多样,其涉及的知识领域非常宽广,还有不少理论问题属于跨学科的交叉研究,这对研究者是严峻的考验和挑战。

第二章　电视节目主持人的角色 与意见性信息传播

电视节目主持人这一呈现于大众视野中的社会角色,具有多重角色复合特征,必然有多重的大众期待性,从节目视角审视,主持人扮演着信息传播者和节目驾驭者的角色;从媒介视角审视,主持人扮演着媒介代言人的角色;从宏观社会场域审视,主持人扮演着公众人物的角色。莎士比亚(Willam Shake-speare)在《人间喜剧》中就说道:"全世界是一个舞台,所有的男人女人都是演员,他们有各自的进口与出口,一个人在一生中扮演许多角色。"对于每一个电视节目主持人而言,他们在不同空间和时间里,应该还扮演着太多太多的角色,比如母亲、父亲的角色,看电视时观众的角色,广告中形象代言人的角色,等等。对于本文而言,主要探讨以电视和节目为平台的职业角色。角色论中强调角色的"权利"和"义务"并行,在以主持人为主导与核心的电视节目中,通过各种话语表达方式,卓有成效地传播意见性信息,是主持人角色成功扮演的基本方式,也是主持人多重角色期望和功能实现的必然方式,这既是主持人的权利,也是主持人的义务。

第一节　电视节目主持人的角色与意见性话语表达

一、电视节目主持人的角色探析

"角色"(role)这一概念来源于戏剧,是作者、编剧、导演塑造的一个有鲜明特征的人物,由演员在戏剧舞台上所扮演。在角色扮演过程中,演员的表现受到角色预先设定的规约,其任务是凭借自己的演技最鲜活地展示"他者",但同时,也融入了演员自身的思想和特性,于是就有了无数位演员扮演的既统一又不同的哈姆雷特,因此,演员是戏剧体系中既受到规约和束缚,又具有独立性和主动性的主体。20世纪30年代,"角色"这一概念被引入社会学,"角色论"开始兴起,代表人物是美国社会心理学家乔治·赫伯特·米德(George Herbert Mead)和人类学家林顿(Ralph Linton)。米德认为:角色是一定社会关系所决定的个体的特定地位、社会对个体的期待以及个体所扮演的行为模式的综合表现。林顿认为:地位是权利和义务的一种直接的集合,角色体现着地位的动态方面,它是围绕地位而产生的权利义务和行为规范、行为模式,是人们处在一定地位上的人的行为期待。《社会心理学词典》对"角色"的定义是:"角色指与一定社会位置相联系的行为模式,是占有某一社会位置的人应有的行为表现。"①简而言之,角色就是社会中的个体或群体,根据社会的期望而产生的相应行为表现。个人行为可以被塑造成角色表演,角色如何扮演,一方面是角色扮演者依据自己对所要扮演角色的理解而做出的行为表现;另一方面是根据社会对个体的角色期待而做出的行为表现。当这两者能够契合、融合、统一时,就是成功的角色扮演。米德、戈夫曼(Erving Goffman)等人都认为人的行为是自觉的,可以通过适当的角色扮演来取得理想的效果。

角色扮演的最根本内涵是明晰角色定位,完成角色任务,进而也就完成了角色扮演。对于本文探讨的中心人物和角色范围而言,主要是指在节目中的角色定位和任务完成,即成功扮演其应该出演的"主持"角色。主持人的角色定位可以分为宏观定位和具体定位。所谓宏观定位就是主持人这一人物群体在电视节目中应该占有的基本位置和发挥的作用,通常而言是节目的掌控者和信息的传播者;所谓具体定位,由节目设计中对主持人的具体设置和使用方式,受众需求及主持人自身在此基础上的个人理解和努力方向共同作用决定,具有较大的差异性和变化性。比如《我是歌手》节目中,汪涵在舞台上主持节目,其定位是节目的掌舵人,维嘉、吴昕、李锐、田源等人则是与自己服务歌手形影不离的"经纪人"角色。具体定位既有节目设计者和主持人对受众传统期待的考虑,也有突破传统,创造新意,超越观众期望的考虑。当然,角色定位也与时代发展、社会文化、产业生态、电视理念等各种环境因素相关,20世纪80年代《新闻联播》节目主持人的角色定位是党和政府的代言人,传达消息是其角色任务,角色形象是

---

① 费穗宇. 社会心理学词典[M]. 石家庄:河北人民出版社,1988:147.

严肃的;今天,主持人虽然仍是党和政府的喉舌,但还是观众身边的朋友,与观众分享消息成为角色任务,角色形象是亲和的。如果主持人与角色期望中的形象和行为不符就会让观众有"角色模糊""角色错位""角色越位"的感觉。

主持人角色任务表象是通过有效的信息传播完成节目主持并吸引受众,其实质则是主持人能够与受众完成等价交换。主持人传播信息,受众反馈信息,在双方共同介入的传播过程中,他们实则处于一种互动状态,互动过程中他们相互交换信息、交换能量、交换利益,双方在互动过程中实现社会交换。因此,主持人与受众的关系也可以看作是交换关系,主持人的传播表现与受众的注意力形成等价交换,这也正是媒介经济被称为注意力经济的原因。主持人付诸了构建信息的时间和精力,赢得了受众理解信息的时间和精力,反之,受众付诸了理解信息的时间和精力,赢得了主持人构建信息的时间和精力。广义的社会交换可以被看成是下列事物的基础:群体之间的关系和个体之间的关系、权力的分化和同辈群体关系、对抗力量之间的冲突和合作、亲密的依恋和一个没有直接社会接触的社区中的关系疏远的成员之间的联系。①

从社会交换的角度来看,收视率其实就是受众的注意力资源与获得受众收视的节目之间的等值交换,所以,收视率也可以认为是交换率。主持人是这一交换中的重要砝码。表 2.1 至表 2.4 是中央电视台每隔五年一次的全国电视观众抽样调查,均显示主持人是影响收视倾向的重要因素。由包含主持人在内的节目对受众产生吸引,导致双方社会交换过程的开启及持续。吸引与需求是社会交换的缘起,互动是社会交换的表现形态,等值交换是交换持续的保障。良好的收视率或交换率不仅是节目存在的根本,也是主持人获得社会赞同的体现方式,是主持人心理的巨大支撑。社会赞同是社会交往中的一种基本报酬,收视率是一种内在性报酬。主持人与受众之间的这种社会交换是兼具了利益计算和情感表达的一种中间状态。社会交换包含了未加规定的义务,这些义务的履行取决于信任,因为它不可能在没有一种约束性契约的情况下得以实施。但是社会交换所要求的信任以一种自我调节的方式通过它自己的逐步扩展而产生出来。② 因此,主持人需要在这种交换中获得广泛的受众认同和赞同。为了赢得社会赞同,人们经常修改他们的观点,改变他们的行为,试图改进他们的

---

① [美]彼得・M. 布劳. 社会生活中的交换与权利[M]. 北京:商务印书馆,2008:37.

② [美]彼得・M. 布劳. 社会生活中的交换与权利[M]. 北京:商务印书馆,2008:173.

判断,并尽力为他人的福利做出贡献。① 这也恰恰是主持人为了赢得受众而在互动过程不断采取的行为。

表 2.1　诱发人们谈论电视节目的因素(1997 年全国电视观众抽样调查)

诱因	累计百分比
电视台披露了社会上的某个热点或焦点问题	60.94
某影视剧情节曲折,扣人心弦	46.76
某个节目在社会上产生了轰动效应	45.11
某节目思想内涵深刻,打动人心	29.44
对某节目主题歌或插曲感兴趣	21.85
对某明星喜欢或反感	16.57
影视剧人物性格有特点	15.80
对某主持人风格感兴趣	15.62
报纸等媒体对某节目评论引发话题	13.11
对某节目电视画面感兴趣	11.95
对某节目台词经久不忘	7.70
对某主持人或嘉宾发型、服饰感兴趣	6.34
经人推荐或集体组织收看并展开讨论	4.48
其他	0.47

表 2.2　影响观众收看某电视节目的原因(2007 年全国电视观众抽样调查)

影响因素	百分比
习惯看某个频道	70.42
喜欢看某个电视栏目到时候就看	65.53
随便搜索,发现好的就看	48.29
看到电视节目预告	26.72
喜欢主持人或嘉宾	16.45
亲戚朋友推荐	15.97
报纸、互联网等电视节目预告	4.35
数字电视上的收视指南	2.4
其他	0.01

---

① [美]彼得·M. 布劳. 社会生活中的交换与权利[M]. 北京:商务印书馆,2008:109.

表2.3 观众中途放弃收看某个电视节目的原因(2007年全国电视观众抽样调查)

中途放弃收看的原因	累计百分比
节目中广告太多	81.62
别的频道有我更喜欢的节目	49.01
广告内容令人反感	45.96
节目内容没有意思	35.99
电视信号不好,看不清	35.12
遇上不太雅观的镜头,一家老小感到尴尬	21.10
节目的场面或情节过分紧张、刺激,精神上难以承受	9.71
不喜欢节目中的播音员或主持人	5.77
不喜欢节目中的嘉宾	3.47
其他	1.82

表2.4 电视节目受喜爱的原因(2012年全国电视观众抽样调查)

喜爱电视节目的原因	男性百分比	女性百分比
贴近百姓生活热点	30.51	34.31
给人放松的感觉	20.09	28.77
主持人/主人公	20.15	27.68
节目新颖独特	16.62	18.83
能开阔眼界	16.09	10.63
内容丰富	13.23	12.12
权威可信	15.38	9.76
有深度/有内涵	13.45	9.89
看了还想看	10.69	12.41
有社会责任	13.23	9.47

当然因为角色的具体定位有别,角色任务也就不尽相同。具体到每一类节目,每一档节目,每一位主持人都会有所不同。比如,新闻评论节目中主持人是新闻事实的告知者和评价者;谈话节目中主持人首先是对话的组织者;单人脱口秀节目中,主持人是"表演者",是节目的全部内容;少儿节目中,主持人是孩子们的哥哥、姐姐,是孩子们的玩伴……再纵览这些角色任务的完成,回到这些

角色的原点不难发现,无论这些角色的具体功能是什么以及怎样实现,都必须通过话语表达传递信息,再通过信息调控节目,只是信息传递的内容和方式有所不同。于是,主持人这一角色在不同节目中的任务完成,就不可回避地要探讨传递什么信息,怎样传递这些信息。主持人将恰当的信息内容以合理的方式表达成为主持人完成角色任务,发挥角色功能,最基本的规范和行为途径。由于主持人角色的中心任务不是播报信息,而是对节目的全方位掌控,因此,具有态度、观点的意见性信息就很可能占有很强的话语优势地位。对此的具体分析,也是本章论述的核心内容。

二、话语表达与主持人意见性信息传播的必然联系

日常体验表明,我们从现实世界中所得到的感知,不是含混就是模糊,没有明确界限,很难为我们意识所掌握。只有经过语词化即赋予它一定概念性的意义之后,才有可能定性,为人们所认识,并在意识中固定、安顿下来。这就意味着,只有经过语言的整理和规范,人类的知觉才能在混沌中创造有序。这也说明,虽然人类具有感知的天性,但正是由于自然世界得到的天然感知的不清晰性,导致人类总是以符号的形式去界定和拥有自己的世界,人类通过语言符号把控世界,传递意识。于是人类在漫长的劳动实践中因为需要产生了语言,有了话语表达。话语(discourse)源自语言,"语言根据词汇和语法产生句子,彼此配合的句子一旦在特定的社会文化环境里被陈述,它们就变成言语事实,而最初的语言变成话语"①。简而言之,话语就是说出来或写出来的语言,是具体的语言行为。虽然话语在秩序上具有言语规则形式,但其根本无法回溯为一种纯粹的言语。因此,有学者提出"必须将话语看作一系列事件,看作一种政治事件,通过这些政治事件才得以运载着政权、并由政权反过来控制着话语本身"。②话语的功能包括:报道事实和表达思想,这一点从维根斯坦开始就不断被认同。布朗和尤尔(Brown & Yule)就指出,话语是一个过程,具有信息性功能(transactional)和互动性功能(interactional),即是指承载实际的或陈述性的信息的语言和表达社会关系、个人态度的语言。约翰·奥斯汀(John Austin)指出,话语不

---

① [法]托多罗夫. 巴赫金、对话理论及其他[M]. 蒋子华、张萍译. 天津:百花文艺出版社,2001:17.

② 冯俊. 后现代主义哲学讲演录[M]. 北京:商务印书馆,2003:417.

仅用来指称事物,实际上做出某种行动,比如:请求、命令、提问等。现代话语理论先驱巴赫金认为话语的意识形态性是与生俱来的,话语便是话主的个人意识,是他思想的直接表现。无论说话的对象是个体还是大众,都鲜明地带有强烈的意识形态的烙印。巴赫金这样描述意识形态化的话语特色、超语言学原则组织的话语阐述途径,"我们所清楚的话语的所有特点,就是它的纯符号性、意识形态的普遍适应性、生活交际的参与性、成为内部话语的功能性,以及最终作为任何一种意识形态行为伴随现象的必然现存性,所有这一切使得语言成为意识形态科学的基本研究客体"①。罗兰·巴尔特(Roland Barthes)这样强调话语的意识性,"凡业已完成了的语句均要冒成为意识形态之物的风险"②。话语只有在人们的相互影响、相互交往中才能真正起作用。从传播的角度出发,信息的存在必然伴随着传播,而传播就是观念或者意义的传递过程,这一点符号传播学先驱皮尔士在最初的传播研究中就已明确指出。著名传播学家施拉姆(Wilbur Schramm)也曾这样说:"当我们从事传播的时候,也就是在试图与其他人共享信息——某个观点或某个态度。"站在社会信息系统的高度看,整个社会就是一个充满意识形态的场域,而且社会的平衡也是靠意见性信息来调节的。信息论的创立者香农(Claude E. Shannon)认为,所谓信息,就是可以减少或消除"不确定性"的东西。格里戈里·贝特森(Bateson, G.),对"信息"的界定也有较广泛认同:"'信息'也许可以简单定义为任何的差异,这类差异将对此后的某一事件产生影响。"③无论是消除不确定还是对此后事物产生影响,都说明信息本身就是具有传播影响力的,一定包含着"意见因子"。这样推理便发现,其实我们任何时候都不是在说话和听话,而是说者在表达某种意见、观点,比如好与坏,赞同与反对,正义与邪恶,等等。而听者也同样不是在接收一堆物理性质的冷符号,而是在辨析这些符号中包含的意见。话语伴随和评论着任何一种意识形态行为。哈贝马斯(Jürgen Habermas)1971年在"高斯讲座"中,以"对社会学的语言学基础的反思"为题,对"话语"进行了类似的界定,他说"话语是为了证明认知言语的有效性而进行的活动。"也就是说,话语是一种言语活动,其目的在于证明言语的有效性,这种有效性表现为通过主体间的话语,追求说服性理

---

①　[苏]巴赫金. 周边集[M]. 李辉凡、张捷等译. 石家庄:河北教育出版社,1998:357.

②　[法]罗兰·巴特. 文之悦[M]. 屠友祥译. 上海:上海人民出版社,2002:61.

③　[丹麦]克劳斯·布鲁恩·延森. 媒介融合:网络传播、大众传播和人际传播的三重维度[M]. 上海:复旦大学出版社,2015:45.

由并获得可靠的认识。① 因此,话语不仅包含着说话者的意识形态,其目的性便是通过自己的意见说服对方,或者说寻求对方对自我话语意识的赞同。

电视节目主持人的话语是指在电视节目传播过程中,主持人用以传播信息和完成角色任务而使用的符号载体,包括有声语言和副语言。主持人在节目以外的话语表达不在概念范围之内。巴塞尔·伯恩斯坦(Basil Bernstein)1975 年对语言代码作了分类,即"有限词汇代码""有限句法代码""复杂代码"。"有限词汇代码"是仪式性的,人人都能预料到的。比如,酒会上基本是一些客套的问候,几个家庭妇女总是聊一聊孩子、天气、做饭。有限词汇代码是在众多关系中使用的高度仪式性的代码,而"有限句法代码"是只在一个关系内部使用的仪式性语言代码。两者均极少表达意图或揭示个人特征。"复杂代码"既表达意图,也揭示使用者的个人特征,是交流双方谋求更深地了解对方时使用的复杂代码;在交往过程中双方的话题越来越广,内容越来越深入。② 主持人话语属于典型的职业话语,职业话语主要是指发生在职业活动中的各类语言交流活动或行为,具有明确的与从事本职业相关的交际任务、目标指向性。电视节目主持人在传播活动中身份定位明确、话语角色明确、传播目的明确,其语言编码属于"复杂代码"。宏观审视,传播信息和完成节目中设定的角色任务就是主持人话语最根本的作用;微观审视,主持人话语在节目中起着表述事实、发表观点、传递情感、活跃气氛等多种作用。但是主持人话语无论有任何特征或作用都不会脱离语言本身特质,而且因为主持人的话语是精粹的、有明确目的性,所以话语本质会更突出、更集中的表现。也就是说主持人话语必然伴随着意识形态,伴随着观点、见解的传播。通常我们认为在节目主持中主持人的话语实际包含了两种话语信息,其一是事实性话语信息,即对客观存在的人、事、物的客观表述。这种信息在媒介传播中,要求主持人尽量客观的表达;其二是带有观点性的信息,即主持人发出的带有明确意见指向性的信息。世界著名主持人奥普拉·温弗瑞(Oprah Winfrey)说:"我必须用自己的声音向世界说话。"正是一名优秀主持人对意见表达重要性的认识。因此,从某种角度讲主持人的话语表达是在追求如何尽量减少个人意识在事实性信息表述中的成分,而在需要观点表达时,

---

① 杨礼银、朱松峰. 论哈贝马斯的"实践话语"理论[J]. 国外社会科学,2008(3).
② [美]迈克尔·E. 罗洛夫. 人际传播社会交换论[M]. 王江龙译. 上海:上海译文出版社,1997:24.

如何指向明确的、视角独特的表达意见。

三、主持人意见性信息话语表达的内因

主持人作为一名信息传播者,传播客观的、事实性的信息,是其必然职责和基本任务,这是不争的事实。但是,如果主持人话语仅仅是对事物的写真式表述,这一角色概念就没有存在的价值,因为这一功能"播音员"就可以实现了。而且果真如此的话,主持人甚至无法完成对节目驾驭的基本角色任务。主持人自身的个性特征、主持风格、影响力等也受到极大的限制。多种内外部因素决定意见性信息是主持人话语表达的重要内涵和角色功能的发挥途径。

首先,主持人在节目中的角色定位决定了他们必须传播意见性信息。《辞源》中把"主持"看作"掌管"的同位语,做了两种解释:一是,负责掌握或处理;二是,主张。"主张"的中心意思之一就是"见解、主意"。因此,可以得出主持人应该具有的两层基本功能和任务,一是掌管控制节目,二是阐述意见。我国对于"节目主持人"的定义虽不完全统一,但却有很多相近之处。《新闻学大辞典》对"广播电视节目主持人"的定义为:"广播电台、电视台中以某一个人身份在话筒前或摄像机前主持某个固定节目的播讲者,是一台节目的串联人。处于节目的主导地位,是某个节目制作群体的中心人物。其特征不是照本宣科,而是具有创造性地临场发挥。节目主持人或是参与采编、制作全过程的节目的主要编辑和制作者,或是部分参与节目的编辑、制作。"①《广播电视词典》中的定义是:"以个体行为出现,代表群体观念,以有声语言为主干或主线驾驭节目进程,直接面对受众,平等进行传播的人。"②《新闻工作手册》中的定义是:"在广播电视中,出场为听众或观众主持各种节目的人,叫作节目主持人。主持人不是表演者也有别于新闻通讯和文章的播报者。主持人是以他自己的身份、个性直接面对听众或观众的人。主持人在节目中处于主导地位,其主要职责是组织串联一次节目的各个部分,但也直接向受众传播信息或解答问题或介绍知识或提供娱乐,总是以第一人称'我'的口气,与观众或听众交谈。"③这几条定义的共识之一就是"主持人是通过人际交流的方式主导、控制、驾驭节目的中心人

---

① 转引自张骏德主编. 当代广播电视新闻学[M]. 上海:复旦大学出版社,2001:176.
② 赵玉明,王福顺. 广播电视词典[M]. 北京:北京广播学院出版社,1999:212.
③ 于厚礼. 新闻工作手册[M]. 北京:新华出版社,1985:630.

物"。而这一"掌管"角色本身也就决定了主持人必须通过"主张"才能驾驭节目,实现节目意图。因此,主持人的角色界定首先就决定了他们应该也必须发表意见。

第二,主持人的角色空间决定了他们能够且有欲望表达意见性信息。这里的角色空间是指给予某一角色的自由释放空间。主持人与播音员同样都是电视荧幕中的传播者,是电视节目的代言人,但却有很大区别。其中学者们广为认同的一点是,播音员是播读他人写的稿件,传达他人已经组织的信息,没有个人自由话语空间,而主持人则是自我传播信息的组织者。因此,通常认为,播音员主要传达事实性信息和他人观点,主持人则可以灵活传播各种信息,包括意见性信息。从传播的动机来讲,对于信息主动传播的动机来自两方面,一是对传播对象的信息传递,二是主观思想、观点、情绪的表达。通常情况下,播音员这一角色不能够有第二种传播动机,第一种动机下信息传播也较为呆板,客观、真实的传播信息事实是对播音员一贯的要求。而主持人则可以将任何一种动机转变为传播行为,且方式自我决定性较大。《中国播音学》中对播音员和主持人的"创作位置"对比指出:播音员是第三人称的客观述评的播音,主持人是第一人称的主导地位,同时指出了主持人的职责是:传播信息、介绍知识、评介问题。但需说明的是,这并不意味着,播音员不具备传播意见性信息的可能性,语调、语气的变化同样可以传递意见。美国学者艾伯顿·梅热比曾提出公式:沟通双方互相理解 = 语调、语速(38%) + 表情、姿态(55%) + 语言内容(7%)。

勒内·笛卡尔(Rene Descartes)有句名言:"我思,故我在。"发表意见是人的本性,也是任何一个自由个体的权利,而且越是思想活跃的主体,就越有发表意见的冲动。一个有思想、知识储备足的主持人,本身也具有强烈的意见表达欲望,也需要空间去释放思想的火花。白岩松曾这样描述他心目中比较理想的主持人:"应该是一个年过四十的男人,他会更加客观冷静,但是穿透力极强;他思想更加成熟,并且具有极大的悲悯之心;他做任何事情,都会把激情藏在心里,而状态却很平和,且每句话里都能让人感到背后的激情汹涌澎湃。"其中"穿透力极强""每句话里都能让人感到背后的激情汹涌澎湃"都说明主持人思想的存在和意见表达的存在,因为犀利的观点才具有穿透力,才能发人深省、引人共鸣。

第三,主持人与受众的对话性角色关系决定了主持人必须进行思考、判断和观点表达。电视是一个庞大的对话系统。虽然从直观的角度审视,主持人与受众不在我们狭义视域中同一现实对话空间,时间也并不一定同步,但这并不违背言语的对话性实质,这里我们将此界定为超越时空的对话。《观察与思考》第一期节目"北京居民为什么吃菜难",观众写信给主持人,主持人又在节目中解答,便是这种超时空对话鲜明的体现。从信息传播的角度来讲,对信息的有效表达是建立在对反馈信息的深度理解和把握之上的。德弗勒(Melvin L. DeFleur)等传播学者在《大众传播通论》中明确指出,当传播者正确解释反馈示意并调整信息内容,使阻抗尽可能减少时,就发挥了作用。发挥作用就是传播者运用反馈来判断哪些符号最能在接受者身上引发预期的含义。反馈也就是信息的部分回流,是通过有关一个系统过去行为的信息来控制这个系统的未来行为。也就是说,在一个传播系统中,反馈是一个接受者(信宿)对于信源(传播者)从前信息的回应,表明它的效果,同时反馈允许也给予了信源一定空间以逐渐自我修正一系列信息的效果,使得他们越来越接近为完成其意图所必需的东西。尤其是在传播渠道越来越多、传播方式越来越便捷、传播速度越来越即时的当代,主持人有多种方式获得反馈信息。于是减少传播隔阂,抓住交流热点越发重要。巴赫金认为:"在话语和所讲对象之间,在话语和讲话个人之间,有一个常常难以穿越的稠密地带,那里是别人就同一对象而发的话语,是他人就同一题目而谈的话。"①对于主持人而言,这一地带就是主持人与受众能够形成良性对话的场域,通过对话发现这一场域,可以提升主持人与受众交流的顺畅度和磁场力,延长交流的时间跨度。这就是持续收视的根源,是观众忠实度的培养。如果一位主持人能赢得与一位受众在生命交叉期内一直不间断的对话,便是成功的极致。既然是对话,就意味着主持人不是单向的信息传播者,就意味着主持人必须思考、判断传入的信息,而后组织、表达自己的想法,形成良性对话关系。

第四,主持人话语信息的类型特征显示意见性信息天然性的占有较大比重。综合节目主持人的表达内容与方式,其话语类别大致可以分为:事实陈述性话语、指引串联性话语、质疑询问性话语、解释说明性话语、意见评论性话语,五大类型。具体如表2.5:

---

① [苏]巴赫金. 巴赫金全集(第三卷)[M]. 白春仁等,译. 石家庄:河北教育出版社,1998:55.

表 2.5　主持人话语类型表

主持人话语类别	具体解释
事实陈述性话语	事实性信息的客观传播,包括新闻资讯播报;对事件、人物、物象的讲述;科学知识的传播,等等
指引串联性话语	节目的有机串联,从一个环节到另一个环节的引导和连接
质疑询问性话语	思考问题,观点质疑,提出问题,寻求答案
解释说明性话语	对节目中涉及的任何元素、任何信息的具体阐释、分析、说明
意见评论性话语	就任何人物、事件、现象、信息……的评价

不难看出,节目主持人的这五大话语类型中,"质疑询问性话语""解释说明性话语""意见评论性话语"都必须经过主持人缜密的思考和判断,都包含着话语发出者鲜明的意识形态与价值观点。对于一个真正意义上的节目主持人,一个充分掌握节目主动权的主持人,一个具有丰富传播方式的主持人,一个有思想有主见的主持人,占据了主要话语类型的信息内容就应该是主持人的主要话语符号,也就必然性地成了主持人与受众人际传播的重要符号节目,成为了质量的保障性符号。这些传递意见性信息的话语类型,也是主持人与播音员的核心区别。

这里我们通过对《非诚勿扰》《中国梦想秀》《一周立波秀》《亚洲杯四分之一决赛"中国 vs 澳大利亚"》几档节目中主持人话语文本意见性关键词词频的分析,说明意见性信息在节目中的使用状况。这些关键词分别是"觉得"(阐释性意见表达)、"认为"(阐释性意见表达)、"我想"(阐释性意见表达)、"是"(判断性意见表达)、"不是"(判断性意见表达)、"是不是"(商议性意见表达)、"应该"(建议性意见表达),共七个。为了保证数据的科学性、客观性和严谨性,选取了不同类型的节目(非新闻类),包括生活服务类节目、真人秀、单人脱口秀和体育节目。以主持人在每档节目中连续五期的所有话语作为文本研究对象,具体情况如下:

①《非诚勿扰》2013 年 1 月连续 5 期节目,分别是 1 月 5 日、6 日、12 日、13 日、19 日。具体结果如下:

关键词	共出现频次					直接性意见表达					非意见表达或间接性意见表达①				
节目日期	5日	6日	12日	13日	19日	5日	6日	12日	13日	19日	5日	6日	12日	13日	19日
觉得（阐释性意见表达）	14	9	10	14	8	12	8	7	7	8	2	1	3	7	0
认为（阐释性意见表达）	2	0	0	2	1	0	0	0	2	1	2	0	0	0	0
我想（阐释性意见表达）	3	2	0	3	6	0	0	0	1	2	3	2	0	2	4
是（判断性意见表达）	100	80	79	92	86	49	25	23	43	27	51	55	56	49	59
不是（判断性意见表达）	4	6	5	7	3	3	3	4	6	3	1	3	1	1	0
是不是（商议性意见表达）	4	1	3	6	0	2	1	1	1	0	2	0	2	5	0
应该（建议性意见表达）	2	3	4	11	1	2	2	3	11	1	0	1	1	0	0
词频共计	129	101	101	135	105	68	39	38	71	42	61	62	63	64	63
所占比例						52.7%	38.6%	35.8%	52.6%	32.6%					

②《中国梦想秀》2014年5月连续5期节目,分别是5月2日、9日、16日、23日、30日。具体结果如下:

关键词	共出现频次					直接性意见表达					非意见表达或间接性意见表达				
节目日期	2日	9日	16日	23日	30日	2日	9日	16日	23日	30日	2日	9日	16日	23日	30日
觉得（阐释性意见表达）	20	8	10	17	10	14	3	5	11	4	6	5	5	6	6
认为（阐释性意见表达）	3	0	0	2	3	3	0	0	1	2	0	0	0	1	1

---

① 各种固定词组,如"但是""于是""可是""是吧""是非"等中的"是";叙述、描述、转述、提问等;意见表达不够直观、鲜明。

续表

关键词	共出现频次					直接性意见表达					非意见表达或间接性意见表达				
我想（阐释性意见表达）	11	2	5	7	10	6	2	3	6	5	5	0	2	1	5
是（判断性意见表达）	95	105	115	103	136	38	50	68	46	56	57	55	47	57	80
不是（判断性意见表达）	3	0	6	5	5	3	0	5	4	5	0	0	1	1	0
是不是（商议性意见表达）	3	8	2	3	3	2	2	0	1	2	1	6	2	2	1
应该（建议性意见表达）	8	5	3	9	3	4	3	2	8	2	4	2	1	1	1
词频共计	143	128	141	146	170	70	60	83	77	76	73	68	58	69	94
所占比例						49%	46.9%	58.9%	52.7%	44.7%					

③《一周立波秀》2014 年 11 月－12 连续 5 期节目，分别是 11 月 18 日，12 月 9 日、16 日、23 日、30 日。具体结果如下：

关键词	共出现频次					直接性意见表达					非意见表达或间接性意见表达				
节目日期	18日	9日	16日	23日	30日	18日	9日	16日	23日	30日	18日	9日	16日	23日	30日
觉得（阐释性意见表达）	8	5	15	7	7	5	4	11	5	4	3	1	4	2	3
认为（阐释性意见表达）	4	2	2	3	0	1	1	2	1	0	3	1	0	2	0
我想（阐释性意见表达）	6	0	1	4	2	5	0	1	2	1	1	0	0	2	1
是（判断性意见表达）	140	143	162	146	166	70	57	59	80	70	70	86	103	66	96
不是（判断性意见表达）	16	16	14	16	27	11	10	10	10	22	5	6	4	6	5
是不是（商议性意见表达）	4	3	3	1	4	1	0	0	1	0	3	3	3	0	4
应该（建议性意见表达）	3	0	7	4	7	1	0	6	3	6	2	0	1	1	1

续表

关键词	共出现频次					直接性意见表达					非意见表达或间接性意见表达				
词频共计	181	169	204	181	213	94	72	89	102	103	87	97	115	79	110
所占比例						51.9%	42.6%	43.6%	56.4%	48.4%					

④2015 亚洲杯四分之一决赛"中国 vs 澳大利亚",中央电视台对这场比赛进行了直播,两位解说员分别是贺炜和徐阳。具体结果如下:

关键词	共出现频次	直接性意见表达	非意见表达或间接性意见表达
觉得(阐释性意见表达)	31	30	1
认为(阐释性意见表达)	2	0	2
我想(阐释性意见表达)	5	5	0
是(判断性意见表达)	537	267	270
不是(判断性意见表达)	17	11	6
是不是(商议性意见表达)	2	1	1
应该(建议性意见表达)	50	44	6
词频共计	644	358	286
所占比例		55.6%	

从以上分析量表可以看出,不同主持人在不同节目中对这七个关键词的使用频次均在 100 次以上,其中"直接性意见表达"占比基本在 50% 上下,使用最少的一期常规节目是《非诚勿扰》2013 年 1 月 12 日,38 次;使用最多一期常规节目是《一周立波秀》2014 年 12 月 30 日,共计 213 次。而中国 vs 澳大利亚的足球解说中"直接性意见表达"则多达 358 次。数据说明,意见性信息在非新闻类节目中呈常态化、普遍化存在,但主持人比较注意以委婉的手法表达,比如"觉得"与"认为"虽然在表达意义上有接近之处,但对前者的使用频率明显高后者。同时也不难发现,意见性信息的表达与主持人个体和节目本身有密切关系,比如单人脱口秀节目中的意见性信息表达就明显充分。

当代西方著名的科学哲学家卡尔·波普尔(Karl R. Popper)在其《猜想与反驳》一书中,将卡尔·比勒(Karl Buehler)在 1918 年提出的有关语言三种功能的学说,补充为"四种主要功能说",分别是:(1)表达或表示功能,即用于表达说话者情感或思想的交流,表达某种内在状态的外在征象;(2)刺激或信号的功能,即用于激发或消释听者某种反应(例如语言反应)的交流;(3)描述功能,即描述某种事态或情境的交流;(4)论证或解释的功能,即表述和比较与某些确定的疑问或问题相联系的论证或解释,给观点以理由,给主张以根据。波普尔认为,这四种功能构成了一个等级体系,每个较高级的功能不能离开所有较低级的功能而存在,而较低级的则可以离开较高级的而存在,如图2.1。①

图2.1　语言的四功能

可以看出论证与解释,即意见、观点的阐释、剖析是语言的最高梯度,是语言功能的最高层次。因此,意见性话语表达相较更为基础的事实性话语表达,具有更高层次的难度、意义和价值。

主持人的话语类型说明,主持人话语具有较高的言语功能。意见性信息是主持人的"独家信息",是主持人与主持人之间信息内容差异的主要表现,也成为主持人角色个性的重要表现。德国社会学家马克斯·韦伯(Max Weber)认为人类就是"意义的创造者",那么主持人就是节目意义的创造者,传播意见性信息则是主持人创造意义的必然手段。欧文·戈夫曼指出,表演者不仅要在整个互动过程中表现出自己声称的各种能力,而且,还需要在互动的某一瞬间表现出这种能力。② 也就是说,意见性信息作为主持人的一种常规性信息传播类型,需要在节目进程的整个过程中表现出来。

---

① 张宇丹,孙信茹. 应用电视学:理念与技能[M]. 昆明:云南大学出版社,2004:257 – 258.
② [美]欧文·戈夫曼. 日常生活中的自我呈现[M]. 冯钢译. 北京:北京大学出版社,2008:25.

四、主持人意见性信息话语表达的外因

任何一个角色扮演的成功与否,就是看其能多大程度的满足社会的期待。角色扮演过程也是不断进行角色学习和角色调试的过程,但最终目的只有一个,就是发挥应有的、被期望的角色作用。对于电视节目主持人而言,观众的期待或者说观众"健康"的期待是其角色在扮演中不变的目标追求。

研究显示,差异化、深度化的意见性信息已经成为当今观众期待的信息。尼葛洛庞帝(Nicholas Negroponte)在《数字化生存》中说:"在美国,《电视导报周刊》(TV Guide)的利润居然超过所有四家电视网利润的总和。它所代表的意义是,关于信息的信息,其价值可以高于信息本身。"①早在20世纪30年代,美国人就发现广播评论员很受听众追捧,他们使用各种手法发表意见,比如在新闻评论中使用幽默、闲聊、暗讽等多种表现方式。当时最著名的评论员沃尔特·温切尔(Walter Winchell),每晚能吸引2500万受众。2002年美国的收视数据显示,20世纪90年代因客观、快速报道海湾战争而开始在电视新闻收视率上独占鳌头的CNN渐渐被后起之秀FOX追上甚至超越,而且CNN流失的观众大部分还转向了FOX。经过分析发现,虽然CNN仍然保持着信息量大、快捷的特点,但对新闻的评论上却不及FOX及时、到位。很多国家成功的节目都是因为独特的信息解读与评论,比如享誉全球的美国脱口秀《大卫·莱特曼深夜秀》,以幽默的方式对时事热点进行评论;《奥普拉温弗瑞秀》中,奥普拉常常给予观众心灵的问候和建议;德国著名新闻节目《新闻专题》,提供有价值的意见观点就是其节目特点,每期节目都会有四五位主笔或编辑参与要文内容或观点的讨论;英国的《新闻之夜》以对新闻深度的分析和对政治人物犀利的诘问著称,等等。

在我国,受众同样表现出对意见性信息的极大需求。从1993年我国第一个以主持人名字命名的《一丹话题》问世以来,以主持人名字命名且直接凸显主持人是核心意见性信息传播主体节目越来越多,如新闻类节目《小莉看时事》《岩松两会观察》《解码陈文茜》,谈话类节目《鲁豫有约》《杨澜访谈录》《可凡倾听》《小崔说事》,体育节目《张斌话规则》,法制道德节目《撒贝宁时间》《一鸣论道》,等等。节目名称中直接凸显"观察""看""说""访谈""话""论""解"等与观点表达直接相关的词语,这既说明主持人话语权的不断增大,拥有意见传

---

① [美]尼葛洛庞帝.数字化生存[M].胡泳等,译.海口:海南出版社,1997:183.

播的权力,也说明受众对意见性信息的高度需求。

崔永元曾深有感触地回忆《实话实说》刚播出的情景:"主任是孙玉胜,那天他特别重视,在节目首播时亲自去守电话机,说观众反应特别激烈,叫好的也很夸张,谩骂的也很夸张。他倒是觉得心里有底,觉得一个事情出来争议这么大,是件好事,起码是大家在关注。"①而崔永元说他自己听到的各种评价就太多了,包括坐出租车,上去那司机都不拉他,原因是司机不同意他的观点。《实话实说》的高收视率却恰恰说明了无论同意与不同意,受众从内心其实是希望接触到各种新鲜观点的,受众不仅希望获得信息,还希望听到主持人对信息的解读,对信息的意见。20世纪90年代一份对局部受众访问调查的报告《对目前优秀节目主持人的调查和评价》显示,有受众认为:"倪萍最大的优点是热情,有一定的感染力,而且主持自如,现场发挥好。她的问题是容易热情过火……主持总像唠家常,为知识分子所不喜欢,也没有体现独立的见解和思想……"②这说明,当时受众已经对主持人独有意见、观点有强烈需求。随着社会大众教育程度的普遍提高,对获取深度信息的欲望必然更为强烈。《2012年全国电视观众抽样调查》显示,无论是新闻节目还是综艺娱乐节目,观众对评论信息的需求都有增加。对综艺节目的调查则显示,受众对其需求除了传统的娱乐性外,还多了一些丰富深度性需求,10.56%的观众选择"内容丰富",8.67%的观众选择"有深度有内涵",3.22%的观众选择"对学习生活工作有帮助",这几项中的每一项都与意见性信息有直接联系。调查还显示,观众喜欢有主见、评论有力、批判适度的嘉宾。作者进行的问卷调查,在"您认为电视节目主持人最重要的特质应该是什么"一项中,86.83%的受访者选择了"有思想、有观点、有见解",是选择人数最多的一项;从20世纪90年代起就被强调的"学识、知识"排在了第二位,有77.75%调查对象选择,如图2.2。这说明观众的需求是在不断变化的,当今的观众不仅需要内涵丰富的信息,更想获得指向鲜明、观点有力的信息。观众需求的变化也就是对主持人角色期望的变化。当然,丰厚的知识储备是意见阐发的必然基础,轻松、幽默的语态是观众对主持人话语表达方式的期望。

---

① 上海文广新闻传媒集团电视新闻中心评论部. 电视的记忆[M].上海:上海辞书出版社,2009:117.

② 张锦力. 解密中国电视[M].北京:中国城市出版社,1999:187.

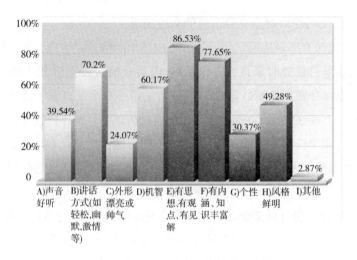

图 2.2　电视节目主持人最重要的特质

　　"使用与满足"理论提醒我们,有效的信息传播必须考虑受众的需求,以满足受众为前提。因此,观众对意见性信息的强烈需求是主持人表达此类信息的最直接原因,表达意见性信息成了主持人重要的角色任务。而获得观众认可的观点会激励主持人更为主动地表达观点,同时会促进主持人更为自信地驾驭节目、传播信息。布劳指出:"某个人的观点得到社会赞同所具有的报酬性体验激励着人们更为自由地表达观点。"①所以,各种内外因素决定了主持人需要进行意见性信息话语表达,亦可简称意见性话语表达。

　　需要指出的是,一旦主持人被给予了某种权力和与之对应的某种需求,他们就必须在被期望的角色定位和体裁下生产与此对应的信息文本,因为受众是按照这种期待来等待信息和理解信息的。就好像人们知道广告是用来推销某一产品的,人们最希望它所说的信息是真实的,不要欺骗消费者,因此"诚信"就是对广告文案的第一期待。体裁是文本与文化之间的"写法与契约"。体裁的最大作用,是指示接收者应当如何解释眼前的符号文本,体裁的形式特征,本身是个指示符号,指引读者采用某种相应的"注意类型"或"阅读态度"。②

五、主持人意见性信息的功能与类别

　　语言学中有"信息性"这一概念,是指对于篇章的接受者而言它所承载的信

---

　　① [美]彼得·M. 布劳. 社会生活中的交换与权利[M]. 商务印书馆,2008:109.
　　② 赵毅衡. 符号学原理与推演[M]. 南京:南京大学出版社,2016:135.

息超越还是低于期望值的程度,即篇章中的事件在多大程度上是预料之中的还是出于意外的,是已知的还是未知的或不确定的。任何篇章或多或少都具有信息性,篇章接受者随时准备且努力根据篇章内容进行解读,通常更愿意处理信息比较多的篇章,因为这虽然困难但更有趣。信息性的等级称为"信息度",有学者将它分为三个等级。即将一组相互间界限比较模糊的选择项,按照其在篇章中的常用程度由上而下从常用到不常用排列成一个区域,如果篇章中出现的选择项处于该区域的上位(upper degree),即此选择项属于最可能被选择的一项或几项中,其信息度为一级;如被选择项处于该区域的下位(lower degree),即选择了不常用的项,为二级;如果被选择项不在此区域之内,便为三级。因此,一级信息度信息价值最低,二级为其次,三级为最高。一级信息尽管信息价值不高,但它总存在于每一篇章之中。但如果篇章中都是一级信息,虽然说篇章极其容易解读,但失去了可读性与趣味性,因此在解读过程中,接受者的注意力往往集中在比较高级的信息上。主持人话语表达中的意见性信息同样存在着"意见性"和"意见度",如果意见性信息总是在观众的预料之中,或者主持人表达的意见重复率高,缺少创新性,观众则会觉得索然无味,但是完全没有常用话语和意见,也不符合角色需要。

根据电视节目主持人意见性信息的功能和表达难度,将主持人的意见性信息分为四个级别类型,这四个级别的话语信息度呈上升性。

第一级是常规功能性意见信息。指因节目正常推进需要而必须表达的一些常规性指引、判断、衔接、建议性信息,比如:"现在我们进入下一个环节""我们来听听×××对这个问题怎么看""关于这个问题我们先讨论到这里"……这些意见性信息是节目的结构性纽带、流线性的保障,不可回避。虽然也需要主持人即兴的组织和表达,但信息的构成形成与传播较为简单,且有一定的规律性可循,因此,这类意见的表达是一名主持人角色存在的基本要求,是其基本工作职能。

第二级是必须存在性意见信息。指主持人表达的意见是节目设计中的必须成分,不能缺少,否则,节目形态和节目意图都无法实现,换言之,主持人必须进行意见的阐释。比如新闻评论节目、体育赛事解说,"评论"是节目的重要组成部分,是节目的主旨;谈话节目中,主持人必须对谈话对象进行提问,观点的碰撞也很常见。因此,必须存在性意见性信息既是节目的必须构成,也是节目质量的重要体现。

第三级是质量升华性意见信息。指基于节目更精彩、内容更充实、信息更明确、问题剖析更深刻等提升节目质量的原因,就节目中涉及的内容、探讨的话题发表言论,不仅有意见,而且具有较高的质量。这类意见性信息既是对节目的点染,也是节目本身非常重要的内容补充。比如《非诚勿扰》,节目内容从结构上来讲非常简单,五位男嘉宾,五次牵手的机会即是全部。如果没有主持人对男女嘉宾的提问,组织现场多种人物元素的对话,以及主持人自己的高谈阔论,每期节目最多不会超过 25 分钟,而且带给观众的愉悦、感受、知识、思考……都会非常有限。节目的成功就在于主持人在节目基本元素的基础上,展现了一幕又一幕的"观点碰撞",一幕又一幕的"喜剧片段",这些内容不仅成为节目的"必须篇章",而且成为"真正看点"。这种类型的意见性信息,主要是主持人通过对现场的观察和时机的把握完成的。主持人虽然可以根据节目主题和环节作一个宏观的"备稿",但是并不能完全预备,尤其是真人秀节目,不可预知性很高,因此,也可以说这种意见性信息的表达会是一名主持人优秀与否的重要考验。

第四级是急智闪烁性意见信息。指主持人面对突然发生的完全不在节目预期范围内的事件时,不仅能够迅速生成意见,而且这一意见正确、恰当,甚至还能起到画龙点睛或转败为胜的作用。这是对意见组织能力高度的考验,是一位优秀主持人与一位"明星级"主持人的最大区别之一。2008 年 5 月 19 日全国为"汶川地震"默哀日,中央电视台进行直播,3 分钟默哀之后,天安门广场的群众仍然不愿离去,手举国旗,情绪激动地高呼:"加油中国! 加油汶川! ……"这时主持人康辉即兴说道:"当 13 亿人民为同胞失去的生命,为同胞遭受的苦难,我们的泪流在一起,我们的心连在一起的时候,向世界传递出的就是这样的信号:中华民族对生命有极大的尊重,中华民族有着顽强的钢铁一般的意志,可以战胜一切困难。当 13 亿人心手相连的时候,没有什么可以打垮我们!"在那一刻,这段话不仅是对画面的及时解说,更是一个主持人代表全国人民发出的坚定声音,也是对全国人民的鼓舞。

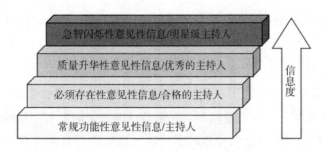

图 2.3 主持人意见性信息等级分类图

六、主持人意见性信息话语表达的目的与效果

社会是一个庞大的信息系统,"人"是其中最主要的信息制造、接收、交换主体,而人的认知、记忆、学习都是具有可塑性的。因此,通过信息的传播和传播对象对信息的学习、理解,就可以影响、塑造信息接收主体的思想、观点。于是说明意见性信息对于改变人们的思想、意识、观念等有重要的意义和作用。

意见性信息传播是具有明确目的性的传播,信息的编码者所编制的信息符号带有明显的倾向性,对于信息接收方的期望不仅仅是信息的简单获知,更希望其意见能够得到对方的理解、认同和采纳。当意见性信息被接受者解码后,将产生观念匹配或摩擦。信息发出者希望无论是与原有观念一致的匹配还是与原有观念矛盾的摩擦,都希望自己的意见性信息成为接受者最终的观念,最后持有的态度。对于主持人而言,其意见性话语表达的最终意图就是希望得到受众对自己意见的认可,以自己的观点为最终的态度。当然这是一个只有节点没有终点的过程,因为对话是一种持续状态。

对于态度的界定并不一致。有人认为态度是情感的表现和反映,有人认为是情感和认知的统一。高登·阿尔伯特(Gordon Allport)从心理学角度定义态度:"态度是人们后天习得的对某一事物的持久的喜欢或不喜欢的反应倾向。当一个人对某人、某事、某物或思想观点作评价时,总会表现出一定程度的倾向,或喜爱,或厌恶,或肯定,或否定,这种倾向就是态度。态度以语言、文字表达出来就是意见,以举止、动作表达出来,就是行动。"[①]如果没有指导性的态度,个体将面临混乱和困惑。态度决定了每个个体的所见所闻,所思所为。由此可

---

① 尹定邦. 图形与意义[M]. 长沙:湖南工业大学出版社,1995:205.

以理解,意见性信息的传播也是一种态度的传递,传播者希望传播出的态度得到对方的认可。社会学家威廉·托马斯(William Thomas)和弗洛里安·兹纳涅茨基(Florian Znaniecki)把态度定义为"一种决定个人在社会世界中真正活动或可能活动的个人意识过程"①。克特·巴克(K. W. Back)则把态度看成"对待任何人、观念或事物的一种心理倾向。它包括认知、情感和行为三个成分"②。这两个定义中指示出的态度内涵也基本反映了意见性信息的传播过程。意见性信息传播之后首先需要从物理的角度使被传播者获知信息,在拥有信息之后能够深度理解信息,并且能够情感上认同信息中的意见,即使与原有的观点相矛盾也希望能够转变态度,最终能够在行为上有所体现。因此,对于节目主持人,其意见被受众情感认同后的行为认同表现为收视行为的继续,否则有可能出现电视频道的转换。当然,一次不认同未必会发生即刻的频道转换,但会是最终行为表现的情感积累元素或者是隐性表现在某一时刻才被激活。

图 2.4　意见性信息传播路径

卡兹(Daniel Katz)认为态度由认知的侧面、评价的侧面和行动的侧面构成,较简单清晰地描述了态度本质、形成过程和最终表现。具体如图 2.5。

---

① 转引自梅尔文·德弗勒,桑德拉·鲍尔 - 洛基奇. 大众传播学诸论[M]. 杜力平,译. 北京:新华出版社,1990:199.
② 克特·巴克主编. 社会心理学[M]. 南开大学社会学系,译. 南京:南开大学出版社,1986:242.

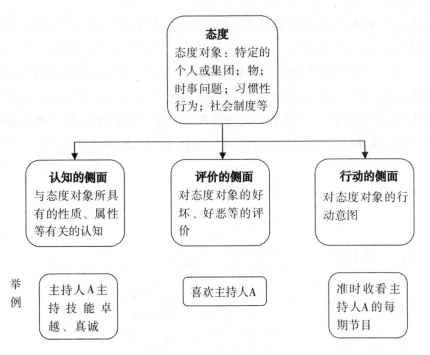

图 2.5 态度的三要素

意见性信息被接受者解码后之所以有可能对原有态度产生影响,正是因为态度并不是生来就有的,而是后来习得的,具有可被调节性。对于态度的影响或者改变,有两种形式。一是方向(极)性;二是强度。也就是说,如果把"肯定"与"否定"作为方向的两极,中间会有态度的各种程度,如图 2.6。比如很多年纪大的父母们都反对婚前同居,在一期电视节目中主持人与专家一起分析了这种方式的好处后,开始认同婚前同居行为,这便是方向的改变;然后过了一段时间,他们发现了很多婚前同居的好处,于是非常认同这种行为,这便是强度的改变。但需要强调的是,态度具有持久性、稳定性和一致性的特点,不像情绪会较容易地伴随着情境的消失而减弱或消失。

图 2.6 态度方向、程度改变示意图

传播学大师霍夫兰(C. I. Hovland)提出的态度改变说服模型指出了态度改

变的过程,如图2.7。对分析受众态度具有重要意义。从图中可以看出,从受众接触说服性信息传播的那一步起,直到最后一步态度的改变,都存在着"接受"与"排斥"的博弈,或者说存在着两种结果的可能性。霍夫兰认为任何态度的改变都涉及个体原有的态度和外部存在着与此不同的看法。两者的不协调导致个体内心冲突。然而,个体内心最终要恢复心理上的平衡,于是个体或者是接受外来影响,改变自己原有的态度,或者抵制外来影响,坚持原有态度。

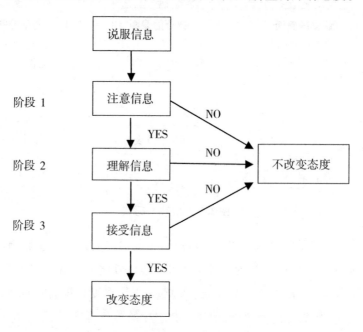

图2.7　霍夫兰说服模型

信息传播后如果能够对态度有所影响,有两种改变路径,即中枢路径和周边路径。当通过中心路径改变态度时,信息接受者会对信息进行仔细的思考和分析,综合各种信息,与自己以往的态度进行比较,然后才得出新的态度。研究结果表明,由于这种方式在改变态度过程中,信息接受者较为慎重,所以变化后的态度比较坚定、容易持续,采取与态度一致行动的可能性也较大。而当缺乏信息加工的动机和能力时,便转入依赖边缘线索进行判断,这就是周边路径。当通过周边路径改变态度时,信息接受者对信息并不会进行认真的思考,是否接受信息意见改变态度,与一些相关因素有关。例如,信息传播者对接受者有多大的魅力,信息传播者对所传播信息具有的专业水准。实验表明,通过周边路径改变的态度不易持续,与行动的一致性也比较低。从另一角度说,如果信息接收者对谈论主题有足够的兴趣、欲望和重视,则通过中枢路径改变态度的可能性较大,反之则会通过周边路径改变态度。

在实际的信息传播中,受众并不是完全接收发出的信息,尤其是在具有多种信息接触或选择途径时,比如今天人们可以同时收看几十个电视频道,人们会选择自己要接触的信息,不是所有接触到的信息都会引起受众的注意和理解,并最终接受。这一过程中人们会根据愿望、需要、既有态度,等等,多种原因进行有意或无意的选择。

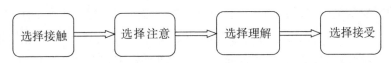

图2.8　信息的选择接受过程

要想成功说服受众,让受众接受观点,改变态度或进一步加深态度,有三个具有决定性的自变量,一是信息源的清晰程度,即引起意见评价客观对象是否清楚。二是主持人意见性信息的编码质量。三是主持意见话语表达方式的恰当性,可以引起因变量——意见效果呈现三种结果,即具有说服力,受众接受;不确定;不具说服力,受众不接受。具体如表2.6所示。

表2.6　传播效果可能性示意图

信息源	主持人意见性信息编码质量	主持人意见性信息表达水平	意见传播效果
清晰程度高	编码质量高	表达方式恰当性高	具有说服力,受众接受
清晰程度高	编码质量高	表达方式恰当性低	不确定
清晰程度高	编码质量低	表达方式恰当性高	不确定
清晰程度高	编码质量低	表达方式恰当性低	不具说服力,受众不接受
清晰程度低	编码质量高	表达方式恰当性高	不确定
清晰程度低	编码质量高	表达方式恰当性低	不确定,但说服的可能性很小
清晰程度低	编码质量低	表达方式恰当性高	不确定,但说服的可能性很小
清晰程度低	编码质量低	表达方式恰当性低	不具说服力,受众不接受

当然,意见传播的最终效果还与很多元素有关,影响话语理解的参数几乎可以说是无限的。第一,传播学理论告诉我们信息源的可信度越高,传播效果越好。第二,如果所传递的意见与接受者本身所持有的观点越相近就越容易被接受,反之则困难越大。第三,信息是否被接受又与传播方式有着巨大关系,恰当的传播方式会促进接收者接受观点。购买任何产品都存在购买成本的问题,受众购买意见性信息也是同样,如果需要耗费的时间和精力成本过高,受众就会选择放弃。第四,信息接收者的自身状况同样影响着传播效果。信息接受者自身的影响变量很多,如年龄、性别、心理状况,等等。心理学研究显示,自信度越高的受众,对其意识形态可能改变的幅度就越小;低自尊者往往比高自尊者更容易被说服;高智商、高学历者通常会对信息拥有更强的自我分析能力,较少会受到不合理观点的影响;情绪好的状态下较之情绪差的情况下更容易接受意见。第五,接受环境从多方面影响着最终意见性信息的作用力。这一环境包括多方面,比如在公交车上嘈杂的氛围中说话、在客厅中与家人聊天、在会议室中严肃地讨论问题,这三种收视环境会导致对信息的理解不同,信息对其思想的影响也就不同。

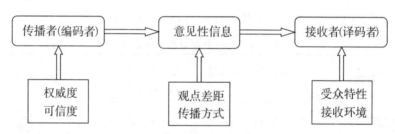

图2.9 意见性信息传播路径与相关因素

根据意见性信息的传播效果,可以将主持人话语表达中的意见性信息分为有效意见性信息和非有效意见性信息。其中有效意见性信息还可以根据受众接受意见性信息的时间效度分为即时有效性意见性信息和延时有效性意见性信息;非有效意见性信息可以根据拒绝的原因分为非关注性意见性信息、非理解性意见性信息和非接受性意见性信息。

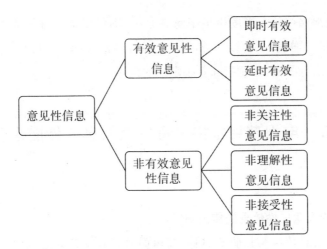

图 2.10　主持人意见性信息传播效果分类图

　　从符号学的角度看,能指与所指的关系模式主要表现为直接意指、含蓄意指和互动意指三个层面。直接意指是符号本身所承载的直接的、特定的形貌与意义,是对能指的根本描述,比如文字的"鼠"与画面的"鼠",都是对能指的"鼠"的根本描述。含蓄意指的能指或所指除了负载、蕴含了直接意指之外,它还涉及文化意义,蕴含着意识形态中的"神话",比如"鼠"可能会表达不光彩、讨厌等社会意义。也就是说,含蓄意指是透过表层符号的心理图景或物质图景再深及各种图景承载的意义表征。符号的共同特征和共享性,是使用符号的双方——编码者和解码者之间互动的前提,传受双方知识背景、文化背景越接近,符号的共享性越高,其互动互通度就越强。所以,不论编码者还是解码者对符号意指的揭示,都必须在互动中实现。这种在传播双方互动中实现的意指,称为互动意指。主持人语言表达包含了直接意指、含蓄意指和互动意指。前面谈到主持人话语表达的对话性就已经说明了传播过程中的强互动意指性,直接意指主要是事实性信息的表达,含蓄意指可以很好地进行意见性信息表达。直接意指是直观的、真实的,它转移为含蓄意指的能指或所指。意识形态就是含蓄意指的所指当中的恒变量。含蓄意指不仅是一种符号现象,而且是与隐喻互为因果的一种重要的人类思维现象,是人类认知事物、表达思想的方式,正是借助于这种认知方式和表达方式,自然化机制才得以深植于人类的语言、思维、文化和社会关系中而不被识破,制造关于世界的各种说法。[①] 而且任何一个符号的

---

　　①　隋岩. 从符号学解析传媒言说世界的机制[J]. 国际新闻界,2010(2).

形式经过经常移植后会再度生根于意义之中,不仅增强了符号的生命力,也使含蓄意指不断"增值"。所以,主持人的意见性话语表达是否理想,是否丰富,是否能实现最终意图,含蓄意指起着决定性的作用。

第二节　电视节目主持人意见性信息的传播路径解析

一、主持人意见性信息的传出路径

意见性信息传出与接收的过程,简单而言就是主持人意见性话语成意、表意、达意、解意的过程。主持人每一次话语表达就是一次任务的完成过程,必然想要通过有效途径实现表达意图、实现话语预期结果。著名主持人沈力曾这样回忆说:"我的主持风格可以说是在《为您服务》形成的,我当时总结了几句话,就是说主持人要用自己的眼睛去观察,要用自己的头脑去思考,要用自己的心灵去感受,要用自己的语言去表达。因为你是主持人,你是一个活生生的人,你不是一个木头,你必须有你自己的感受。"沈力一句发自内心的大实话,正切切实实地概括了主持人意见性信息传播的重要性和过程。张颂老师曾经在总结播音员主持人的语言的能力时也指出,主持人的语言能力包括观察力、理解力、思辨力、感受力、表现力、鉴赏力、调控力、回馈力。但是其中最核心的能力当属观察力、思辨力、感受力和表现力,其余均为从属和辅助的能力。[①] 也同样是从观察开始,思辨与感受就是对信息的理解与加工,表现力就是通过最恰当的形式传播出去。

（一）观察感知

著名电视人孙玉胜在《十年:从改变电视语态开始》一书中提出"主持人三角说",他指出:优秀的电视新闻节目主持人应该是集合魅力、表达能力和发现能力的三位一体。如果把三位一体的主持人的"魅力"放在三角形的顶角,那么"发现能力"和"表达能力"就是这个三角形的两个底角。如果把"主持人魅力"看作是一辆汽车飞驶的前轮,"发现能力"和"表达能力"就是支撑它并给予它

---

① 张颂. 朗读美学[M]. 北京:北京广播学院出版社,2002:29.

动力支持的两个平衡的后轮。① 他认为,同样的时段、同类的节目、同样的频道,甚至同一栏目的不同主持人,有些主持人的表达言简意赅,很精彩,很有吸引力;而有些主持人的表达却言之无物,很平庸,毫无吸引力,甚至俗不可耐。这背后的主要因素是主持人发现能力上的差别。发现能力的高低是主持人发生分化的一个分水岭。② 这里的"发现能力"即是主持人通过观察外界,感知对象,获得表达的信息点和意见点,是主持人信息传播的内在动因,更是主持人意见性信息传播的基础。2005 年是中国矿难频发的一年,7 月 21 日陕西铜川发生特大矿难,7 月 23 日《中国周刊》中,白岩松发表了这样一则评论:"我背后的屏幕上有一张照片,是今年辽宁阜新孙家湾矿难发生之后,幸存的矿工们在事故发生的井口等待消息。这些工人背后醒目的'工人为天'四个字显得那么刺眼……在发生了矿难的煤矿中这样的口号随处都可以见到,比如'安全就是生命,健康就是福','全员、全过程、全方位把住安全生产关','责任重于泰山',等等。显然,口头上的安全与标语里的生命并不能真正地落到实处,即使再有文采的口号,如果不能在制度与举措上落地,越有文采就越像讽刺,那么问题在哪儿,考验又是什么?"白岩松并没有在现场,但却从对照片的观察中机智地发现了话题点。白岩松在接受《新民周刊》采访时这样说道:"在一个纷繁复杂的时代做新闻评论员,最需要的是勇气、敏感和敏锐,还有预判和方向。""敏感"和"敏锐"是观察能力的要求与保障,"预判"和"方向"则是观察后的意见决策。日本著名的新闻主持人筑紫哲认为自己作为名主持、名记者,不在于单方面向观众灌输什么,而是代替观众选取一个更好的角度去观察,更好地帮助他们去理解。他说:"我是记者,我也是新闻节目主持人,但从根本上说,我是一名旁观者。我每天的工作就是选择一处适于观察的角度。我每天要考虑的就是这个观察点是不是最佳位置,还有没有比它更好的适于观察的地方。"③

观察的目的是获得外界信息,信息的获得是接受直接作用于感官的刺激。感觉的作用就是接受刺激获得信息。人类天然性的具有通过不同感觉通道接受刺激的能力,如表 2.7,不同的感觉通道有各自不同的感觉能力,而且感觉能力因人而异。感觉是人脑对客观事物个别属性或某种状态的直接反映,是意识

---

① 孙玉胜. 十年:从改变电视语态开始(修订版)[M]. 北京:人民文学出版社,2012:310.
② 孙玉胜. 十年:从改变电视语态开始(修订版)[M]. 北京:人民文学出版社,2012:311.
③ 金维一. 电视观众心理学[M]. 上海:复旦大学出版社,2005:107.

对外部世界的直接反应,是心理活动的重要来源。知觉是人脑对客观事物的整体的直接反映,也是个体将感觉信息组织成有意义的整体的过程。在实际的认识过程中,孤立的感觉很少出现,人都是以知觉的形式直接反映事物的。感知是心理学对感觉和知觉这两种心理因素的合称。更简单地说,感觉是对刺激的初始探测,知觉是对感觉到的事物的解释。每一个感觉到的对象都会在人们相关的经验和知识背景下加工处理,为单纯的感觉赋予了意义,这就是知觉。与感觉相同,根据知觉过程中起主导作用的器官,知觉分为视知觉、听知觉、触知觉、味知觉等。按照知觉所反映的事物的特性不同,又可将知觉分为空间知觉、时间知觉、运动知觉等。在实际感知中,也常常是两种或两种以上知觉同时起作用。主持人获得感知的通道主要是视觉和听觉。不同类型的节目主持人感知的对象、方式、重点等也略有不同,比如真人秀节目主持人需要感知的环境比较广阔,感知的对象比较多,感知对象的动态性比较强;评论性节目是主持人对要评论的新闻事件的感知,主要发生在节目的准备阶段;谈话节目主持人,主要是对谈话对象的集中感知⋯⋯但无论什么类型节目的主持人,无论节目的具体设计如何,主持人的感知是基于节目需要、受众需求及个人知识等多种因素进行价值信息发掘这一行为本质和目的是不变的。这一过程实则是主持人把从外界环境中不断感知的信息和自己的认知结构中先前的知识有机地结合,从而生成意义的过程。

表2.7　人类感觉通道

感觉	结构	刺激	感受器
视觉	眼睛	光波	视杆和视锥细胞
听觉	耳朵	声波	毛细胞
味觉	舌头	化学物质	味蕾
嗅觉	鼻子	化学物质	毛细胞
触觉	皮肤	压力	神经细胞

人类心理感知外部世界的目的在于与外部世界的真正联系,心理世界的表征意向最终走向心智,能动地作用于外部世界的人类社会文化世界的语言交际意向,以便实现意向性由物理学向语义学的转换。具体对于主持人而言,观察是熟悉主持环境、熟悉传播对象、获知外界信息、获知意见源点。日常生活中,其实我们有意无意地都会对外界进行观察,职业角色和使命决定了主持人的观

察是积极主动的、是必须性的,是随时随处的,是带有目的性的……通过观察获知的信息是有无意见和意见性信息质量的基石。奥普拉在著名歌手迈克尔·杰克逊豪宅对其进行访谈时,通过观察发现了杰克逊的书房和艺术品这两个值得谈论的素材,于是她特意介绍了这两样东西,而这两样东西与人们印象中的杰克逊元素——音乐关系不大,而这正是奥普拉独特的意见决策,她要带给观众的杰克逊是一个有高雅文化和艺术品味的人,这一决定还博得了谈话对象的好感,为节目获得更多信息奠定了基础。

（二）信息加工

主持人通过观察与感知获得的众多信息,需要进行信息的加工。信息加工就是对已获得的信息进行系统化处理,改变其内部的知识结构,使信息有序增值,并最终形成知识的一个过程。这一过程也是主持人思维的重要运动过程。思维(thinking)是内在认知活动历程,在此历程中,个人运用贮存在长期记忆中的信息,重新予以组织整合,从纵横交错的复杂关系中,获得新的理解和意义。[①]日常生活中说到的"考虑""思考""想一想"等都是思维活动。感知反应的是事物的个别属性,思维则能反映一类事物的本质以及事物间的联系。也就是说人们通过观察与感知获得的外界信息是没有规则的、凌乱的,需要通过思维对其进行整理,发现深层次的内涵和规律。思维具有概括性、简洁性和问题性三个特征。也因此,通过思维活动可以发现本质、推理事物、解决问题。思维的认知加工方式包括:分析与综合,比较与分类,抽象与概括,系统化与具体化。思维是从问题开始的,因为人们遇到了问题,然后设法去解决,才需要思维活动。在日常生活中,人们在一定的目标指引下完成的活动,就是问题解决。从认知心理学的理论讲,问题解决是以知觉为基础,在概念预期驱动下,经过一系列意义整体性连贯性渐增的概念的转换,形成适当的心理表征,并在头脑中对这一表征执行认知操作的信息加工过程,[②]包括发现问题、表征问题(分析和理解问题)、选择策略与方法、实施方案和评价结果。主持人对一期节目的完成,其实就是一次问题解决,是一次具有明确指向性的活动。主持人意见传播是在具有明确意图和指向的情境下的问题解决过程。发现问题,即通过观察、感知发现需要进行意见传播的意见点,所谓意见点是通过感知而获得的能够引起主持人

---

① 彭聃龄,张必隐.认知心理学[M].杭州:浙江教育出版社,2000:283.

② 江琦,杨山.问题解决的信息加工机制探析[J].宁波大学学报,2002(1).

发表意见性信息的对象或元素;表征问题,即分析发现的意见传播点,对其进行深入的思考,这一步是此处所说的信息加工过程,信息加工的过程也是表达动机出现和表达意图确定的过程,也就是通过信息加工决定是否需要对感知到的意见点进行意见性信息传播,因为一次节目主持人感知到的外界信息很多,可以成为意见传播点的也很多,但如果主持人处处发表意见,不仅打乱节目的内容与节奏,而且主持人还可能会喧宾夺主。所以,通过信息加工整合完信息之后要立刻决定是否发出意见,如果要表达意见,才进行下一步的思维活动,即选择意见性信息传播的策略与方法,即选择从什么角度、以什么表达方式传播意见。窦文涛这样谈到他在节目中的一种真实情景和体会:"这个嘉宾一气儿说3分钟了,不能老是他一个人说啊,我得引那个人说,还要考虑如果他说得很好很重要呢,是不是插个问题让他快点翻出底来? 还是让他说到 5 分钟? 你必须即场判断内容编辑内容。"①形象地说明了主持人对外界信息迅速分析、判断,然后组织传播内容的心理过程。窦文涛感觉每次录完像当天下午直到夜里都是呆呆愣愣的,脑筋停转的。这恰恰说明节目中主持人大脑处于不断感知、获知、分析、判断、传播的一个高速运转过程。

从另外一个角度讲信息加工或者叫话语构建是以主持人的具体"意向"为基础的。意向性是人类心智能动地作用于外部世界,从而形成与外部世界发生各种联系的意图或目的。② 交际行为本身就是一个衍生意向、满足目的的简单过程。话语构建始于意向,也终于意向,没有意向,交流就失去了方向,失去了具有人类属性的交际行为的实质。主持人的意向源自于两方面,一方面是主持人"个体"的内部综合能动思维,另一方面是传播目的的规约性与激发性。

(三)意见表达

主持人通过信息加工过程,不仅消化了通过对具体目标观察而感知获得的外部信息,而且在消化理解的基础上做出了"反应"的判断,即是否需要做出回应,如果需要,则必须即刻组织信息,也就是进行意见性信息的编码。对于意见性信息的表达是以"直播"为主,"录播"为辅,因为大部分意见从观察发现到加工组织再到表达都是因时、因事、因境而完成的。而从信息加工的模式来讲,在信息加工中,除了需要敏锐的观察力和善于发现的能力,还需要富有创造性的

---

① 张欢,徐湛媛. 窦文涛锵锵窦文涛[N]. 南方周末,2009 - 2 - 23.

② 冉永平,张新红. 语用学纵横[M]. 北京:高等教育出版社,2007:69.

行为。在对信息进行加工时,经过人脑系统化的信息已不是原来的信息,而是知识。因此人类的知识并不是客观外界信息的简单摄影和摹写,而是经过信息加工的产物。① 所以,主持人在观察感知行为之后进行信息加工过程,本身也是创造信息的过程,也就是意见性信息形成过程的一部分。与此同时,主持人还会借助各种已有经验和知识积极高效地组织意见性信息。人们对外界事物通过刺激之后的回应,最终是主张性反应和非主张性反应。选择哪种反应也是思维理解判断的结果。但无论选择那种、无论传播什么意见性信息,这一思维过程都是必须要有的。主持人传播意见性信息最主要的手段——语言,本身也是思维的紧密关联物。语言是人们进行思维的最主要的助力器,同时语言又是思维的外壳,是思维的直接实现。

主持人通过前两个过程形成的意见性信息最终通过艺术化的语言表达实现大众传播的最终目的。主持人意见表达的方式和途径有很多,在第四章有详细的分析。至于意见性信息最终以什么具体的传播手段、运用什么具体的方法,主持人会根据自身内部条件,如自己的知识储备、传播特长、方法喜好等,和外部环境,如节目语境、话语语境、传播对象等,在短时间内做出选择。与此同时还应明确,这些内外部因素不仅影响意见传播的手段,也影响整个意见性信息的生成过程。比如2006年世界杯,足球解说员黄健翔在解说意大利队与澳大利亚队的八分之一比赛时,以近乎疯狂的嘶喊及完全倒向一边的解说词,将比赛的解说变成了对意大利足球的个人膜拜。事后,黄健翔在致歉信中这样说道:"亲爱的球迷朋友们,我的现场解说夹带了过多的个人情绪……我对意大利足球相对比较熟悉,内心里比较希望看到意大利的出线使后面的比赛更加精彩。"可以看出,黄健翔自己已经意识到已有的内在感情、经验和先在思想作用了其意见性话语的表达。

一次节目甚至多次节目是主持人观察、感知、判断、组织意见、表达意见的持续不间断过程,其意见性信息表达是具有粘连性的。理论上讲,信息加工的任何一个层次都是建立在前一个信息加工的成果之上。1995年初,《综艺大观》的一期节目主题是"母亲"。节目快结束时,导演急匆匆地告诉主持人倪萍,剩余三分多钟已经没有节目了,要求主持人即兴发挥,把这三分钟的时间填补上。这时倪萍要决定"说什么"和"怎么说"。她在《日子》中回忆说:"直播就是

---

① 唐挺,马哲明. 信息消费过程中的信息加工模型研究[J]. 图书情报工作,2007(10).

战场,你来不及周密策划,在场上你也找不到任何可以商量的人……我一边往台上走,心里一边激烈地盘算,说什么? 对,说观众,我走向了观众席。'我想知道,今天在场的观众朋友们,有哪位是陪同母亲一起来看《综艺大观》的?'此时,我脑子里迅速在做着下一步的打算,如果一个也没有,我会如何? 如果有,我该说什么?"观众席上一位清秀的小伙子站起来,"我!"倪萍请这位小伙子向大家介绍他的母亲,完后带头鼓掌并感言道:"这位妈妈,我们都为你自豪,有这么好的儿子真幸福啊! 小伙子,孝敬老人是最受人们尊敬的,我们都应该向你学习,请坐下。"①这时导演示意主持人再说点什么,因为时间还有一分钟。倪萍回忆说:"说实话,往下再说什么,我已经很自如了。因为那时我和观众一起感受着这份中华民族的美德,我的心被感染着。想到电视是对着千千万万个家庭,对着千千万万个有父母的儿女,我激动了。我转向了镜头:儿子带母亲来看节目本来不算什么了不起的,但我常常在我们的演播厅里看到的却是一对对情侣,一对对夫妻,有的是父母带着孩子,我却很少看见儿女陪着父母来的。其实,老人更需要多出来走走,他们更愿意来看看电视台是什么样,演播厅是什么样,倪萍是什么样,我希望从今天以后能在这里见到更多的孩子陪着父母来……"②这一过程清晰地表现出主持人不断即兴的观察、思考、组织、表达,其间运用有声语言和非语言两种表达途径,根据现场情景,情理融合中感动了观众,表达了自己。

二、主持人意见性信息的接收路径

(一)引起注意与保持注意

"注意"是整个传媒业传输产品的第一步,也是至关重要的一步,主持人意见性信息传播要想产生效果,也必然要从引起受众注意开始。注意包括选择性注意、分配性注意和持续性注意,选择性注意是指人们在面临两种或两种以上的刺激输入时,必须选择其中的一种信息,并对这种信息做出反应,而对其他的信息则不进行加工。分配性注意是指人们在面临两种或两种以上的输入信息时,必须同时注意这些刺激,并做出相应的反应。注意的集中与分配是相辅相

---

① 倪萍. 日子[M]. 北京:作家出版社,1997:133 - 124.
② 倪萍. 日子[M]. 北京:作家出版社,1997:134.

成的。① 持续注意是指在一定时间内注意保持在某个认识的客体或活动上,处于持续紧张状态。事实上,注意是一个容量非常有限的加工过程,数量庞大的外界刺激物中只有一少部分能够被有意识的注意到。也就是说,人们在信息处理的过程中一定是选择了一部分,同时放弃了一部分。实验表明在 1/10 秒内,成人一般能同时把握 4~6 个没有意义联系的符号或 8~9 个排列不规则的圆点。② 电视受众的注意力来自对画面和声音的感知,这三种注意在主持人的信息传播中同时存在,选择性注意是有效信息传播的第一步,但受众也会处于分配型注意状态,比如主持人有声语言、肢体语言、服饰等可以同时引起受众的注意,人是通过不同的感觉通道接受外界输入的信号的。最终希望能够达到持续注意。注意力的持续性是建立在"预期报偿"基础上的。由于电视的家庭属性,没有电影那种"漆黑封闭"的收视环境,人们收看电视的同时会做其他事情,诸如聊天、吃饭、打扫房间等,因此,电视引起和保持受众的专注和注意是难度较大的。60% 积极视听者与 40% 消极视听者这一比例是很多学者认同的收视比例状况。美国社会学者罗伯特·莱文(Robert Levine)调查发现,有些人在一分钟之内变化频道多达 22 次。心理学研究同时表明,人类的感知是一个从不适应到适应、再从适应到不适应的矛盾运动。人类的感受器对于恒定持久的刺激会产生适应性,也就是说,当长时间集中注意力于某个对象并且完全适应以后,神经兴奋开始逐渐衰退,感觉神经又开始麻痹。但是长时间、高频率的注意一定是有效传播的最终保障。所以,也许无法在一期节目中使受众时刻保持注意,但可以尽力使观众每次注意持续的时间更长,注意的频次更高。因此,要想取得理想的传播效果,主持人首先需要运用各种手段引起受众的注意和维持观众注意。王志曾在《新闻调查》节目中对话中央财经大学的女研究员刘姝威。她因为在一份内参上披露上市公司蓝田股份的财务黑洞而受到生命威胁,但最后正义战胜邪恶。王志抛出一连串简短有力的提问:"对你的心情有什么影响?""有什么打算?""有那么严重吗?""反反复复,你是不是觉得害怕?"等等。在这连续的短句之后,王志突然用了一个长问:"你只是一个学者,而你所做的只是把你的研究结论,在一个不公开的属于机密的内参上发表,为什么会让你的生活陷入另外一个世界?"这个长问以突然性的节奏变化,对观众的收视心理

---

① 彭聃龄,张必隐. 认知心理学[M]. 杭州:浙江教育出版社,2004:106.
② 姚本先. 心理学概论[M]. 北京:高等教育出版社,2005:41.

做了微妙的调节。电视理论工作者顾洁、冷治夫对这个长问赞赏不已,他们评价说:"这一问不但总结了两人前面的谈话内容,起到了承上启下的过渡作用,而且也在大量的短问之中通过节奏的变化维持了观众的注意力,正所谓相得益彰。"①当然,主持人引起受众注意的手段有很多,比如一件刺眼的外衣、一个奇怪的发型、一句声音的变化,但是,这些方法都是外在的刺激,不具有恒定性或广泛性的。意见性信息中观点的"独特性""征服性""对称性"(指传播的内容是受众需求的信息)本身就是引起受众注意的有效手段。语用学中的"关联理论"研究表明,说话人会制约听话人对话语关联性的寻找,也就是说,听话人一般只留意那些他认为有必要注意的现象或信息。这就意味着,只有当说话人所传递的信息是与听话人相关且值得听话人去处理时,他们才能吸引听话人的注意。一次节目中,主持人如果能够多次引起受众对其意见的认同和共鸣,受众就很难会转换频道,也基本保证了持续注意。而且这是一种持续的内在手段。

(二)理解信息

与前面分析的主持人在获得外界感知后需要通过思维理解信息一样,受众在获得电视传播的信息后就进入了信息消化阶段,通俗来说,就是理解信息或理解节目。但是,与主持人主动的观察感知而后积极活跃的加工信息不同,电视受众对信息的理解并非总是积极主动的,甚至是不积极主动的。美国两位教授以60个不同的电视节目为样本(其中包括25个广告),测试了2700名13岁以上的应答者,发现:大约30%的电视内容被观众错误理解;绝大多数应答者至少误解了两个节目,60个节目中的每一个都曾被某些观众部分地误解,误解的发生率为23%~36%,误解和应答者的社会特征很小。

在语用学理论中,明示与推理是交际过程的两个方面,从说话人角度而言,交际是一个明白无误地示意的过程,即交际时说话人用明白无误的明说表达出自己的意图;但从听话人角度而言,交际又是一种推理过程,从说话人通过明示手段提供的信息中推断出说话人的交际意图,这一推理过程也就是理解过程。观众对电视节目和主持人话语的理解可以分为"表层理解"和"深层理解"。"表层理解"指对事物的外部联系和形式特性的理解,比如观众对事件经过、故事情节、人物性格等方面的了解都属于表层理解。"深层理解"是指对事物的现象与本质、内容与形式的内在关系和各事物的相互关系的理解,比如新闻事件

---

① 金维一. 电视观众心理学[M]. 上海:复旦大学出版社,2005:142-143.

的社会价值、主持人评论的深度意义、节目的整体意蕴等。很多意见性信息的传播不仅需要表层理解更需要深度理解。可以将观众的理解认同为三种理解形态:知性认识的理解、理性认识的理解、审美意会的理解。知性理解是受众通过各种感官系统获得组织起来的感性信息,是理解的第一步。理性理解是在知性理解的基础上,对信息由现象到本质,由局部到整体,通过分析判断推理的思维过程获得的深度的理性的认识。这也是意见性信息主要对应的理解形态。在实际传播过程中,观众在经过知性认识以后,有时候并不再进入理性认识状态,而是享受艺术魅力,感悟电视节目的情感、意蕴,这就是审美意会的理解。但是审美意会的理解并不是说没有深刻的理解,而是在感性中回味道理。① 在主持人传播信息,受众接受信息这一过程中,主持人必须与嘉宾、现场观众、受众的心理活动过程取得协调和一致,才能取得有效的信息传播。应该明确的是,人的认知效果与外部刺激有着密切的关系。人的认知能力的发展也并非由于认知结构本身的变化所导致,而是由认知结构之功能的不断被激活及各元素相互作用的熟练程度的提高而逐渐实现。② 因此,主持人传播的意见性信息是受众通过一系列信息加工而形成的理解与感受,是信息对认知结构的功能不断刺激的结果。

　　从受众的收视心理来讲,电视是一种时间性、过程性、大众性的传播媒介,受众收看电视的首要目的就是放松与愉悦,因此,虽然电视传递着意见性信息,但并不意味着可以像教授授课那样,充满专业术语、哲理思辨,如是那样,观众将回避收看、拒绝理解。因此,意见性信息的传播需谨慎把握受众获知能力与兴趣。因为人是有惰性的,在接受传播信息时,往往选择轻松的方式获取信息。施拉姆曾经设计了一个数学公式来解释媒体选择的可能性。即:可能得到的报偿÷需要付出的努力 = 选择的概率。意思是说,预期报偿(满足需要)的可能性越大,费力的程度越低,选择某种传播渠道接收信息的概率越高;相反,预期的报偿很小,而费力程度很大,选择的概率就很低。因此,意见表达越容易使对应受众理解,则被选择作为信息通道的可能性就越大。英国社会心理学家玛罗理·沃伯(Malorivo Wobber)经过多年的研究也发现了同样的规律:越不用动脑

---

① 金维一.电视观众心理学[M].上海:复旦大学出版社,2005:115.
② 转引自童清艳.超越媒介——揭开媒介影响受众的面纱[M].北京:中国广播电视出版社,2002:93.

筋、越刺激的内容,越容易被观众接受和欣赏。

与主持人加工信息过程中受到各种内外部因素影响一样,信息的被传播者,对信息的具体理解也会与情境、个人的背景、知识、情绪等内外部因素相关。《2012年全国电视观众抽样调查》显示,女性观众更看重主持人和节目带给人放松的感觉,男性更看重电视节目的"权威可信性""能开阔眼界""有深度/有内涵";年龄大的观众更重视节目的亲民性,年龄小的观众则在乎节目的放松感、主持人和新颖独特性;观众的学历越高,因为亲民性而喜爱节目的观众比例越低,而对主持人、权威可信、有深度、有内涵、能开阔眼界等因素的关注程度就越高……无论有多少相关因素,电视传播以收视率为目标这一规则是适用于绝大多数国家的绝大多数电视节目的。因此,主持人意见性信息的实质是希望受众接受观点,因为如果不接受,就说明不认同,就无法取得稳定的收视率。

(三)意见性信息反应与反馈

通常人们认为,受众对信息的态度表现为三个层次:"容忍""认同""内在化"。容忍是最低限度的不排斥,如果不能容忍就会选择更换频道;认同是对观点的接受,甚至产生偏爱;内在化是对某一观点具有很深的认同,已经成为价值体系的一部分,如果信息传播能达到这一效果,无疑真正留住了观众,当然如果观众之前拥有的态度已经达到了内在化层次,也很难接受与之不一致的观点。受众理解信息后会出现两种方向,即对意见的接受和否定。当然,在两者之间还存在一段很长的程度表现。当程度很强的时候,无论是接受还是否定都会有明显的心理反应,甚至行为反应,这种反应其实就是对信息的反馈。但当反应程度非常微弱的时候,是没有明显表现的,似乎连受众自己都不知道。但这种信息并不是无效信息,它们会形成对受众的潜移默化的刺激,这种不被感知的刺激便是"阈下刺激",这种感知是阈下知觉。阈下知觉是指低于阈限的刺激所引起的行为反应。美国在20世纪50年代就做过这样的实验,以人们无法察觉的速度在影片中植入阈下广告可口可乐和炒玉米,结果6周内,两者的销售量分别提高了18%和58%。这足以说明没有被人们感觉到的刺激,也会有强大的思想影响性,甚至诱发行为表现。也就是说,很多意见性信息也许没有立即得到受众的认可或反对,但并不代表没有传播效果。

受众对主持人的意见性信息,尤其是意见观点非常明确的信息的反馈,一定会优于事实性信息。事实性信息表达不到位,一般会用"清晰"或"模糊"来给予评价,对意见性信息,则会引起受众"对"与"错"的反应。如果主持人的意见表达有明显性错误或者不严密之处,会造成受众对主持人认知度和可信度的降低。

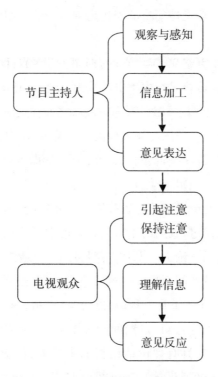

图 2.11 主持人意见性信息传播路径图

第三节 电视节目主持人意见性话语表达的角色意义

个体在扮演主持人这一角色过程中传播意见性信息既是一种基本的话语表达方式、一种必备的工作手段,也是为了满足受众的需求、媒介市场的需求。意见性信息的表达是主持人角色功能的体现,其表达能力与角色人物的完成效果密切相关,其表达过程是角色功能的实现过程,具有多项重要意义。

一、主持人传播能力的综合呈现

上一节中阐释过,论证与解释是语言的最高级别功能。意见的传播过程告诉我们,意见不是凭空得来的,它是经过观察感知、信息加工后再形成意见的,这一过程需要主持人有观察能力、感受能力、辨析能力、思考能力、反应能力、语言能力……文化素质、心理素质、生活阅历、经验积累……甚至还需要相关领域的专业知识。可以说,意见性信息的表达是主持人话语组织能力和话语表达能力的综合体现。

凤凰卫视早在20世纪90年代末的《时事开讲》节目中就引入了时事评论员这一席位,节目评论员曹景行先生也被称为"电视时评第一人"。曹景行生于1947年,担任凤凰卫视评论员时已经50多岁,之前在上海市社会科学院世界经济研究所研究美国农业及美国与亚太地区经贸关系,在中文《亚洲周刊》工作八年,历任撰述员、编辑、资深编辑、副总编辑,兼任香港《明报》主笔。担任香港传讯电视中天新闻频道总编辑。学历、资历、经验、阅历……都已经达到了相当高的水平。白岩松在接受记者专访时也曾说:"十几年前《东方时空》创办时,创办人孙玉胜非常明确地说过,我们的主持人将来的发展方向是记者—好记者—主持人—好主持人—新闻评论员。"①2011年8月1日《新闻1+1》全新改版亮相,形成一位主持人加一位新闻观察员的对话模式,白岩松从主持人转身为观察员(类似于评论员)。2013年1月1日《焦点访谈》改版,白岩松作为评论员亮相。从主持人到观察员再到评论员,这期间经过了近20年的生活和业务磨炼。在BBC,要想能够成为一名具有评论话语权的主持人,一般都要经过 Researcher(信息调查员)、Reporter(通讯员)、Journalist(记者)、Correspondent(通讯记者)、Political editor(政治新闻编辑)、News presenter(新闻主播)、commentator(评论员)这样一个历程。也就是说一个综合性主持人的成长是需要磨炼的,评论员则是最高级别。从这些顶级评论员的成长过程和BBC的人才成长通道不难看出,评论员必须经过长期的积累,意见性信息表达则是积累后的综合展现。

我们常常能见到一些主持人,他们的意见不温不火。例如,"那然后发生了什么呢?""到这里事件的整个过程就呈现给您了,您如何评价故事中的主人公呢? 或许支持,或许同情,或许不理,都很正常,咱们下期节目见"。不仅如此,还有一些主持人会表达出无厘头的意见。有一次上海警方抓捕了四名拦路抢劫嫌疑人,某电视台主持人这样对话犯罪嫌疑人:"你这次到上海有什么感想?""你拦路抢劫对不对?"还有甚者,其意见不仅缺少最起码的常识,导致相反的传播效果。1999年5月8日以美国为首的北约悍然袭击我驻南斯拉夫大使馆,新

---

① 王倩. 白岩松:有人说做新闻评论员需要思想,这是误读[J]. 新民周刊,2009 – 6 – 25.

华社优秀的驻外记者邵云环女士不幸遇难,某电视台知名主持人在直播中电话采访邵云环的儿子曹磊,居然问:"妈妈不在了,你是不是很难过?"再如,2014年马航客机失联,家属在焦急等待中,记者采访家属问道:"您现在焦急吗?"家属生气地回答:"您这问得有点过了。"以上这些带有意见性的陈述、问题,本身的出发点没有太多的质疑点,也不属于明显的意见错误,但却无法取得尽如人意的传播效果,甚至让受众有些不解和困惑。追究其原因,很难归为某一单一原因,实则是传播能力的综合欠缺。纵观国内外,具有优秀意见性信息传播能力的主持人无不具有很强的综合传播能力。

二、主持人影响力的核心要素

当奥普拉听说"疯牛病"发生,便脱口而出"我可不想再吃汉堡包了",牛肉销售商立刻高度紧张。奥普拉同样一句赞美之词,"我更喜欢'T恤型床单'和法国农村'小老太太'",使这两种商品第二天一大早便出现抢购的场面。这就是电视节目主持人意见性信息的作用和影响力的体现。

在世界各国电视节目主持人成为有影响力的社会人物都不是什么新鲜事。美国著名女主持芭芭拉(Barbara Walters)说:"美国电视新闻节目主持人从出现、发展到明星化,他们跻身于那些左右着我们这个世界的少数几个人的神殿之中了,没有被邀请,没有被选举,公众也不曾争议,他们在那些总统、国会议员、劳工领袖以及其他决定公众政策和影响个人态度的人物旁边,取得了一席之地。"[1]在美国,电视名牌节目主持人对美国社会的影响仅次于总统、国会议员、企业界巨头、工会领袖,占据第五位。[2] 沃尔特·克朗凯特(Walter Cronkite)五次被公众选为"美国十大最有影响力的决策人物"之一;奥普拉被《时代周刊》评为20世纪最具影响力的100位人物,美国著名女主持人芭芭拉·沃尔特斯被《福布斯》杂志评为全球最有影响力的女性之一,福克斯电视台曾经进行的一项调查显示,24%的受访者认为奥普拉会成为一位好总统;2008年、2009年韩国评选韩国最有影响力人物,娱乐节目主持人姜虎东分别排在第5和第3位,位列总统李明博之前;日本著名新闻主持人久米宏被法国权威政治周刊《新观察家》评为当今世界最具影响力的50人之一……在中国,2013年中国社会科

① 芭芭拉·马图索. 美国电视明星[M]. 北京:中国广播电视出版社,1987:1.
② 浅谈电视主持人明星制[N]. 中国台湾网,2011 – 03 – 20.

学院发布的《社会蓝皮书:2014 年中国社会形势分析与预测》显示:2013 年,中国大约有 300 名全国性的"意见领袖"在社会舆论中发挥着重要影响力。白岩松、崔永元、孟非、杨锦麟等著名主持人的名字赫然在列,他们也分别入选过"年度富有影响的公共知识分子"。新浪微博排名前 50 位中,电视节目主持人常年占据 20 席左右。美国学者尼尔·波兹曼(Neil Postman)认为,电视拥有一种超媒体霸权。而"合适"的节目主持人连同他们的电视节目,在观众这种上帝眼中,能"合适"地扮演当代社会的"上帝"(拥有思维、观念、生活方式等多重影响力)角色。

　　"影响"是指以间接或无形的方式来左右或改变他人的心理、思想和行为。"力"是"力量"的意思,是某种预存的属性和能力。通常来说,"影响力"是用一种以别人乐于接受的方式,改变他人思想行动的能力。影响力在本质上是一种控制力,这种控制能力"表现为影响力的发出者对于影响力的收受者在其认知、倾向、意见、态度和信仰以及外表行为等方面合目的性的控制作用"。① 影响力的最根本实质是对他人思想观念、意识形态的影响。任何政治、经济、文化语境中的意识形态都是部分地由语言表征,通过语言阐释,同时,也由其他一些更高级精致的符号与模式进行表征,如视觉形式和音乐,然后,再由大众在日常交际中阐释和应用。既然是对他人认知、意见、态度、思想、行动等方面的控制,就必然存在影响源本身的意见、观点、态度,而且必须足够具有说服性。电视节目主持人的影响力是主持人站在电视这一媒介平台上,以电视节目核心主体的传播身份,以自身特有的大众化人际传播方式,以丰富的视听符号传播手段,进行信息传播的过程中对受众思想意识的作用力。作用力的形成与强度是一个综合而复杂的过程,其实质是主持人对受众在认知、倾向、态度、信仰、行为等方面的控制。这种作用力与主持人的知名度、影响范围、节目内容、媒介平台等多种因素相关,但其核心仍然是"意见性信息的作用力"。因此,意见性信息既是主持人影响力的重要构成要素,也是主持人影响力的重要释放途径。

　　作为电视节目主持人,影响力似乎并不应该是首要的关注点,如何主持好节目,如何令观众满意提高收视率才是重点,但当我们从更宏观的角度看待主持人影响力,却会发现主持人的影响力首先与节目的收视率成正向互动关系。

---

① 　喻国明. 关于传媒影响力的诠释——对传媒产业本质的一种探讨[J]. 新闻战线,2003
(6).

主持人的影响力约等于主持人的品牌影响力,主持人的品牌影响力直接影响节目收视率。脱口秀女王奥普拉是最具品牌影响力的主持人,其品牌价值2006年就达14.2亿美元,她的节目能够热播于100多个国家,仅在美国每周就吸引3000万观众。正因为主持人品牌会为电视台带来巨额的商业利润,世界各国都有很多以主持人名字命名的节目。例如,在美国70年代的《唐纳·休访谈》,80年代的《奥普拉温弗瑞秀》《拉里·金直播》,90年代的《科南·奥布赖恩深夜秀》《杰伊·利诺今夜秀》,21世纪的《乔恩·斯图尔特天天秀》《艾伦秀》《奥莱利因素》《米切尔报告》①,等等。在英国,一名优秀节目主持人的品牌更是被最大价值化利用。著名主持人戴维·弗洛斯特就有多档以其名字命名的节目《弗洛斯特报道》《弗洛斯特节目》《戴维·弗洛斯特秀》《戴维·弗洛斯特的全球村》《与弗洛斯特共进早餐》,等等。在我国,从1993年《一丹话题》起,就没有停止过这种节目。

其次,主持人的影响力还是主持人社会价值的重要体现,是媒介和媒介人社会责任的重要担当。作者调查显示,71.92%的受访对象认为电视节目主持人是社会公众人物,这也就是说今天的节目主持人已经超越了单一的媒介人物身份,其职能也超越了保证节目质量和收视率的范畴,观众对主持人的诉求也超越了原始的节目主人角色。主持人尤其是知名主持人具有类似于公共知识分子的社会作用和身份特征。这种影响力积极地体现于维护社会道德、传承优良文化、净化社会环境等正能量传递中,其实现途径也是通过意见的表达。比如2012年9月由于钓鱼岛问题中日关系持续紧张,全国各地出现了反日游行,但很多民众的行为超出了正当的情绪表达,比如当众焚烧或打砸日系车,甚至连司机也会毒打一顿。崔永元、何炅、杨澜等很多主持人都通过自媒体呼吁理性爱国。白岩松在9月26日的《新闻1+1·犯罪:别披着"爱国"的外衣!》一期节目讨论什么是真正的爱国,什么是犯罪。正因为主持人对大众思想、社会舆论、文化审美等诸多方面有影响力和影响责任,"主体我"要更多地服从于"客体我"。

丹尼斯·麦奎尔(Denis McQuail)在《受众分析》中说,作为一种有价值的、丰富多样的资源,"媒介有助于我们处理社会问题和个人问题。就后者而言,我们可以将媒介视为这样一种手段:它为我们营造某种心境,让自己振作起来,带

---

① 来自微软与NBC合作开办的电视频道MSNBC,主持人是安德莉亚·米切尔.

我们走出自我,激发我们的感受,帮助我们记忆、反省和遗忘"。① 也有学者认为,在一定程度上,媒介的说服实际上是提供一种象征性的心理满足,但这种满足不少情况下是潜在的,需要媒介唤起才能转化为一种态度或行为。② 对于电视节目主持人影响力同样存在这样的特征,他们对受众的影响作用也多元化存在和体现,或许是直接表现,或许是潜移默化,或许是立竿见影,或许是长期累积,但只要是积极的,就是有意义的。

三、主持人风格构建的重要方式

"风格"在西方最早出现于希腊文,后来进入拉丁文。希腊语 stylos 和拉丁语 stylus,原解作"锥子"和"一把用以刻字或作图的刀子"。以后它的意义渐渐发展和引申为"写字的方法""以辞达意的方法""写作的风度""作品的特殊格调""伟大作家的写作格调""艺术作品的气势",等等。黑格尔指出:"风格,用它来指艺术表现的一些定性和规律,即对象所借以表现的那门艺术特性所产生的定律和规律。风格就是服从所用材料的各种条件的一种表现方式,而且它还要适应一定艺术种类的要求和从主题概念生出的规律。"③《现代汉语辞海》的界定是:某一时期流行的一种文艺形式;文艺上的独特表现;文章风格;良好的风度作风。④ 著名语言家索绪尔从语言的角度指出:"风格是个人语言的特点"。他的学生巴里在 1905 年出版的《风格学概说》中提出"风格是说话者个人语言感情的特点。"简而言之,风格是创作主体用属于他自己的独特手段,去构造或表现某种艺术美的特征。

作为电视节目的创意主体。主持人的风格是人们公认的对主持人最重要或最主要的评价指标,也是受众关注和评价主持人的焦点议题。独具特色的主持风格是受众对主持人的心理需求与期待,也是主持人和所在媒体的期望与努力方向。风格形成和体现于主持人的节目创作过程,是主持人在众多内在元素和外界环境综合作用下展现的艺术结晶,是主持人的标志性符号,是主持人的独有象征,是受众对主持人的认可点和主持人的差异化竞争力。

---

① [英]丹尼斯·麦奎尔. 受众分析[M]. 刘燕南,李颖,杨振荣译. 北京:中国人民大学出版社,2006:126.

② 陈力丹. 舆论学——舆论导向研究[M]. 北京:中国广播电视出版社,1999:199.

③ [德]黑格尔. 美学(第一卷)[M]. 朱光潜译. 北京:商务印书馆,1982:243 - 244.

④ 倪文杰,张卫国,冀小军主编. 现代汉语辞海[M]. 北京:人民中国出版社,1994:269.

电视节目主持人风格的具体体现和受众对它的认可呈现出多元化的态势。应该说,从主持人内在的性格、内涵到外在的有声语言、体态语言、外表形象等再到与节目的类型的联系等,都可以成为主持人风格的构筑核心和表现方式。比如,赵忠祥的大气沉稳、倪萍的亲切、李咏的激情、谢娜的搞怪、贺炜诗意般的语言,拉里·金(Larry King)的黑框眼镜、背带裤……风格既是节目主持人的综合体现与表现,也是某方面的优异体现与表现。集合了主持人思想、价值、判断等多种内在元素于一体,然后通过语言表达出来的意见性信息也是主持人风格的重要体现途径。因为"意见"本身就是来自不同传播主体的思维结果,就具有独有性、差异性。吴郁教授在《主持人的语言艺术》一书中分析主持人语言风格时,总结了六个体现方面:独特的视角、独特的思维方式、独特的感受、独到的见解、独创的构思、独有的表达,其中前四项都与意见性话语表达密切相关。

环顾当代中国和西方电视荧幕,活跃着大批以表达意见性信息为鲜明风格的主持人。王志犀利的提问、直言的质问成为他标志性的风格;张绍刚曾在《非你莫属》中的表现受到人们的多种指责,如缺少人文关怀、有意制造噱头等,但不可否认,张绍刚极为强势的意见表达成为人们对他主持风格的第一印象;汪涵在人们眼中侃侃而谈、机智灵活,被称为"策神",这也是人们对汪涵主持风格的印象,但细细体味还会发现,汪涵在节目中意见判断清晰、决策果断、意见指向鲜明,他的幽默与神策不是滑稽,是言之有物、言之有意的幽默;杨锦麟因读报而成名,但他的成名绝不是因为"读"的水平高,如果从正统的视角审视,他"读"的功力实在太差。杨锦麟自嘲说:"按照当下最科学和传统的观念,我大概没有一样符合电视主持人的基本要求。窃以为,我这种变音国语,臃肿身材,平凡长相,年过半百的老人,在内地任何一家电视台,不仅不可能上岗,即使哭着喊着争取在电视台当个门卫保安也未必有机会,更遑论被推到前台,由着自己的性子干上一番。"[1]而他的成功正是他说的"由着自己的性子干上一番",准确地说,是在自由的空间中任由他解读和点评,"识见广博、分析精辟、点评到位"成了杨锦麟被广泛认可的风格;乐嘉在《非诚勿扰》节目中做嘉宾主持,这是一个辅助性角色,但是乐嘉以他不羁的性格,具有鲜明个人意见特征的心理、性格分析赢得了观众的喜爱;世界著名主持人奥普拉·温弗瑞常常直接甚至有些不合时宜的提问和大胆的评论是众人公认的奥普拉主持风格。她曾直接问一位

---

① 杨华.杨锦麟这家伙[M].长沙:岳麓出版社,2006:4.

女性："你为什么想到选择同性恋呢?"她毫不掩饰地抨击 Calvin Klein 的广告说:"我非常讨厌这些牛仔服饰广告,它们让我看出了笑柄。"奥普拉的观点在美国有广泛的认可性和巨大的影响力,有人形容奥普拉访谈如同一次次心理治疗,感性而温暖,"9·11"事件发生后,奥普拉和她的节目几乎成了美国民众的镇静剂,连布什的夫人也要求在她的节目中出镜,以稳定国民情绪。奥普拉的这种心理治疗,源自于奥普拉式的简单而又打动人心的观点。例如:"对于你所拥有的,要心存感激,这样你就会拥有更多;对于你所没有的,如果念念不忘,你永远都不会满足。""你最害怕的东西本身其实并不可怕。是你的害怕使它显得可怕。只要勇敢地面对真相,你就会身心解放。""没有奋斗,你就没有力量。"等等①。英国 BBC 主持人杰里米·帕克斯曼(Jeremy Paxman)以毫无掩饰的刁钻提问和直言观点成为风格鲜明的著名新闻主持人。比如,2005 年萨达姆政权彻底被摧毁后,杰瑞米·帕克斯曼在节目中与布莱尔面对面对话,上来的第一句话就是"布莱尔先生,您是否有什么要道歉的?"矛头直指伊拉克战争,2014 年帕克斯曼辞去了 BBC 著名新闻节目《新闻之夜》的主持工作,英国媒体直言那些政治家们可以不用再那么恐惧厄运了。

由于节目主持人的风格与节目风格是相互融合、相互匹配、相互支撑的互通互动关系。因此,意见性信息表达在成为主持人风格表达方式的同时,也很大程度上影响着节目的风格。对于以主持人传播为主要传播方式的节目尤为如此。但是需要强调,风格是需要坚持和沉淀的,并不是主持人在某期节目的意见传播或偶尔的意见传播,就可以成为风格。同时,虽然意见性信息是每个主持人都必须传播的信息,但是每个主持人的意见显示度不同,意见的创意性不同,意见的表示法不同……这些不同使观众对某些主持人的意见表现记忆犹新,也成为其被认可的主持风格,而对有些主持人甚至缺少印象。

四、主持人及媒介态度的体现

话语权力受到政治资本、经济资本和文化资本等多种因素规约,社会并未赋予每个人平等的话语权力。系统嵌入理论告诉我们,把单个角色放在不同的位置上,有些单个角色在整个系统中处于中心位置,而另一些则处于边缘位置。占据有利位置的角色能够吸引其他角色与自己建立和保持联系。电视是社会

---

① 金凯利. 脱口秀女王奥普拉的说话之道[M]. 北京:电子工业出版社,2011:129.

系统中一个重要的子系统,电视本身就在社会信息系统中处于中心地位,而主持人作为其代言人,不仅具有说话的权利,更有话语的权力。主持人在社会网络中的位置和职业特征决定了其是话语权力的优势群体,而包含有意见倾向的信息则是这种权力最具作用力的体现。

作为媒介的代言人,主持传播虽然是个性化的人际传播,主持人的意见是个人的思想体现,但一旦占据了大众传播通道——电视,人际化的传播就不再等同于个人化的传播,其意见观点也不仅仅代表个人,毫无质疑地成为所主持节目和所在媒介的意见,代表着节目和媒介的价值取向、立场观念。"有态度的媒体"是今天很多媒体赋予自己的一种形象,因此,主持人传播观点、媒介表明态度必不可少,如果主持人的意见获得认同,也就顺承性地获得受众对媒介和节目的青睐,但反之会引来受众、甚至社会大众的强烈质疑和不满,严重者还会造成更高级别的矛盾或危机。

2010年6月国家广电总局颁布《关于进一步规范婚恋交友类电视节目的管理通知》指出:"2010年以来,一些电视台上星频道开办了《非诚勿扰》《为爱向前冲》《缘来是你》《爱情来敲门》等婚恋交友类电视节目。这些节目为适婚男女青年提供相识和交往机会,体现了电视媒体的引导功能和服务功能,但也存在较为严重的问题,如一些嘉宾身份造假、自我炒作、言论低俗、行为失检、恶意嘲讽,主持人引导乏力,部分节目盲目追求收视率,放任拜金主义、虚荣、涉性等不健康、不正确的婚恋观,这些做法严重背离了社会主义核心价值体系……损害了广播电视媒体的形象。"其中专门强调主持人引导乏力是这些节目不健康的重要因素。主持人的引导功能是主持人的意见性信息内容和作用的重要体现,这足以说明主持人意见性信息对节目导向甚至生存具有重要作用。

2008年4月9日,北京奥运圣火在美国旧金山传递,CNN进行直播报道,主持人卡弗蒂在节目中发表了与事实极不相符的辱华言论:"我不知道中国是否不同了,但我们跟中国的关系肯定是不同了。有一件事可以肯定,由于在伊拉克打仗,我们已经把身上几乎所有的东西都典当给了中国。他们拿着我们数以千亿计的美元,我们也累积他们数以千亿元计的贸易逆差,因为我们不断输入他们带铅油漆的垃圾产品和有毒宠物食品,又将工作出口至一些地方,在那些地方你可以给工人一美元的月薪,就可以制造我们在沃尔玛买到的东西。所以我觉得,我们跟中国的关系肯定有改变。我认为,他们基本上同过去50年一样,是一帮暴徒和恶棍。"其中诸多不实的信息、混乱的言论、滑稽的观点。这一刻,站在这样一个世界级媒介的舞台上,卡弗蒂已经不仅仅是一个可以随便演说的独立的传播个体,他代表的是一个有观点的媒体,或者说,受众会把他的言论认为是 CNN 的观点。中国外交部立即召见 CNN 负责人提出严正交涉,美国华人将卡弗蒂告上了法庭。在各方压力下,CNN 和卡弗蒂本人都向中国政府和人民道歉。

大众媒介是社会的联系社会的桥梁和纽带,对社会有着疏通和引导的作用。意见性信息在其中扮演者双刃性角色,一方面,如果意见积极、正确就具有较强的传播作用和较高的社会价值;但另一方面,一旦信息内容不被受众接受,就可能产生明显的负面效果。而且当主持人的意见与受众的观点相距甚远,甚至被认为明显有误时,会在受众的意识中被冠以"污名"印象,对以后的"印象管理"造成很大困难。

本章小结

节目主持人的角色定位、职责功能、话语类型、受众需求等因素,决定了其意见性话语表达的必然性和重要性,也说明了意见性信息传播是主持人的角色共性,即角色的基本规范和社会期望。但在具体的角色扮演过程中,主持人需要主动发挥其个体的能动性和创造性,即角色个性,观察感知外界,加工意见性信息,以适当的方式表达,实现有效传播。传播出的常规性意见信息是"普通产品",必须性性意见信息是"规定产品",提升性意见信息是"优质产品",突发应对性意见信息是"精品"。意见性话语的有效表达是为了吸引受众,并让受众接受、采纳自己的观点,以提升节目的认知度。其有效传播对主持人自身、节目、媒体和社会都有十分重要的意义。

第三章　各类电视节目主持人的角色定位与意见性话语价值

　　"身份"(identity)与"认同"(identification)源自于拉丁语的一个词 idem。身份是一个人或一个群体在现代生活生存的首要问题。最早系统阐述"社会身份"概念的是德国社会学家马克斯·韦伯(Max Weber)。他认为社会身份是根据受社会价值评估所影响的生活方式来划分的,是在社会声望方面可以有效地得到的肯定和否定的特权。个体的社会身份往往通过其生活方式、话语方式、衣着、住宅和职业等身份象征来体现。也就是说,身份不是孤立存在的,不是自我认同即足够的,必须得到交流对方的认可,身份是与符号文本相关的一个人际或社会角色,任何符号的表意都存在与身份的对应。反之,同样的符号,同样的话语,不同身份的个体所能产生的传播效果是不同的。一个主体往往同时兼具多个身份,如:性别身份,民族身份、宗教身份、职业身份,等等。人在符号交流中,不可能以纯粹抽象的自我出现,只能随时采取一种身份,甚至采取多种身份,进入符号意义游戏。① 同样,任何一个主持人也同时兼具多个身份,但一旦出现于大众媒介中被冠以"主持人"这三个字进行传播时,其身份就是或者就被认可为是媒介代言人、具有信用保障的信息传播人、所主持节目的驾驭人。这一身份决定了主持人传播的信息具有超常的广度与信度。这是主持人首先应该具有的身份认同。其次,主持人传播的信息包括事实性信息和意见性信息,这一点也无可争议。通过第二章对主持人意见性信息内外因、意义的分析,已经证明了传播此类信息的必要性和重要性,对于此也应该是主持人对自己身份的重要认同。虽然主持人每个个体所拥有的"自我"是不一样的,"自我"就是"我所拥有的一切",身体、能力、朋友、荣誉……但如果一个人具有反思能力,就

---

① 赵毅衡. 符号学原理与推演[M]南京大学出版社,2016:340.

能合理控制身份的需要和压力,身份成为自我的自觉延伸。

　　戈夫曼在拟剧论中提出"前台""后台"这一概念,即一个人可能在不同的场所扮演不同的角色。实际上人类的行为一定是依据其社会身份和所处场景的变化而变化的,而且是可预见性的。不同场景中,角色如何定位、如何扮演都会不同。从绝对意义上讲,不同的电视节目必然有不同的节目场景,没有完全相同的两个节目场景。但是同一形态的电视节目具有一定的共性,其角色定位和角色扮演也就存在一定相似性和同一性。因此,本文选取了当代应用面最广、流行度最高,且主持人具有深度参与性的四种电视节目形态,即新闻评论类节目、谈话类节目、真人秀节目、体育竞赛类节目,对其进行深入剖析。首先从节目形态和特征入手,论证主持人的角色定位是节目内容和结构的需要,也是节目传播的内在规律使然。继而分别论证主持人在不同形态节目中的角色定位,话语表达的功能及方式——侧重从其所传播的意见性信息入手,探究各类主持人意见性信息话语表达的独特作用。这无疑也是电视节目主持人所扮演角色应有的价值体现。

第一节　新闻评论类节目主持人的意见性话语

　　苏联宣传心理学家肖·阿·纳奇拉什维里的理论证明:任何信息的报道,某些事实的描述,如果不加专门的解释和评论,对人们的定势是几乎不能产生任何作用的。① 事实证明,随着社会的发展,受众不仅有强烈的信息获得欲望,更有对信息的深度解码欲望。研究央视索福瑞数据发现,《新闻1+1》在重大新闻事件周期内,如汶川地震、北京奥运、神七发射等,收视率平均提高了3~5倍。由于《新闻1+1》是纯观点评论性节目,可以说明,尤其是面对重大事件,人们不仅关心是什么、怎么样了,更关心为什么、怎么看。中国电视收视年鉴(2016)显示,2015年,中央级频道晚间17:00-24:00时段播出的常规深度评述类节目就有9档之多,上到国家政治,下到亲民时尚,内容包罗万象,节目通过主持人、特约嘉宾、专家连线等方式对新闻事件深度分析与评论。② 因此,对新

---

①　[苏]肖·阿·纳奇拉什维里. 宣传心理学[M]. 金初高,译. 北京:新华出版社,1984:27.
②　参阅:徐立军主编. 中国电视年鉴2016[M]. 北京:中国传媒大学出版社,2016:119.

闻消息进行解读、评论,是满足当代人需求的一种节目样态。

一、电视新闻评论节目的界定及其特征

(一)电视新闻评论节目的界定

新闻报道和新闻评论,是新闻传播的两种基本形态和手段,新闻报道以传播事实性信息为核心,而新闻评论以传播意见性信息为中心。"新闻评论是新闻传播工具对当前重大问题和典型新闻事件进行批评论说的议论文,是新闻媒体上社论、评论员文章、短评、编后、专栏评论、述评诸种评论形式的总称。"[1]关于"电视新闻评论"的定义,《广播电视词典》的定义是:"直接对新闻事实进行评论,反映电视台或记者、主持人的观点、主张,是舆论引导的重要手段。"[2]丁法章在《新闻评论教程》中指出:"只要是电视媒体对新闻事件和社会问题发表意见,分析判断或述评的电视报道形式就是电视评论。"[3]涂光晋教授在《广播电视评论学》一书中的定义为:"电视新闻评论是综合运用画面、声音、屏幕文字和解说、论述性语言等多种传播手段的声画合一、视听结合的新闻评论,是一种'形象化的政论'。"[4]也有很多学者将"电视新闻评论"简称为"电视评论"或"电视述评"。"电视述评"这一界定,恰切的说明了评与述在节目中的实质性关系,直白地揭示了评论与报道之间密不可分的关系。

新闻评论必须是在新闻报道基础上的评论,没有新闻事实的存在,也就不存在有针对性的评论,因此,两者是相互支撑的。尤其是在今天,新闻节目强调深挖事实真相,在这种思维和观众需求下诞生的"深度报道"往往与评论是相互融合的。美国新闻学家埃德温·埃莫里(Edwin Emery)和迈克尔(Michael Emery)父子认为:"老式的客观报道,坚持对说过的话或做过的事情做纯事实报道,受到一种新的概念的挑战,后者基于这样一种信念:如果真正要讲新闻事实性的话,读者需要把一件新闻事情的前因后果说清楚"。[5] 美国学者沃尔特·福克斯(Walt Fox)指出:在广播电视的时代,记者只是简单的叙述发生了"什么"事实,只是简单的交代传统报道中的五个 W 已不合时宜,而"为什么"的问题突然成为新闻

① 刘根生. 新闻评论范文评析[M]. 北京:新华出版社,2001:2.
② 赵玉明,王福顺. 广播电视词典[M]. 北京:北京广播学院出版社,1999:108.
③ 丁法章. 新闻评论教程[M]. 上海:复旦大学出版社,2003:56.
④ 涂光晋. 广播电视评论学[M]. 北京:新华出版社,1998:32.
⑤ 时统宇. 深度报道范文评析[M]. 北京:新华出版社,2001:3.

报道中最重要的事项。在电子时代,新闻报道中需要意义与背景,而提供这些内容的工作便获得一个特殊的称谓:"解释"。①《新闻学大词典》定义深度报道为:"运用解释、分析、预测等方法,从历史渊源、因果关系、矛盾演变、影响作用、发展趋势等方面报道新闻的形式。"②对于新闻的解释与分析其实就已经无限接近评论了,"预测"对未来走势的一种预见性分析和判断,更可视为评论的一部分。

有趣的是,我国新闻评论节目的起步是借鉴了西方国家的节目模式,但在国外的电视新闻节目中,并没有以"电视新闻评论"为称谓的节目,多是采用深度报道或调查性报道的称谓,并且被包含于杂志型新闻节目或新闻专题栏目中,因此,"电视新闻评论节目"多少有点"中国化"或"本土性"意味,是延续了纸质媒介分类方法而舶来的一个概念。并且是在不断思考和探索中完善的。

目前,电视新闻评论这种节目形态,除了在时政新闻上广泛应用外,也已在多种类型的电视节目和电视频道中取得良好的传播效果。如经济评论节目《央视财经评论》、法制节目《经济与法》、体育节目《足球之夜》、农业节目《聚焦三农》、文化节目《文道非常道》(凤凰卫视)、军事节目《军情观察室》(凤凰卫视)……电视新闻评论节目的意见传播形态,大约有三种,分别是谈话体评论、主持人评论和电视述评。本章节研究的重点是主持人评论,谈话类新闻节目,像《实话实说》《一虎一席谈》这类节目会在下一节——电视谈话节目中作详细分析,但是像《新闻1+1》《时事开讲》这种形式的节目仍然是本节的研究对象,因为这类节目虽然有主持人与主持人或主持人与嘉宾之间的对话关系存在,但节目中的传播个体仍然以传播信息为主要角色任务,而不是以思想交流碰撞为主。

(二)电视新闻评论节目简要介绍

1953年BBC开播的《全景》是世界上最早的电视新闻杂志节目。在美国,新闻评论节目在电视媒体中具有举足轻重的地位,哥伦比亚广播公司(CBS)的《60分钟》,美国广播公司(ABC)的《20/20》《夜线》,美国全国广播公司(NBC)的《日界线》,CNN的《安德森·库珀360°》都是享誉世界的电视新闻杂志节目,我国新闻评论节目从中借鉴不少。

在我国,1959年6月18日,北京电视台播出的《谈西柏林近况》,可以称得

---

① 时统宇. 深度报道范文评析[M]. 北京:新华出版社,2001:3.
② 甘惜分. 新闻学大词典[M]. 郑州:河南人民出版社,1993:153.

上开了我国电视评述类节目之先河。虽然节目全部的影片材料、部分录音资料及附带的评论稿件都是由德意志民主共和国电视台提供的,但节目形态上接近后来的电视述评,可以看作是我国电视新闻评论最初的尝试。1980 年 7 月 12 日,中央电视台《观察与思考》开播,中国第一位主持人庞啸也在这档评论类节目中诞生,而且是集采、编、播于一身。节目第一期《北京居民为何吃菜难》便引起不错的社会反响,后来《包产到户以后》《白天鹅之死》《冯大兴的下场》《一个"不可思议"的企业》等也都有不错的收视效果,但是由于受到时代的限制,在内容上较局限于解读政策,甚至是带着观点找例子,违背新闻报道的规律,所以《观察与思考》几度停播。与此同时,一些省级电视台先后开办了电视评论节目,比如上海电视台的《新闻透视》、北京电视台的《BTV 夜话》、广东电视台的《社会聚焦》等。

而进入 90 年代后,中国电视新闻评论节目开始进入超音速发展期。1993 年 5 月 1 日具有历史标志性意义的杂志型新闻节目《东方时空》开播,该节目由"东方之子""东方时空金曲榜""生活空间""焦点时刻"四个子栏目构成,其中的评论板块"焦点时刻"当时引起的轰动最大。同样是在这个 5 月,《一丹话题》问世,不仅从栏目命名上就直指话题评述,更为重要的是,这是我国第一个以主持人名字命名的电视评论节目。随后陆续成功推出了《焦点访谈》《新闻调查》等多档电视评论节目,而且这些节目都赋予了节目的"驾驶员"——主持人越来越大的话语空间。在多档新闻评论节目获得成功的背景下,诞生了一批知名的评论节目主持人,从中央电视台的白岩松、水均益、敬一丹,到地方台的刘元元、曹景行……

2000 年后新闻评论节目在我国仍然在快速发展。2003 年 5 月 1 日,中央电视台新闻频道开始试播,7 月 1 日起正式播出,这是我国第一个 24 小时新闻频道。设置了多个对不同类型新闻深度挖掘的评述节目,如《新闻周刊》《社会记录》《法制在线》,构成了包括新闻资讯、专题报道、新闻评论等节目类型在内的立体构架。民生新闻与评论节目大量出现,并受到观众青睐,如《南京零距离》(江苏电视台)、《新闻日日睇》(广州电视台)、《第七日》(北京电视台)。

电视新闻评论节目经过多年的发展,节目形态越来越多样灵活,评论的空间越来越开放自由,主持人对评论的时机与内容拥有越来越多的决定权,新闻评论已不再专属于传统的专题类、杂志类节目,消息类节目即资讯播报有越来越多的点评出现,2013 年《新闻联播》开播 35 年来首次在节目中增加了直播连线评论员的环节。主持人或者现场主持人(记者)在报道完一条消息后做非常简洁的适当点评则已很普遍了。因此,本节所探讨的新闻评论节目从研究对象上来说,已经超出了传统观念对此类节目的界定,资讯类节目中主持人的点评、主持人一线调查中的评论都是研究对象。

(三)电视新闻评论节目的特征

1. 透析品评,节目宗旨

"对新闻的分析和点评"是新闻评论类节目的根本意义所在,这一最实质性的特征从很多电视新闻评论节目的定位或目标上就清晰可见。比如:《焦点访谈》:"实事追踪报道,新闻背景分析,社会热点透视,大众话题评说";《央视论坛》:"透过现象说本质";《新闻1+1》:"新闻1+1,不一样的解析",节目的具体目标是:从时事政策、公共话题、突发事件等大型选题中选取当天最新、最热、最快的新闻话题,还原新闻全貌、解读事件真相,力求以精度、纯度和锐度为新闻导向,呈现最质朴的新闻;《央视财经评论》(原《今日观察》):"新闻能不能变得简单? 热点如何看清真相? 最权威的评论员,拨开迷雾的观察方法;用事实诠释新闻,让多元达成和谐。"这一特征,决定了意见信息传播成为节目的价值所在。

2. 意见表达,深入见底

相较其他节目形式,大部分类型的新闻评论节目对于问题的论证比较深入,所用篇幅较长,因此具有层层拨开迷雾,层层分析问题,层层给出评论的特点。这一特点也就决定了新闻评论类节目对问题的探讨具有深入性的特点。像《焦点访谈》《新闻调查》《新闻1+1》等标志性的评论节目,一期节目都是就一个或者有限的几个问题进行长时间的评述。

而像这样系统性的深入剖析,是评论节目的常态,更是其鲜明特征。虽然有些类型的评论节目中,点评也是三言两语、言简意赅,比如读报评论类节目。但总体而言,相较其他节目类型,新闻评论类节目的分析深度和评论深度都具有明显优势。

3. 跟踪关注,意见持续

新闻评论节目的日播常态化,使得对新闻事件的跟踪报道和评价成为可能。《焦点访谈》开播的第一个月,就播出了上下集节目《回家的路有多长——对流浪儿童的追踪采访》(1994年4月23、24日)。一个多月后,为"六一"儿童节专门制作了系列节目《孩子:永远的焦点》,包括《书包的分量》《天下父母心》

《未来的主人需要磨炼》等。这种连续性的报道和评论在这两种情况下使用较多，一是，要报道评论的对象具有具有一定的深度和广度，需要大篇幅、多角度、深讲解，比如"手机网络色情"是一个新生的社会问题，很多观众还不太了解，更不清楚其会造成的社会危害，于是《焦点访谈》就用六期节目对其进行多层次、多角度的深入分析；二是，报道对象是重大的、持续性的新闻事件，如两会、地震、奥运……连续性的报道和评论成为首选节目形态。2008年是重大新闻事件不断发生，各个媒体纷纷采用连续报道的典型代表。这年年初的我国南方地区遭受罕见的雪灾、年中汶川发生特大地震，8月又迎来了北京奥运，这些都是连续报道的好时机。以汶川地震为例，5月12日地震发生后，以《焦点访谈》为代表的新闻类节目完全进入了汶川频率。《焦点访谈》对其进行了长达一个多月的连续报道，5月12日《四川汶川发生地震》、13日《救灾，十万火急》、14日《生命大营救》、15日《汶川三日》、16日《白衣天使在前线》、17日《救助点一夜》、19日《举国志哀》、20日《为了生命，决不放弃》、21日《压不垮的基石》、22日《心连心，同呼吸，共命运》，23日之后转入灾后抢险、防疫和重建报道直到六月下旬。这种连续性的话题论说，使评论的深度、角度和时效度同时得到了提升，同时也成为非评论性节目很难实现的目标稳定的连续性深度意见传播。

二、新闻评论节目中主持人的角色定位与作用

"角色定位"指群体成员适应角色要求，接受群体行为规范，符合群体发展需要的过程。① 对于节目主持人而言，掌控节目、传播信息当然是其不变的角色和作用，但由于节目形态不同，具体的角色定位和作用也会略有区别。

（一）节目的深度参与者、负责者

《广播电视词典》中对电视新闻节目主持人的定义是："在电视屏幕上主持播报和串联新闻节目，发表一定言论的专职人员。与播报员的区别是，主持人在节目中起着主导作用，既参与前期的新闻采访活动，又参与后期的节目制作，在新闻的整个传播过程中，以节目负责人的身份出场。主持人不是用朗读方式播报新闻，而是采取谈论式或交谈式。"②这一定义恰切地说明了主持人总负责人的角色和两层作用，一是主持人在节目中的作用——主导节目；二是新闻节

---

① 郭庆光．传播学教程［M］．北京：中国人民大学出版社，1999：117.
② 赵玉明，王福顺．广播电视词典［M］．北京：北京广播学院出版社，1999：100.

目主持人常常参与了整个节目流程,对节目生产起着总负责的作用。对于第一点,在这里无须太多解释,第二点需要强调的是,虽然其他节目类型中,主持人也可能参与节目整个流程,主持人也可能是节目中心,但从世界范围看,这一角色定位在新闻节目中的最为常见。

美国第二代主持人代表克朗凯特提出"managingeditor"的职权需求,即对新闻报道的选题和新闻制作过程及播报形式具有决策权。这也就是美国后来提出的"主持人中心制",即主持人是整个节目的核心,对整个节目负责,不仅要参与组织节目,而且对节目有决定权。在中国人们常说"采编播合一"。这些其实都是对主持人除过传统意义上的界面主持概念和作用的延伸,主持人参与到了节目前期节目的策划、采访、编排等环节,甚至成为从前期到后期的核心。1993年的《一丹话题》开始了新闻评论节目主持人深度参与、全面负责的探索,敬一丹采编播合一;CCTV2 于 1991 年推出的《中国报道》在 1994 年改版时,主持人王士林担任其子栏目《时事报道》的制片人;1996 年诞生的《新闻调查》在节目成立之初就已经设定主持人全程参与节目,甚至主持人中心制。主持人王利芬后来也成为《赢在中国》《对话》等节目的制片人,水均益是国际评论栏目《环球视线》的制片人兼主持人,白岩松曾是《中国周刊》《时空连线》《新闻会客厅》等三档节目的制片人。地方台也是同样,1998 年北京电视台《晚间新闻报道》节目首次在国内尝试"主编主播制";上海东方电视台的《东视新闻》,江澜负责整个节目并兼任主持人,北京电视台《晚间新闻报道》主编和主持人均由潘全心担任……在西方,主持人在新闻节目中的地位更突出,美国大多数新闻杂志节目,主持人都对节目有相当大的控制权。

因此,新闻评论节目中,从节目的前期策划开始,主持人就扮演着极其重要的角色,甚至拥有决定权。所以,主持人的思想、意见从节目策划阶段就开始融入,这些是节目中主持人意见形成与传播的基础铺垫和观点酝酿期,是今天电视评论节目中,主持人能够传播富有个性评论的内在背景。

(二)信息的中心传播者

对于本章着重研究的非谈话类新闻评论节目而言,信息传播主要有三种形式,第一,画面语言。画面分为两种,一种是对新闻事实的信息性传播,另一种是主持人进行评述时,为了更清晰地展示主持人分析的要点,而配以画面、图表等;第二,画面配音或画面解说。这些解说语,有节目主持人亲自传播的,也有他人配音的;第三,主持人面对观众直接阐述。在这种类型的电视节目中,在非画面信息报道时,主持人就是画面的视觉中心点和唯一信息传播体。无论事实性信息的报道,还是意见性信息的传播,都要以这三种信息传播的形式实现。画面语言是电视的特有语言形式,生动、鲜活的展现事实;解说语与画面匹配,才能传递清晰明确的信息;主持人出画面传播则具有多项功能。首先,这是新闻评论节目常规的节目形态、信息传播的基本形式;其次,主持人在节目开头、结尾以及中间关键处的解释、评述不仅形成了一档完整的评论性节目,也是对重点信息的凸现;第三,纯评论性节目或深度报道节目中,主持人的评述无论从其时长所占比例还是信息重要性来审视,都是节目的主体。《新闻1+1》节目中,主持人与嘉宾或观察员出画面评述所占的时长比例在50%以上,是主要的意见性信息传播方式。其实,在新闻评论节目中,无论主持人出镜时间长短,主持人只要出镜就是视觉的中心点,就是信息的核心传播者,就是意见性信息的表达者。

(三)新闻的采集者和直接评述者

新闻评论节目主持人不仅仅是坐在演播室,远离新闻现场的信息传播者,还是深入新闻现场的信息采集者,以及面对新闻事件的直接评述者。近些年广泛使用的"记者型主持人"正是对这一角色的概括。《新闻调查》从一开始就是这样运作的,事实证明,主持人可以很好地在一线进行采访,在现场进行主持,可以成为新闻最近距离、最直接的采集者,当然也就成了与新闻最近时间和空间距离的评述者。这种工作方式有助于主持人评论的深度性和生动性。1998年"两会"期间,凤凰卫视第一次尝试用新闻加评论的方式报道两会,由曹景行担任该节目的新闻评论员,取得了不错的收视率。

除了现场一手消息的采集和评述外,主持人还可以通过其他方法间接采集信息然后进行评论。第一种是目前被广泛使用的主持人现场连线。主持人可以根据节目或评论需要,连线嘉宾,获取信息,也可以对获取的信息加以评论;第二种是指主持人对于已有大众信息的挑选性采集。比如《南京零距离》曾经最受欢迎的板块"孟非读报"。主持人每天从南京地区的地方报纸上挑选三条新闻,在播报完每条新闻之后再来上一两句冷静犀利而不失轻松幽默点评。很多读报类、资讯类节目主持人都是二手数据的选择者,是二次信息源的把关人、传播者和评论人。

也正是因为这些角色特征,新闻评论节目中的主持人评论不同于播音员的口播评论。主持人不仅是意见性信息的有声语言传递者,更是节目的直接策划者和组织者,意见性信息的直接创造者。

三、新闻评论节目主持人意见性话语表达的必然性与重要性

新闻评论节目的节目特征与主持人信息传播者的角色定位,决定了主持人必然是阐发观点、传播意见的主体。节目的定位与宗旨决定了该节目必须要传播意见性信息,主持人作为信息的传播主体,甚至是信息的直接采集者,就决定了他们是意见、观点的最恰当传播者,最便利传播者,也是最有责任进行表达意见的主体。

对于新闻评论节目而言,"新闻"即真实发生的新闻事件,是节目的基础;"评论"即关于新闻事件的"观点",是节目的核心和存在价值。新闻评论节目的基本架构就是告诉观众发生了什么,怎么看。而此类节目的特征就已经决定了"怎么看"是重点,即要分析、评论。另外,在信息如此发达的今天,没有独家新闻,也就是说"评论源"相差无几,意见性信息的传播效果就决定了节目的差别性和收视率。中央电视台评论员队伍管理者唐怡在谈到评论员的作用时指出:"评论员首先必须是一个媒体人,能够以媒体的视角看问题,更能兼顾国家利益与媒体立场,并树立起媒体鲜明的个性化旗帜。特约评论员这个队伍亮相以来的最大亮点就是它给央视的新闻提供了第一时间的竞争力。"[1]因此,对于主持人也一样,富有个性、差异化的意见性信息传播,成为其吸引力和征服性的砝码,也成为节目收视率的重要保障。

四、新闻评论节目主持人意见性话语的独特功能

(一)切入主题,指明方向

新闻评论节目是对某一具体事件或某几个事件的深度讨论,一般节目开始或者话题转换时,首先要告知受众即将要探讨的"话题",即成为评论点的新闻事件本身。这一引出话题的新闻事件可能是最近发生的某一特定事件,也可能是最近发生的一系列相关事件。介绍形式有两种,其一是,由主持人直接描述最近发生了什么;其二是,画面加解说的形式。即使这样,主持人也会很快出场面对新闻事件,进行更有针对性的叙述或解释,观点更加鲜明的把节目引入预设探讨的方向。主持人带着观众走入主题的过程,往往已经显示出主持人的意

---

① 唐怡. 央视评论员:给新闻第一时间竞争力[J]. 新闻与写作,2009(11).

见倾向,有了一定的意见铺垫,或者说在切入主题的同时也在提示节目核心议点。

例如,《新闻1+1·干部选拔:破格,不能出格!》一期节目中,首先呈现画面加解说的新闻报道。

解说:毕业3年晋升副处,政法委书记女儿的背景让她的升迁再次引来一片质疑。

声音来源:《现代快报》记者　韩秋:选副书记的时候,袁慧中的选票是全票通过。

解说:他,22岁任团县委副书记,但随后父子同被免职。她,25岁高票当选女镇长,但随后与其父同一天辞职。他,27岁被提拔为副县长,但随后因没有严格履行程序被免职。破格提拔为何屡遭质疑?破格提拔为何屡屡出现违规?破格提拔究竟哪些能破哪些不能破?《新闻1+1》今日关注——干部选拔:破格,不能出格!

紧接着,白岩松出现,对节目导视中的信息做了简短的总结和信息补充之后,立刻以疑问句表达自己的意见,同时也指明了本期节目探讨的方向,就是"这些破格提拔到底正不正常"。

您好观众朋友,欢迎收看正在直播的《新闻1+1》。

父母在一个地方当大官,然后他们的子女非常短的时间之内被破格提拔,成了同样这个地方一个不小的官,当人们对这样一种现象开始有所质疑、有所犹疑的时候,有关部门的回应是这样说的,一切程序都很正常。好了,这种正常难道真的很正常吗?最新的一个案例发生在扬州。

切入主题,引出节目即将探讨的问题,是主持人在深度性评论节目中开场的基本职责,但因为每一期探讨问题的事件背景、社会背景、原因等是不同的,所以怎样切入问题并没有统一的规律。除此之外,对于一个主持人而言不可能每期节目毫无变化地、以同样的方式机械地抛出探讨话题。这样就对主持人提出不小的要求,主持人必须根据每期节目的具体情况,自然引入主题。

(二)瞬间点评,恰到时机

在现代新闻节目形态中,不仅是传统评论节目才有评论,在新闻报道类节目中,主持人在传播事实性新闻信息的同时,也有权力根据自己的判断,有选择性的对新闻在"瞬间"做出"点评",这种评论通常不会是内容充实、思维缜密的长篇大论，但却是对新闻在第一时间的解释与评论，虽然简短但是精辟，会起到恰切点染、适时深化的作用。这种短评是对电视线状信息流的把握和反应，也是主持人电视评论与报刊评论最大的区别之一。

在新闻评论时效性的理论中有两个既有联系又有区别的要点：一是时间，即尽可能缩短新闻报道与新闻评论之间的时间差，没有时间的规约，评论则可能成为"马后炮"。这种面对新闻的第一时间解释和评论是对受众最及时的解码，成为主持人、媒体传播能力的象征。被业界誉为"电视时评第一人"的曹景行这样说："新闻在爆发之后，有一个解释权的问题……作为媒体，其实最大的竞争就是解释之争。第一解释权可能比其他的解释更重要。评论也有一个时效性的问题。一件事发生后，谁的解释快速准确，可能就注定了他的解释权威性。"[①]；二是时机，即强调因时应势。时机作为与绝对时间相对应的概念，在这里主要指事物发展、变化的关键阶段，社会脉搏跳动变速的时候，人们注意力重心转移的时刻……总之是广大受众最需要评论为其解疑释惑的时候。[②]《新闻直播间》在报道《第二批足球反腐系列案开庭审理》的消息时，现场主持人、记者崔志刚在铁岭对原国家体育总局足球运动管理中心主任南勇庭审进行现场报道，崔志刚在介绍完南勇实物受贿的特征后说："在贿赂犯罪当中是一些人性或者说人情的潜规则在起作用，因此从这个意义上来讲，我个人觉得，我们不能过多地把这样一个心理动机层面上的批评全打在南勇一个人身上，那些向他行贿的人，为了获得一个什么样的名次，为了获得一个什么样的机会，是不是也应该从中来反思一下呢？"所以，主持人需要以"时间"和"时机"为综合考虑点，在传播的大量信息中选择需要评论的信息及时恰当地发表意见。

主持人现场报道、资讯播报之后适时地"点评"，已成为当前诸多新闻节目的常态，同时也是突发事件大型报道中常用的传播方式。近些年，随着重大新闻突发事件的增多，对此类事件的大型直播节目或称大型特别直播报道节目不断增多，事实证明，此类节目受关注度较高。2003年3月20日对"伊拉克战争"的直播报道开启了我国境内媒体对"重大突发新闻事件"的现场直播报道。而从2008年起，在一系列重大突发性新闻事件中，如南方地区雨雪冰冻灾害、"5·12"汶川大地震、青海玉树地震、"3·11"日本大地震、福岛核危机、"7·

---

① 李多汪,师永刚. 难以复制的时事开讲[N]. 南方周末,2002–12–24.
② 王振业,李舒. 广播电视新闻评论(第二版)[M]. 北京:中国传媒大学出版社,2009:9.

23"甬温线动车追尾事故……以中央电视台为首的电视媒体进行了一次又一次的直播报道。

由于事发突然,电视台是毫无准备的,所以从编导到主持人到前方记者,都是无准备上阵的,在这种情形下,一方面主持人现场总导演的职责更加明确、责任也更加重大;另一方面,主持人不仅需要告诉观众发生了什么事,还需要立刻对事件进行分析、解释和评论。如果观点精彩会成为节目的亮点,如果缺失或出错,则会成为节目的败笔。

当年香港回归的直播报道中,"著名"的汽车绕三圈解说是一个典型的案例。该案例实则是有准备报道中的突发性报道。最后一任港督彭定康主持完港督府降旗仪式后,乘车在港督府院内绕场一周。主持人按照事先准备解说道:"彭定康的汽车在港督府内绕了一圈,车行缓慢,试图表示末代港督对这块土地的依依不舍之情。然而,历史的车轮滚滚向前,香港回归祖国已经是任何人也无法阻挡的现实。"这段事先思考的解说,甚至算得上可圈可点,但接下来的一幕完全变成了突发事件直播。彭定康的车绕了一圈后,并没有离开,而是继续围着院子继续转。这是主持人未曾想到,更未曾准备过的,于是立刻失去刚刚动情、入理的解说,尴尬地重复画面信息说道:"彭定康的汽车又在院子里转了一圈。"但彭定康的车开行缓慢,这一句话无法填补画面,主持人惶急之下将他之前说的"历史的车轮……"一段又说了一遍。但彭定康的车绕完了第二圈后,还是没有离开,继续绕第三圈。主持人在无奈与无话可说的情形之下,来了句"彭定康的汽车又转了一圈"。这个案例被很多学者从不同角度研究过,比如节目前期准备,即兴口语表达等,其实无论从哪个角度分析失败的原因,在关键时刻呈现给观众的是一团无厘头的解释和基本缺失的评论,这一事实是无可争议的。

所以,这种对新闻第一时间的解释和评论,既是媒体地位与形象的展示,也是主持人意见表达能力的展示,对主持人反应力、理解力、知识储备、评述能力等各种能力最高级别、最综合的考验。这种解释与评论,基本只能依靠主持人自己的认知、判断和理解,主持人需要在大量新闻报道的事实性信息中决定哪里需要解释、哪里需要评论,以及怎么解释、怎么评论。但今天的受众和媒介诉求,倾向于要求主持人必须能够在第一时间抢位,在传播信息的同时,解释信息,进而做出恰当的评论,满足观众对信息更深度的理解,这是一名优秀的新闻节目主持人必须做到的。

（三）简短评论，引人深思

以《焦点访谈》为代表的传统新闻评论节目，通常的节目架构是主持人出画面主持与画面加解说这两种形式交替出现，但从时间比例看主持人直接评点比画面解说的时间少得多，通常少则二三十秒，多则两分钟左右，但这简短的出镜并不是画面的简单切换，也不是节目表现形式的简单变化，主持人在电视新闻节目中的直面评论有非常重要的作用。主要表现在以下两方面：

第一，核心意见的重点表达。前面有讲到，新闻评论节目也被称为新闻评述节目，"述"与"评"是密不可分的，很多节目中，以画面解说的形式介绍事件的来龙去脉，甚至也对事件作了较为详细和深入的分析，当镜头切换至主持人时则是言简意赅的一段评论，恰是对刚才所有介绍内容的深度解析、焦点阐释、导向指引、意义升华……起到画龙点睛的作用。

《世界周刊》一期节目中讨论饱受极端组织"伊斯兰国"（ISIS）困扰的伊拉克现状。节目以画面加解说的方式重点介绍了"伊斯兰国"对伊拉克少数族群雅兹迪族的种族迫害，对雅兹迪族目前逃进山区缺衣、缺食、缺水的生活现状作了介绍。这种情况下，美国出动战机对"伊斯兰国"控制区进行了轰炸，然后播出时任美国总统奥巴马的发言，他骄傲地告诉世人："美军已经打破了 ISIS 对辛贾尔山的围困，帮助难民们回归安全，拯救了很多无辜的生命。"然而紧接着当画面转至主持人李梓萌，她的第一句话则是："诺贝尔和平奖也发动战争了，这是德国《波恩总汇报》的评论。"这句转引他人的评论，给观众在思维定式上来了一个 180 度大转弯，主持人接着说："2009 年奥巴马获得诺贝尔和平奖的原因之一就是他承诺从伊拉克撤军。我们来看一看奥巴马之前的三位美国总统，老布什曾经把伊拉克军队赶出了科威特，克林顿轰炸过伊拉克的防空系统，小布什则发动了伊拉克战争，如今奥巴马成为第四位对伊拉克采取军事行动的美国总统，对此彭博社《商业周刊》不禁发问：'美国又将重返伊拉克战场吗？'"很显然，按照节目开始对新闻事实的介绍，伊拉克人似乎真的应该感谢美国军队，但主持人仅仅 40 秒简短的几句意见话语使观众恍然大悟：别忘了伊拉克的今天正是美国连续四届总统的"杰作"，奥巴马的行为也是战争行为，是为了自己的利益。主持人的观点成为观众对此条新闻理解的关键点，成为对此信息的真正深度挖掘，成为对观众意见导向的指引。

第二，核心信息的重点阐释。节目中可能涉及一些关键元素或信息点，如人物、地理位置、数据、概念，等等，而这些又对观众理解整个节目非常重要，或者本身就是评论点,通过主持人丰富的表达手段进行解释和评论,可以达到更好的传播效果。

《世界周刊》一期节目中讨论俄罗斯与西方国家因为克里米亚问题而处于紧张状态,双方最大的对峙手段就是互相的经济制裁。一段视频介绍完双方近期相互的经济制裁行为后,主持人康辉出画面介绍"经济制裁"这一战斗手段来自美国前总统威尔逊,在那之后美国也变成了制裁帝国,接下来以统计数据证明这一观点。画面上出现了统计图表"1914 年以来的 174 次制裁中,美国参与了 109 次,占到了 63%"。这时主持人人际化、个性化的传播优势就很明显,手指数据,一一清晰地讲解给观众。对"经济制裁"这一关键术语的介绍一方面使观众能够更清晰地理解新闻内容,另一方面也体现出这样的意见:美国在世界各地进行"经济制裁",实施强权政治。

这种简短评论是电视新闻评论诞生起就存在的一种独特评论形式,主持人是这一评论的意见传播主体。评论的篇幅虽然有限,但在节目中作用明显,意见效果显著。与前面介绍的瞬间点评相比,内容更加充实,意见的思辨性、逻辑性、深刻性都要强很多。

(四)长篇评论、透彻有力

有些评论节目,是在几十分钟内就某一单一新闻事件进行深度讨论,而节目设计中又给予了主持人充足的出镜时间和话语权力,于是主持人有机会发表长篇的、成体系的、表述充分的评论。这种大幅度的评论,长的可以多达四五分钟,一千多字,短则两三分钟,五六百字。于是,也有学者将这种评论看成是类似于报刊的"言论专栏",形象地称之为"独立成篇"的言论。此类节目有充足的评论时间,而且主持人往往是在节目录制或直播前经过思考,甚至形成过文字稿件的,所以在所有主持人通过电视媒体进行的意见传播中,这种形式是主持人论证方法最丰富的,可以充分地运用举例、比喻、对比,等等;意见组织最严谨和缜密的;语言表达最准确到位的,对语气、语句、情感等话语表达要素会有充分的把握和体现。由于这种长篇评论在一次节目还很可能会不止一次,占到节目总时长相当大的比例,意见分量举足轻重。

例如《新闻 1+1·中国高铁:重建信任!》一期节目中,主持人白岩松(这期节目仅有白岩松一名主持人)针对 7·23"甬温线"特别重大铁路交通事故共发表了三处长篇幅的评论,共计 2272 个字,约 9 分钟,仅仅这三次长篇评论就占到节目总时长的 36%。

第一处,共计 602 个字,用时约 2 分 30 秒。

主持人(白岩松):

您好,观众朋友,欢迎收看正在直播的《新闻 1 + 1》。

怎么说呢?今天我们都得到了这样一个消息,铁路 7 月 23 号的事故段落,可以说今天恢复了通车。但是恢复的仅仅是通车,由于近一段时间以来,接连出现的各种各样的铁路事故,让我们对铁路的信心和信任恢复起来那可就大大需要时间了。可能也正是因为这样的原因,昨天(7 月 24 日)晚上铁道部的新闻发言人王勇平在举行新闻发布会的时候也意识到了这一点。我帮他统计了一下,他向所有的记者和在场的人员提出这种反问,你们相信吗?一共提出了不少于三次。他的回答是我相信。是,我相信他必须得说"我相信"。但是你要问我呢?我的答案是,一个多月之前我愿意相信,但是现在我不敢信,不能信,我就简单地信了,对铁路纠错也不一定很好,要想真信,有很多的工作要做。

节目开播之前我看到了一个专栏作家宋石男的建设性的微博,写得挺好的,"谅解建立在真相之上,就没有真相,没有谅解。部门要摆脱塔西佗陷阱(当一个部门失去公信力时,不论说真话还是假话,做好事还是坏事,都会被认为是说假话,做坏事),就必须深入调查事故真相,坦然道出事故。任何的遮掩或回避只能激怒民众,加深裂痕"。

这对于铁道部,以及相关的部门提醒就是,必须要坚持说真话。绝不能说你已经说了二十句或者三十句真话,觉得说一句假话也没关系,这一句假话就会把你前面的真话所积累的某种信任全部丧失殆尽。要不停地、不断地、永远说真话,直到大家的信心真正建立起来。当然,仅有真话和真相是不够的,建立大家对中国铁路的信心和信任还需要做大量的工作,甚至有很多是处理这次事故当中的一些细节。

来,我们一起关注一下。

第二处,共计 848 个字,用时约 3 分 20 秒。

主持人(白岩松):

今天我注意到《北京青年报》的评论员张天蔚写了这样一句话:"我想可能核心是真相,而且是真真相。找到真相,铁路未来的安全才有保障,公众对铁路也才有信心,尤其是在高迅猛发展的情况下,铁路系统的安全系数必须是百分之百,公众才会有基本的信心。总靠发言人说我相信不行。"那当然了,但是这个真真相很有意思,真相就是真相,前面非得加一个真。再过一段时间,我们还要再加一个真真真相,不应该这样。

其实事故发生之后,早些时候大家自然会关注原因,王勇平曾经说,初步了解事故原因是雷击造成设备故障导致。但是我想,我和很多人的第一感受都是这样,我们等待的并不是这样的结果。为什么? 第一,雷击每一年到了这个季节总会有,是不是将来我们的铁路也会像航空一样,每年这样的雷雨季节都要停运呢? 第二,造成设备故障。设备有的时候是可以出现故障,但是我们要设计相关的纠错的能力,这样的话,才会使既有雷击,又会导致设备事故的情况下,不出事故,尤其不造成人员这样的伤亡。

另外,我们看到一个图,原来看到这个图的时候非常兴奋,因为这反映我们的技术很高。中国动车或者高铁在运行的时候,我们有最高级的 CTCS 系统。什么概念? 前面的车如果停下来了,里面的司机睡着了,甚至昏过去了,后面的车都能自动感应到,绝不会撞上,这是第一个保障。第二,还有一个相对低一级别,也是自动的,LKJ 的列车运行监控装置,也导致它们撞不上。第三,还有人工操作。停下来之后,前车还可以通过打电话到调度市等等,导致后车出现这种停车,不至于出现撞车的事故。

我们一个巨大的问号,为什么看似理论上极其安全的三套保障系统,在这一次事故当中都没有出现? 如果我们说的是雷击造成设备故障,我们想反问一句的是,为什么事故的处理,第一件事要做的就是撤掉了上海铁路局的局长、党委书记,还有一个管电的副局长。如果是雷击造成的设备故障的话,为什么要撤人呢? 仅仅是为了平民愤吗? 还是这是一起责任事故? 相信最后的结果也应该是一个责任事故。

信心之惑:技术先进合格,就等于"有信心"?

说到这儿,一个有趣的细节非常引人关注。早些时候王勇平还谈到了初步调查原因,但是昨天晚上记者招待会当问他原因的时候,他说,这个我不知道,因为国务院的事故调查组已经开始行进了。这就涉及我们要关注调查组了,接下来继续连线我们的记者。

第三处,共计 827 个字,用时约 3 分钟。

主持人(白岩松):

在刚才王勇平记者招待会的那段同期声里头,有一段话我个人是持不同意见的,不妨我们再重听一下,看看是哪段话?

"我仍然跟社会说一声,中国高铁的技术是先进的,是合格的,我们仍然具有信心。"(王勇平同期声)

好了,就是这段话,现在我们可以再把屏幕定格在那儿,我为什么会不太认同呢?我们不能把技术是先进的,就等于合格,就等于我们拥有信心。话为什么要这么说呢?仅仅是技术先进,但是你的管理是否先进?运营整个给予的实验答案是否是先进,监督是否是先进,对人的尊重是否先进,所有的细节是否先进?归根到底,综合下来你的运行能力是否先进。如果综合下来的运营能力是先进的,我们才可以说,它是先进的,是合格的,我们才会有信心。举一个例子,比如我们形容一个人身体非常健康,怎么去说呢?说他心脏功能 40 岁像 20 岁一样,肝、肺都是 40 岁像 20 岁一样,你觉得他身体好极了是吗?但是他弱智。你能说他是健康的吗?只有当他各种身体器官,包括智慧、大脑全部是健康的,我们才可以得出健康的结论。因此,只有技术是先进的这一点不能说是合格的,也不能等同于信心,需要一个综合运营下来,给予我们一种先进的感受。

很多人在这次事故出完之后,开始质疑速度,说速度是不是可以降下来?其实跟京沪高铁的 300 公里每小时比起来,动车速度没那么快,尤其这次出事的是第一代的动车,它的公里数可能也就是一小时 200 多公里。针对这方面,今天我看到英国的交通事务学者胡德说的一句话,"高速交通的关键在于调度和轨道维护。是否紧紧把速度降下来就能保证安全呢?2002 年的英格兰赫特福特郡脱轨事件后来被发现原因不在车速,而是路轨接轨处螺钉没拧紧。"回到《三联生活周刊》李鸿谷的这句话"速度,看来是我们必须面对并且认真思考的重要稳定。不仅火车的速度、铁路发展的速度,甚至中国经济发展的速度……我们要跟着配套"。所以我个人的感觉,不是我们的高铁太快了,速度不是问题,而是另一种速度有问题。什么呢?节是只求效益,只求政绩,一路向前走,但是忽略了以人为本,忽略了规律,忽略了科学,忽略了我们生活中很多乘客的感受,尤其忽略了科学的管理和监督。这样的一种快速度才是真正可怕的,所以还是要给我们的铁路部门的速度正一下名,速度不可怕,大家另一方面的冒劲可就太可怕了。

白岩松的这几段话里,直抒个人观点,引用他人观点,运用了比喻、排比、反问、举例、对比、推理等多种遣词造句、分析论证的方法,对 7·23 特大铁路交通事故的发生及铁道部的回应,做了剥洋葱似得层层分析和评论,思路缜密、逻辑严谨。充分的显示出主持人的在这种长篇幅评论的特点。

（五）意见强调，终结主题

《焦点访谈》前制片人梁建增，把《焦点访谈》的节目结构总结为"三部曲"，即演播室主持人评论＋新闻事实陈述及分析＋演播室主持人评论。其实这一结构也是大多数新闻评论节目的结构，主持人在一头一尾的意见传播也许时间并不长，但却难以省略。美国学者 Edward S. Inch 和 Barbarrw Warnick 在《判断思维与交流论说中的推理应用》一书中说：对问题感受兴趣的人们研究了认识的过程，并且重建了他们对论证的反应图式，发现，受众最易记起的就是在开头和结尾出现的论证。[①] 对于新闻评论节目，开头是意见的提示，结尾是在所有内容已叙述完毕，相关评论已经传播的情况下，最后总结性的、定性的、共鸣性的意见传播。既是对节目的总结，也是对节目意义的升华，抑或是与开头的意见形成呼应，使观众再次获得意见记忆与反思。

白岩松在《新闻周刊》一期节目中讨论凤凰古城遭受洪水侵袭的"劫难"。开始时白岩松提到改革开放后很长时间被边缘化的作家沈从文开始走红，他用一部《边城》让凤凰古城迅速走红。如同人红是非多一样，凤凰古城近年来让人热议的新闻不断，近日宣布（2014 年）7 月 20 日为首届偶遇节。然而一场特大洪水，节日不得不延期举办，还没过节先"遭劫"。接下来的节目播放了凤凰古城遭遇洪水侵袭，桥梁倒塌、古城被淹、紧急转移游客和居民的场景，也分析了古城这些年由于经济利益驱使而忽视文化保护，古城被人为改变的事实。白岩松最后的结语这样说道："年岁大了之后，作家沈从文曾经回过古城，那段日子里，老师时常潸然落泪，原是故乡的人情、风俗、甚至音乐的旋律都勾起往昔的回忆和岁月遗失的感伤，这老人的眼泪是美的，不过我不敢确定，假如老人活着，今日再回乡，是落泪还是生气，如若落泪，又是因何……但愿雨过天晴我们都能重新打量一下凤凰，先别急着过节，想想从今之后如何不再让它遭劫或者被商业打劫，才是更加重要的事！"开头指出沈从文让凤凰古城成名，结尾深情地设想老人若再回古城可能会落泪。节目开头和结尾以一个关键人物相呼应，又以人物的悲情体现出主持人对凤凰古城无序发展的焦虑，情理交融。最后一句话鲜明地提出了主持人的意见核心点：保护古城。

孙玉胜在《十年——从改变电视的语态开始》一书中提出，评论只是作为电视新闻节目的内容存在，而并非一种独立的电视节目形态。随着受众对"为什

---

① 马少华. 从传播效率的角度谈新闻评论的开头与结尾[J]. 新闻与写作,2005(3).

么、怎么看"的需求不断增强,传统的新闻资讯和评论节目的界限会越来越模糊,可能在越来越多的新闻类节目中出现评论,出现意见性信息,意见内容成为竞争的核心,对主持人评论能力的要求必然会越来越高。

第二节　谈话类节目主持人的意见性话语

谈话节目形态简单,谈话人及其话语几乎就是整个节目的全部。可这种简单的节目形态,却以其丰富的内容吸引受众,成为世界各国流行的电视节目形态,且几十年来一直有着较好的收视率。保持收视率的关键就在于"谈",谈的是否精彩,谈的是否引人入胜? 主持人是保证这场谈话"质量"的关键人物。

一、电视谈话节目的界定及其特征

(一)电视谈话节目的界定

古人云:"发端为言,答述为语。"即就是说,一问一答的会话方式就是"言语",这是人类最基本的一种语言形态和社会交往方式。谈话类节目,也被称作访谈节目,亦有"脱口秀"之称,其英文名称是"TALK SHOW"。常规的节目形态是指主持人与嘉宾就预定的话题在演播现场进行对话或讨论。《广播电视简明辞典》对谈话节目作如下界定:"以谈话的方式阐述对新闻事件或社会问题的看法,以具有一定程度的交流感为特点,坚持平等待人、平易近人、亲切感人的说理态度;顺应听(观)众思路、针对听(观)众疑问展开论述;调动设问、比喻等表达手段启发听(观)众的联想,使说理过程带有类似于日常交谈的思想和情感交流。"[1]美国出版的《电视百科全书》中的定义是:电视谈话包括了从一有电视起就存在的所有不用写脚本的对话和直接对观众讲述的各类节目形式。这种直播的脱稿的谈话是电视区别于电影、摄影、唱片和书籍企业的一个基本因素。而电视谈话节目则是一种主要围绕着谈话组织起来的表演。谈话节目必须在严格的时间限制之内开始和结束,并且要保持话题的敏感性,以便面对上百万

---

① 转引自王群,曹可凡. 谈话节目主持概论[M]. 北京:中国传媒大学出版社,2007:2.

观众的时候可以激起他们的兴趣。① 显然,这一定义的界定更广泛,不仅包含了对话,还包含了直接讲述。同时明确界定了两个既有相关性又必须区分的概念,即"电视谈话"和"电视谈话节目"。当今的大多数电视节目模式中都会发生"电视谈话",但并不一定是电视谈话节目。苗棣教授分析认为,一档严格意义上的电视谈话节目应该具有"以谈话为主要内容""谈话无脚本""谈话是在严密设计基础上的即兴发挥"这三个核心特征。

当今,电视谈话节目呈现出多样化的节目形态,根据节目风格和话语交流方式设定的不同,可以将谈话节目大致分为四种类型。其一是,叙事型谈话节目。这种谈话节目偏重嘉宾对故事的叙述,如:《艺术人生》《鲁豫有约》《非常静距离》;其二是,谈论型或讨论型谈话节目。主持人与嘉宾一起就某个问题进行讨论,如:《锵锵三人行》《小崔说事》《世界青年说》;其三是,辩论型谈话节目。嘉宾就某一问题进行辩论,如《一虎一席谈》《谁赞成谁反对》;其四是,独言论述式节目。在这种节目中以一两个人的直接讲述为主,"脱口秀"这个称谓也许更能描述这类节目的形态特征,如:《李敖有话说》《今晚80后脱口秀》,等等。当然也可能在一档节目中综合几种形式,比如《金星秀》就包含了第一种类型和第四种类型。

(二)电视谈话节目简要介绍

这种节目形态的起源可以追溯到18世纪英格兰地区的咖啡吧集会,在集会上人们讨论各种社会问题。现代意义上的广播电视谈话节目是在20世纪的美国发展流行起来的。30年代美国 NBC 的一些节目,如《芝加哥圆桌大学》《美国空中城市会议》就有关于社会、政治等问题的讨论,具有电视谈话节目的很多特征。1948 年美国的大型杂耍节目《艾德·萨利文节目》与《米尔顿·伯尔节目》邀请了许多著名的作家、演员、导演等作为访谈对象,开拓了谈话板块,因此,不少人认为可以视这两个节目为电视谈话节目的开端。但是,多数电视史学家把 NBC 于 1954 年推出的《今夜》看作是电视谈话节目的真正先河,而后谈话节目在美国广泛快速发展。所以,美国被看作是西方电视谈话节目的代表。80 年代起,谈话类节目成为美国最主要的电视节目形态,比如人们熟知的日间脱口秀节目《奥普拉脱口秀》、夜间黄金档脱口秀节目《拉里·金直播》、深

---

① 转引自苗棣,王怡林. 脱口成秀——电视谈话节目的理念和技巧[M]. 北京:中国广播电视出版社,2006:2.

夜脱口秀节目《大卫·莱特曼深夜秀》。在欧洲,谈话节目也是电视节目中的重要主角。比如:荷兰的《感恩》,对话成功人士,倾听在他们成功背后曾经帮助过他们的重要人物的故事;英国的《你不能解雇我,因为我有名》,讨论名人职业生涯中的难忘历程;瑞典的《塔瑞秀》,由时尚专家兼模特的 Tyra Banks 主持,主要讨论时尚、美容方面的话题。资料显示,在西方国家,谈话节目占到节目总量的60%到70%。

　　20世纪60年代,北京电视台(中央电视台前身)开设的《电视台的客人》,被一些人认为是中国电视谈话节目的雏形,该节目邀请王进喜、时传祥等劳模做客演播室。但是电视谈话节目这一节目模式真正进入中国是20世纪90年代初,内地最早的谈话节目是1992年上海东方卫视推出的《东方直播室》,在上海产生较大的影响,但由于播出范围有限并未在全国产生轰动效应。之后,陆续有一些地方电视台开始尝试这种节目形态。1996年3月16日《实话实说》一经开播,便受到观众的极度喜爱,收视率一路上涨,从1996年的1.36%上升至1999年的4.12%,并迅速在全国掀起谈话节目的热潮。随后有多档各种形式、内容的谈话节目取得成功:艺术类谈话节目《艺术人生》,财经类谈话节目《对话》,跨文化交流节目《国际双行线》(北京电视台),杂谈似的《锵锵三人行》,方言谈话节目《龙门镇》(重庆电视台)……这种节目形态也迅速地被应用于新闻、经济、文艺、体育、军事,等等,各种节目类型中,嘉宾类型不断丰富,从各界精英到普通大众,从八旬老人到天真孩童,从文艺明星到体育精英……据资料统计,截至2001年9月,我国的电视访谈节目已多达179个。[①] 今天活跃在电视荧幕的此类节目有200多个。据CSM媒介研究的相关统计,"仅在2009年1月1日至4月10日的100天内,在全国153个城市的市场上,电视收视比较集中的晚间18:00—24:00时段,就有190个谈话类节目在全国数百个频道进行了5400余小时的播出。"[②]在观众收视心理已经相当成熟,以平视视角和随意化的状态来收看电视的时代,在人们生活节奏加快,但又渴望交流和了解外界的时代,电视谈话节目有其受到当代观众青睐的充足理由。

　　(三)电视谈话节目的特征

　　谈话是人类生活的基本特征和手段,也是人性的基本特点和需求,美国社

---

　　① 张启忠. 访谈节目编导教程[M]. 北京:中国传媒大学出版社,2007:1.

　　② 左瀚颖. 我国电视谈话节目[E/OL]. 人民网,2009 - 12 - 30.

会学家查尔斯·霍顿·库利(Charles Horton Cooley)："一个人要成为一个人,必须经过某种表达;若脱离表达,就不可能有更高形式的存在。"①因此,电视谈话节目的基本形态及核心传播方式并不特别。但是由于这一人际传播是在电视这一大众传播通道上进行的,就必须考虑其传播环境、传播方法、传播效果等,所以这里的"谈话"与日常"聊天"就有了较大的区别。《剑桥语言百科全书》这样谈到日常交流的语言:"日常交谈中的语言常常不清晰","没有一个精心制定的主题控制交谈的进行;常常出现主题的改变和层次的变化","日常话语中的词汇倾向于非正式性和家庭化、有限性和非清晰性,因为说者遇到记忆、注意力和知觉中的难题"。所以,谈话节目中的交流必然不是简单意义上的日常交流,一定有其鲜明的特征。

1. 谈话的目的明确

在这种传播形态下的谈话既是"聊天",又不是纯粹的"聊天"。因为日常生活中的聊天是以交流双方的思维为中心的,而在谈话节目中的"谈话"不是简单的私人空间中的"人际交流",谈话的目的不仅是谈话双方的思想交流,更多考虑的是对观众的传播效果,观众要听的有趣、听的有益,观众的媒介接受过程可能包含着对信息、情感、心理等多方面的需求,因此,节目中谈话的中心点是要满足电视机前的观众需求,赢得观众的青睐。

2. 谈话的主题明确

虽然谈话类节目的表现形式是漫谈,而且大多数节目都尽量使嘉宾、现场观众放松,以达到自然的、生活化的谈话效果。但是该类节目的漫谈绝不是随心所欲式的聊天,每期节目通常是在节目定位下就某一话题明确、集中的谈论。对话题也有较高的要求。一是话题的新鲜性。谈话的主题最好能令观众有新鲜感,而不是陈旧且观众已从各种渠道透彻熟知的信息。二是话题的趣味性。指观众对话题感兴趣的程度,只有观众感兴趣的话题才最有可能停止拨转手中的遥控器。三是话题的方向性(价值性)。真正值得探讨的话题才能引起观众的共鸣,事实证明一些为了提高收视率而想方设法挖出来的离奇话题、低俗话题无法长期吸引观众,而且也不符合电视媒介的社会职责。

---

① [美]查尔斯·霍顿·库利. 人类本性与社会秩序[M]. 包凡一,王源译. 北京:华夏出版社,1999:67.

3. 话题的探讨深入

此类节目中的"谈论"或"对话",不是轻描淡写一带而过的,而是追求"深度"的,这也是与其他节目类型中话语交流的最明显区别。对话中有"事实性信息""意见性信息",有"情感触动""心灵感动",但不变的追求是对话题解读的深度,对故事挖掘的深度,最终希望达到思想、情感的深层次碰撞。比如《艺术人生》中经常借助道具触动嘉宾,使嘉宾进入情感高峰的同时也进入了深层次的故事讲述;《一虎一席谈》的节目模式设置就是希望谈话双方在持有不同观点下辩论,并擦出火花,谈出深度。

4. 谈话的分工明确

在日常谈话中,所有参与者都是角色相同的讨论者。但在谈话节目中,交流的不同个体是有明确的角色定位和任务分工的,而且由于节目本身的设计不同,参与谈话的三方主体,即主持人、嘉宾和现场观众,其角色与作用也会有所不同。比如《一虎一席谈》中嘉宾就是依据观点被分成两大阵营,他们的任务就是无限论证自己方观点的正确性,而现场观众随时可以用"支持""反对"牌来发表观点,主持人虽然也会有观点的阐述,但中心任务是组织嘉宾辩论;《锵锵三人行》中,主持人窦文涛与两位嘉宾形成平行的话题谈论关系;《鲁豫有约》中陈鲁豫是话题的引导者,引导嘉宾讲出他们背后的故事。

5. 谈话的设计性与动态性(互动性)

一档成熟谈话节目的每一期,都是经过多道程序和多项专业设计后而出炉的。从选题到谈话的主要环节、主要内容,再到谈话的呈现方式,甚至音乐、道具等的配合都有严格的预先选择性和设计性。但是,无论怎么预先设计,都无法掩饰谈话节目的"动态性"。主持人、嘉宾和现场观众都是具有言语表达可能性的互动主体,因此多方互动下,节目的动态性就显得尤为明显,这种信息交流的全动态性也是谈话节目与其他类型节目的重要区别之一。《实话实说》开播几年后,创始人时间在接受采访时曾这样说:"我为什么对这样一种方式(脱口秀)非常感兴趣呢?就是因为当时《东方时空》的形态太局限了,它的局限性体现在谈话人的空间上,基本上是单向的,被采访对象也好,记者也好,所表述的倾向性是很明显的,不具备争论的可能。那么,应该如何最大限度地调动观众的参与积极性呢?于是,我就提出来,做一个'脱口秀'节目。"时间的这段话恰切地反映了谈话节目动态性这一特点。也正是如此才会出现在《国际双行线》节目中,谭盾愤然起身离去,节目现场突然少了一位嘉宾,只能由主持人和另一位嘉宾卞祖善继续完成。"互动"是人类最基本的需求,主体间的符号互动越频繁,交流就越活越。米德认为,意义产生于人际互动过程中,自我必须在社会互动中才能得到解释。

6. 谈话的制约性

谈话节目是在严格的时长内,以预先设计的谈话方式,就精心挑选的谈话主题,在规定的空间中进行的一次看似自由,实则受到制约的对话。正如布尔迪厄说:"因为电视外部受制于收视率,内部则有一系列控制手段和程序。各种看得见或看不见的审查自不待言,主持人角色行为的限制,时间分配的限制,谈话内容的限制,演播程序的限制,甚至主持人的不经意,都在行使电视的符号暴力——拒绝自由交流。"①因此,虽然谈话节目是动态的、有言语表达权的,但这种表达一定是在相对的规约之下的,主持人则是这些制约条件得以最终实施,并且在制约中实现传播效果的关键要素。

二、谈话节目中主持人的角色定位与作用

电视评论人艾夫·韦斯廷曾说:"主持人是传播过程中最灵活、最后的一个环节,如果把所有构成一档节目获得成功的因素考虑进去,并且给每一个因素增加一些分量,构成 10 个因素的话,那么主持人会占据其中 8 个因素,其他诸种因素的总和只占两个因素。"②这一论断在有些节目中也许有些夸张,但在谈话节目中主持人确实是最重要的成功因子。我国著名电视谈话节目研究专家苗棣教授指出:"谈话节目是真正意义上的'主持人'节目,其风格与成败主要取决于主持人个人的风格与魅力。"③中央电视台新闻评论部副主任、《东方时空》和《实话实说》的制片人时间曾直言没有崔永元就没有今天的《实话实说》。原因很简单,谈话场景中只有两个(群)主体,一是主持人,一是嘉宾,主持人是有备而来的游戏策划方和实施方,主持人的角色发挥状况直接影响到节目质量。交谈可以分为两种,即社交性质的交谈和解决问题为目的的交谈。节目主持人的谈话属于后者,有明确的目的性,无论表面呈现的多么轻松、多么随意,其目的一定是鲜明的,是为了完成节目定位下的节目任务。传播的目的就是要成功

①　[法]皮埃尔·布尔迪厄. 关于电视[M]. 许钧,译. 南京:南京大学出版社,2011:11.

②　赵淑萍. 电视节目主持[M]. 北京:北京师范大学出版社,1995:186.

③　苗棣. 话语的力量(上)—美国电视的夜间谈话与日间谈话节目[J]. 现代传播,1998(4).

结束传播,对于主持人尤为如此。因此,明确主持人在节目中的角色定位及其应发挥功能作用,十分必要。

首先,主持人是观众谈话的代言人。在任何节目形态中主持人都是观众的代言人,但在谈话节目中这一角色任务尤为重要而复杂,主持人就是代表观众在谈话。从节目的表面形式来看,谈话节目是电视机前的观众欣赏主持人组织的一次谈话,中心人物是谈话的参与各方。但由于传播对象是电视前的观众,传播目的是吸引观众,受到观众的认可,所以,观众的心理需求成为主持人"问什么"与"聊什么"的传播基础。主持人需要清楚,观众在谈话的每一时刻想知道什么、对什么不懂需要解释、对什么还想追问、对什么可能会质疑,等等。主持人很大程度上就是观众的代言人。比如《杨澜访谈录·陈忠和》一期节目中,杨澜问道:"像现在这种国际女排,从技术、战术方面的发展来说,您觉得我们迫切需要实现一些什么样的改变?"陈忠和说:"应该需要实现攻传平衡。我们现在攻传还不够平衡。"这时杨澜意识到,她的这档节目并不是一档体育节目,收视群体并非体育迷,因此可能会不太理解这一专业的体育战术。于是追问陈忠和:"这怎么讲,我作为一个外行应该怎么理解?"

其次,主持人是谈话的组织者与参与者。主持人不仅是谈话构成形式上的组织者,更是谈话深入进行的具体组织者和直接参与者。在谈话节目中,主持人需要调动参与各方谈话的欲望,也包括自己的表达欲望,巧妙分配谈话各方发言的时间、时机、顺序等。窦文涛曾经说过,没有愚笨的嘉宾,只有愚笨的主持人。主持人永远不可以责备嘉宾没有口才,发挥不好。嘉宾是被动的,他发挥如何取决于主持人能动的程度。[①] 崔永元说:"我不怕大家通过讨论或争论观点趋于一致,但我要让观众看到这个讨论或争论的过程。"[②]主持人的组织能力很大程度上决定了谈话的顺畅程度、活跃程度、激烈程度、深入程度……主持人要想合理组织谈话,深入谈话内容,就不可避免地要参与谈话,而且是参与者中的主导者。

作为谈话的组织者,主持人不仅仅组织各方进行语言上的交流,还必须营造恰当的交流氛围,即"谈话场"需要"氛围场""情绪场"作为基础。不仅如此,

---

① 苗棣. 脱口成"秀"——电视谈话节目的理念与技巧[M]. 北京:中国广播电视出版社,2006:96.

② 程青. 崔永元实话实说[J]. 瞭望新闻周刊,1997(Z1).

"氛围场""情绪场"还会直接影响电视机前观众的情感体验,本身就是一种传播符号。鲁豫说:"我在节目中还是挺本色的。那种关心、同情、欣赏,都是挺自然的。另外也有一个因素,我要给被访者营造很宽松很真实的、没有被侵犯的氛围。没有这样的氛围,一个好的谈话是不可能进行的。"①《国际双行线》的主持人姚长盛曾经这样来总结《实话实说》受到欢迎的原因:"如果把《实话实说》全都扒成字,印成书,哪怕是括号里再写上:全场沸腾,笑声、掌声,掌声多少秒,人家也不会有看《实话实说》那样的感受。为什么? 它没有表情,没有气氛。最主要的是它缺乏那种气氛和所有细节。而这恰恰是电视所能展示的。"②《实话实说》为了营造节目需要的氛围,在节目开始录制前主持人通常会说些笑话或讲讲自己家的事儿,鼓励现场观众对主持人提任何感兴趣的话题。主持人轻松地告诉大家,在现场你就像在家一样,除了不能嗑瓜子,任何事都可以做,愿笑就笑,愿哭就哭,想鼓掌就鼓掌,没人理你,也没人安排,不用非得礼节性鼓掌。

再次,主持人是谈话的引导者与控制者。口语是人类最为常用的社会交际方式。美国著名语言哲学家格赖斯(H. P. Grice)的"合作原则"告诉我们成功交往的关键是合作原则,这一原则下传播双方的互相合作成为交流的关键。一旦其中一方不合作,互动就会产生紧张。在电视谈话节目中,主持人是会客厅中的"主人",嘉宾及现场观众是"客人",这种事实性的角色关系,赋予了主持人更多的"主动权"和"话语权",这种权力具体的体现在主持人对节目的引导与控制上。引导与控制是主持人对一档谈话节目的核心驾驭,也是一次谈话得以成为"电视节目"的最主要保障。崔永元深有感悟的认为,幽默可以化解矛盾,但最关键的还是控制。主持人通过提问、打断、插话、忽略、补充、认可、强调、肯定、质疑、讲述、挑拨、调解、基调把握、重组话语等多种方式引导谈话走向,激发话题热度,控制话题尺度……主持人在谈话过程中会试图以自己的观点打破谈话对象的心理平衡,以寻求"高质"与"海量"的信息;主持人也会以自己的观点说服对方从心理的不平衡到平衡,不仅是受访者的情感需要,也是给处于不平衡心态的观众以启迪作用。为了能够挖出"经典",获得"深度材料",主持人会想尽各种方法,比如《艺术人生》惯用能够打动嘉宾的道具,《康熙来了》利用主持人的"大胆"和"搞怪"。卡耐基认为,一个人的成功,约有15%取决于知识和

①　鲁豫. 说出自己的故事[N]. 南方周末,2002 – 7 – 22.
②　北京电视台《国际双行线》栏目组. 对话与交流[M]. 北京:文化艺术出版社,2001 :15.

技术,85% 取决于沟通,就是发表自己意见和激发他人热忱的能力。对于一个在一定意义上超越了普通谈话的组织者就更是如此了。

从话语理论的角度讲,主持人对谈话节目的引导是建立在"话轮"主动权掌握的基础上的。所谓"话轮",顾名思义,就是交谈者轮流所说的话。话语分析研究者发现,人们之间的会话是话轮不断变换、说话者不断选择的过程,每次只有一个说话者,说话者是交替出现的。话轮是指会话过程中,说话者在一定时间内连续说出的具有和发挥了某种交际功能的一番话,其结尾以说话者和听话者的角色互换或各方的沉默等放弃话轮信号为标志。① 当一个话轮结束时,说话者可以通过点名、眼神、音高、语调、停顿、手势、有针对性的问题等各种方式选择下一个说话者或者继续进入下一个话轮,当然,下一个说话者也可以通过自我主动选择获得话语权。很多学者认为在谈话类节目中,主持人与嘉宾的问答构成了节目的基本言语特征,即互动性话语特征,但又因为"谈",在某种程度上打乱了"问"与"答"的机械模式。克拉克(Clark)认为,参与交际的任何一方均可依据话语进程引入话题。因此,主持人需要有"承接话轮""争取话轮""把持话轮""施与话轮"的能力,这样才能在谈话中掌握话语主动,有效引导与控制谈话。

《对话·再造惠普》一期节目,邀请了惠普公司的董事长和首席执行官卡莉女士作为嘉宾。在节目快要结束的时候,主持人王利芬邀请三位现场观众分别预测一下惠普的未来,然后让卡莉女士和其中的一位握手。这显然是主题人预先设计环节,主动抛出的话题,把持着话轮的主动性。但故事的发展却有点出乎意料。三位现场观众提了三种不同的看法,卡莉女士对这三位观众的看法均做了详细的回应,而且都认为很有道理。这时,主持人王利芬说:"但无论如何,我们还是希望看见您走近哪一位。"卡莉说:"我可以跟这所有的三位观众握手吗?"主持人坚持自己的主导地位,回答道:"不行,只能有一位。"但没想到嘉宾很强势,卡莉立刻回应:"我从来不墨守成规。"可以看出,节目主持人会遇到各种谈话对象,对方在谈话中的思想、观点和内容是无法完全预测的,主持人争取话轮、把持话轮,只是掌握主动权的形式与步骤,有效引导与控制更需要主持人依据语境和场景在争取到话轮后,机智、有效的传播信息,随机应变。

最后,主持人是谈话的倾听者。由于主持人是谈话的参与者,自然也就成

---

① 刘虹. 会话结构分析[M]. 北京:北京大学出版社,2004:4.

为节目嘉宾和现场观众的直接传播对象和互动对象。而且主持人与嘉宾的角色定位不同,在多数访谈节目中嘉宾被设定为更为主要的讲述者,这就决定了"倾听"成为主持人在谈话过程中的一项主要工作。姚喜双等学者抽取了2005年《艺术人生》十期节目做样本分析,发现主持人的话语仅占到话语总量的38%。美国著名谈话节目主持人拉里·金就指出:"要善于访谈,首先要善于聆听"。主持人的倾听属于典型的有意识的主动型倾听,在倾听中主持人会发出反应信号,如"对""是的""喔""点头""微笑",等等。根据语言学家的定义,会话中的反馈信号"主要是充当听话人角色的会话参与者所发出的简短的言语反应信号"。① 这种信号的反应具有表示理解、尊重、信息接收等多种意义,是谈话融洽度构建的重要符号,是保证谈话顺畅进行的重要因素。主持人的倾听不是随意的信息听取,也不是简单的信息提取,而是积极、高效、系统的信息处理过程。因此,主持人在组织谈话,参与谈话的同时,必须成为最好的倾听者,这既是对讲述者的尊重,也是主持人自身素质的体现;既是激起嘉宾讲述欲望的方法,也是有效参与谈话、把握话轮的必须步骤。《鲁豫有约》制片人樊庆元在评价陈鲁豫时这样说过:"她特别可贵的一点就是会听,她觉得自己不应该说的时候她一句都不说,她就静静地听你说,她会让你觉得我特别爱听你说,让人谈话欲望特别强烈,就会把该说的不该说的都说了。"②具体来说,主持人的倾听并不是"形式上"的倾听,而是内容上的"记忆与分析"和态势上的"互动"。主持人需要在倾听中理清嘉宾的讲述思路,抓住讲述核心,记住关键点,以此为基础进行提问、解释、强调、反驳……,而且倾听的同时需要从有声语言和态势语言上形成交流互动。主持人朱军深有感触地谈道:"有些时候在节目现场,在面对嘉宾的时候你的内敛、你的谦逊、你的倾听都是一种美德,更是一种能力。说话谁都能说,提问谁也都能问,但不一定谁都能听,谁都能真正地去倾听对方的谈话,并且用心底里的情感、用自己最真实的情感去捕捉谈话对象所要传递给你的一切的东西。"③

　　话语理论中的"合作原则"告诉我们,交谈是一种合作行为,会话参与者尽管是分别提供自己的话语,但总有一个共同的方向或者至少有一个相互都能接

---

① 吴平.汉语会话中的反馈信号[J].当代语言学,2001(2).

② 朱冰,毕蜂.口述凤凰[M].北京:作家出版社,2006:144.

③ 雷蔚真,邓力.电视品牌的策划与创建——《艺术人生》透析报告[M].北京:中国传媒大学出版社,2008:177.

受的话语发展方向,为了保证这些共同的目的或方向的达成,会话参与者有必要遵守这样一条基本的原则:在交谈中"按需要做出应有的贡献"。而对于电视谈话节目这样一种最终以满足第三方(观众)为目的的谈话,合作固然重要,但主持人是谈话的主动方,其角色"贡献性"直接影响着谈话质量。

三、谈话节目主持人意见性话语表达的必要性与重要性

电视谈话节目是一种制作较为简单的节目形态,其核心就是人物之间的"谈",其亮点是其中谈论的内容。"谈"作为名词的意思是"言论",作为动词是"讨论"。"言论"就有发表意见或议论的含义,而"讨论"必然不能缺少发表意见。因此,谈话节目的本质就是谈论者针对某一"话题"发表意见、观点的讨论。

主持人在谈话当中所扮演的组织者、参与者、引导者、控制者等角色,决定了主持人必然要表达自己的所见、所闻、所思、所想,必然要发出邀请、指引、停止等意见符号,必然对认同的观点反馈出同意、赞许的符号,对疑惑的信息提出质疑、追问,对反对的观点表现出否定的态度……必然要通过意见性信息的表达进行谈话的总结和意义的升华。没有这些讲述与意见表达,主持人既不可能参与谈话,更不可能组织谈话,或者说,这种节目形态就不存在。当然,受到节目特点和定位的制约,主持人在节目中话语表达比率有所不同,通常在独言论述式和谈论式节目中主持人信息阐述的比例要高于在叙事型和辩论型谈话节目中。

电视谈话节目的特征显示,这种谈话是在某一明确主题之下的深入对话。那么,什么是电视谈话节目中的深度对话?目前学界没有明确的界定,但是,对于"深度报道"有比较清晰的概念解释。早在 1933 年,美国报纸编辑协会就通过决议,承认并强调对新闻的解释和分析,这便是对新闻的深度理解与报道。《新闻学大词典》定义深度报道为:"运用解释、分析、预测等方法,从历史渊源、因果关系、矛盾演变、影响作用、发展趋势等方面报道新闻的形式。"[①]从中不难看出,所谓的"深度"不仅是对事件的客观描述,更注重分析现象、挖掘本质、预测趋势。因此,所谓的深度对话,是对某一特定主题的深度讲述、深度分析和深度评论。所谓深度讲述,是指对人物、事件细致入微的勾勒,入情入理的描述,这种讲述是其他节目类型中很难体现的;深度分析是指,在谈话中不仅仅是对

---

① 甘惜分. 新闻学大词典[M]. 郑州:河南人民出版社,1993:153.

客观事实的描述,还需要对事件发生的前因后果做出解释;深度评论是指,在分析事件、人物的详细情况的同时,做出具有意见指向性的评价、推论、预测等。在节目当中,这三者是相互融合、相互支撑的,如图3.1。

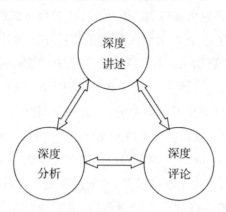

图3.1　深度谈话元素关系图

同时必须指出的是,至此为止谈到的“深度”概念,主要体现于纵向的深度,是指某一个体信息传播的深度,但是对于一个谈话节目而言,如果没有激烈的思想碰撞或者恰当的激情点燃,深度传播是很难实现的,因此,纵向上个体思想的深度传播需要横向上多个谈话个体深度意见摩擦而引发。在横向深度点燃和纵向深度阐发的过程中,主持人意见性话语的质量决定着节目本身的“故事”深度和“思想”深度。主持人是横向点燃的核心,这一步骤中无论是与嘉宾讨论、争论或是提问,都一定有明确的意见指向性;主持人也是纵向的深度阐发者,主持人的意见度越深,就越容易带动谈话的深度。同时,谈话节目动态性的特点决定了主持人意见引发与阐释的时时性和事事性。

四、谈话节目主持人意见性话语的独特功能

(一)引入话题,指明方向

一般认为,电视谈话节目的结构包括背景介绍、话题开场、谈话主体和谈话结束四个部分。但其实背景介绍和话题开场都是对于某期节目讨论话题的引入,是为了让观众熟悉话题、进入话题,为了与谈话者开始谈话。话题的引入是一个谈话节目能够进行的必需一步,是谈话的开端与基础。而话题则是在互动过程中确立的,话题的确立有赖于交谈双方的互动,一方提出话题,另一方确认话题。但在谈话节目中,开始切入的话题是经过预先设定和沟通的,因此,一般由主持人提出话题,嘉宾进而确认话题,然后进入谈话。然而,话题引入的是否巧妙,是否切中核心,是否便于理解,都会对整个谈话产生影响。斯文尼维格(Svenevig)认为话题的引入对随后的话语结构具有重要的制约作用,话题引入之后,参与者将依据话题将随后的话语看作一个整体来组织和理解。①

必须指出的一点是,话题的引入虽然是节目开始的必要程序,但并不意味着只有节目才存在话题引入。在一个话题下会有很多小的话题,即子话题,也就是说话题的引入是一项持续工作,子话题的引入虽然很多时候有一定的预设性,但互动中的随机性也是不可避免的,因为参与交际的任何一方均可依据话语进程引入话题,因此,这就需要主持人在互动中具有主动性。比如《非常静距离·张瑜——30年沉浮岁月》一期节目,是以张瑜本人为中心的,主题就是"张瑜这几十年的岁月",但这个题目很庞大,节目开始主要讨论张瑜的成名作《庐山恋》,然后转入出国进修和个人情感经历,最后谈到今天张瑜的身份——导演、制片人。所以有三个大的主题构成,主持人需要契合时机地切入子话题。

(二)融入意见,介绍鲜活

主持人在谈话节目中对一些基本信息的介绍是必不可少的,比如:人物的背景、事件的发生情况。这些陈述性的介绍不仅在节目的开始必不可少,在谈话的过程当中也会不断浮现。从节目需求的角度来讲是对介绍对象的客观描述,以使观众更好地理解谈话,但事实是,主持人作为一个情感性动物,作为一个有思想价值观的"人",作为有巨大话语权的节目的主人,对人物事件的介绍前已经有了对其的判断,所以常常会较为明显的体现于他们的描述语言中,客观性介绍中融入适度意见,可以使得观众更易领会人物、事件最鲜活的特点,这既是角色的权利,也是节目的需要。

《艺术人生·成龙传奇》一期节目中,主持人介绍当天节目的出场嘉宾,可谓人未到,赞赏已到,主持人的话语中很明显的标示出对即将出场嘉宾的尊敬、推崇!开场语是这样的:

好,亲爱的观众朋友们,大家好!欢迎来到《艺术人生》的演播现场。耳畔响着《真心英雄》的音乐,这是我们再熟悉不过的了。它代表着一种情怀,代表着一种激情,那今天来到我们《艺术人生》演播现场的这位嘉宾,今年五十岁,从影四十二年,拍了八十多部影片,在拍摄影片的过程当中,重伤二十九次,足迹

---

① 代树兰. 电视访谈话语研究[D]. 上海外国语大学博士论文,2007:4.

遍布世界五大洲。在全世界,据粗略统计,拥有铁杆影迷两亿九千万人,叫我说的话,还可能不够。这位是谁呢,我想不用说大家都知道了。我们掌声有请成龙。

(三)提出问题,深度挖掘

"提问"是很多电视谈话节目中主持人的一种常态性交流方式,其目的是为了从谈话对象那里获得预期的信息,挖掘话题内容。赵雪抽取了 47 期某电视访谈节目进行统计分析,发现会话部分所嵌入的"提问——回答模式"占了62%[①],也就是说在节目中主持人扮演着"提问者"的角色,嘉宾扮演着"回答者"的角色。因为很多谈话节目的重心话语表达者是嘉宾,主持人通过提问来引导和控制嘉宾的表述。"提问"在辞海中的解释是"提出问题要求回答",提问本身就是带有明显意见指向性的,因此,主持人陈述的问题本身就是意见性信息的传达。关于"提问",在第四章"主持人意见性话语表达方式"一节还会详细解释,在此想强调两点。一是,谈话节目中的提问与其他节目不同,此类节目中提问的频率高、连续性强,主持人有充足的提问表达空间。比如,奥普拉访谈杰克逊时,就有关杰克逊最敏感的肤色问题进行了直接连续的提问。奥普拉说:"我们议论最多的一件事就是:你的肤色显然与小时候不同。大家对这种变化揣测纷纭、争议不断,你是否漂白过皮肤? 你是不是不喜欢当黑人而漂白皮肤?"当杰克逊试图否认时,奥普拉马上反问:"我从小就听说有一种产品,常用会令肌肤洁白,但要用上 3000 加仑才见效。(难道你不知道吗?)"二是,在谈话节目中主持人的提问方法是多元化的、艺术化的,并不像其他类型节目中由于节目形态和语境的限制,通常提问较为简洁、简单。例如:《对话·联想》一期节目中,主持人陈伟鸿的第一个提问是从观察到的一个细节入手,叙述自己的发现,自然地推出要问的问题;第二个问题则是聊天中说出自己已知的,顺势追问。

主持人(陈伟鸿):在刚才我看到发布会现场的实况的时候,我想到了一个细节,在发布会那天大家都注意到了,发布会比原定的时间推迟了 20 分钟,其实当时有非常多的记者一直在追问您这 20 分钟究竟发生了什么事,我后来从您的谈话当中找到了答案,您说 20 分钟现在不能讲,将来写回忆录的时候才能

---

① 赵雪. 电视访谈节目的语篇组织模式[J]. 语言文字应用,2006(12).

说。我本来自己想把它写下来,但没时间,有人建议我打字下来,但是要做保密存档,短时期内不会发表,当然今天我肯定不会违背您的意愿,硬要在这儿追问出这 20 分钟究竟发生了什么,可是我们很想知道的是,在这 13 个月并购的过程当中,是不是有许多这样的时刻,让您觉得都不方便透露。

柳传志:那当然,因为谈判是一个双方讨价还价的过程,这里边有点儿像竞技,这谈判的结果是合作,所以我现在愿意谈的都是合作的事,互相在争斗的事就不愿意告诉人家。

陈伟鸿:其实当我们看到这个,购并事件发生的这一刻,我们已经有了隐隐约约的感觉,在这当中联想可能会有一些对手,比如说业绩风传的东芝,还有您曾经接受采访的时候,提及过的 TPG,除了这些,我们隐隐约约知道的对手之外,我们还要追问柳传志先生的是,究竟还有没有其他的对手,他们给你造成了什么样的威胁吗?

(四)频繁判断,掌控谈话

判断是思维的基本形式之一,是肯定或否定某种事物的存在或指明它是否具有某种属性的思维过程。判断是主持人意见表达的一种基本能力,主持人通过判断选择外界信息,通过判断决定评论点,通过判断掌控节目进程,判断基本伴随着主持人在节目中的全过程。谈话节目中,主持人负责着从节目开始的第一句话到节目结束的最后一句话,负责着整个节目的每一分每一秒,因此,意见性信息交流尤为密集。而且嘉宾在节目中表述的观点高度即兴化和多元化,有些是积极的,有些是消极的;有些是与话题相关的,有些是脱离主题的;有些是可以播出了,有些是不能播出的……所以主持人需要判断的信息点就特别多。因此,对于谈话节目主持人持续性的、敏锐判断尤为重要。一则颇为鲜活的案例发生在 2013 年 10 月 16 日,美国广播公司(ABC)的一档谈话节目中。主持人基梅尔邀请了 4 名不同肤色的孩子组成“儿童圆桌会议”讨论国家大事。当被问及如何处理美国欠中国上万亿美元债务时,一名儿童答:“要绕到地球另一边去杀光中国人。”基梅尔不但没有立刻纠正,反而调侃道,“这是一个有趣的想法”。我们无法知道这位主持人确实持有这样的观点,还是没来得及细想,下意识地做了一个迎合。但孩子的无知不会被责怪,主持人的不正确意见定会造成负面传播效果。很快,美国广播公司新闻发言人霍普·哈特曼发表声明说:“我们谨代表美国广播公司和吉米·基梅尔脱口秀节目组的每位成员,就 2013 年 10 月 16 日吉米·基梅尔脱口秀中‘儿童圆桌会议’的节目内容表达我们发自肺腑的诚恳的歉意。"吉米·基梅尔先后三次以书面、现场道歉、鞠躬等方式致歉。

所以，主持人与嘉宾的整个谈话互动过程，都是主持人对嘉宾传播信息的判断过程，对嘉宾观点的判断，肯定与否定，支持与反对……在逻辑上需要用一个命题表达出来，这一表达就是主持人的意见。当然，主持人表达出判断之后，通常情况下还会紧接着还有一个意见补充，是对意见判断的说明。

《一虎一席谈·朝鲜半岛战争还是和平》一期节目中，一位韩国嘉宾说道："保护自己国家不能依赖任何国家，必须得有自己的国家的力量，我建议韩国政府针对美国政府提个意见，我们要撤回核保护伞，现在关键是力量的均衡，我们也开发一个自己的核武器，第二，短期内我们肯定怕一些牺牲，因为战争引起，我们都不愿意战争，但是我们也都不怕战争……"这时主持人胡一虎敏锐地意识到这种说法与主张"和平"解决问题的原则是相违背的，果断说道："我必须要打断你，你现在已经是怒发冲冠了，你的话语已经在煽动对中国利益绝对不利的，中国是需要无核化的，你现在还得了，在这里煽风点火……"不仅及时地制止了过激言论的大众传播，而且传播了"无核化"的积极观点。当节目将结束时胡一虎做谈话总结，正当他说道："朝鲜半岛的和平跟战争之间的钥匙其实在谁手里，不仅是在金正恩的手里，事实上也在首尔朋友的手里。"这时韩国嘉宾金圣益抢说道："大家都有一个就没必要谈了嘛！中国也有一个，印度也有一个，韩国、日本、俄罗斯东北亚地区每个国家都有核武器就没必要谈了嘛，威胁不到对方。"胡一虎立刻以幽默、尖锐的观点反击说："如果这样发生的情况来讲，你今天绝对不可能安全地走出去，为了让你能够平平安安地走出去，今天的节目就到此为止，希望大家还是珍惜和平的重要，和平的可贵，希望我们期待这个局势早点缓和下来。"可以看出，这种判断需要主持人在瞬间完成，判断之后的意见补充必须铿锵有力，否则无法令交流对象和观众认同。

（五）观点争辩，聚力征服

在谈话节目中，嘉宾与嘉宾之间，嘉宾与现场观众之间，嘉宾、现场观众和主持人之间都可以就某一问题探讨，也都可以出现就某一问题的争论。由于主持人需要掌握话轮的主动权，引导话题走向，把控整个节目，主持人必须具有一定的争辩力和观点征服力，所以主持人必须能够表达高质量的意见性信息。2010 年房价高涨，《锵锵三人行》一期节目中，窦文涛、许子东、任志强三人对话讨论房价和住房问题，可从节目一开始就变成了窦文涛和许子东与任志强就中国当前房价过高是否合理的辩论。前两者认为不合理,后一位认为不完全是这样。窦文涛和许子东一个口才了得、反应机敏,一个学识渊博、善于言论,但两人在房地产方面的知识和信息远远不如任志强,再加之任志强本身也思维敏锐,善于激辩,因此,窦文涛和许子东显得力不从心。窦文涛居然对着许子东说:"我跟他聊啊,这个比较头疼,因为这就是典型的信息不对等,他满脑子都是这些数据。"许子东谈到从农村来到城市的人根本买不起房,他认为原因是房价太高。而任志强则这样认为:他们在农村有一套房子,不管住不住,他们算有房子的人,根本的问题在于国家制度,因为进城的这些农民没有办法把家里的承包地和宅基地变换成进城的资金,变成房子。这时窦文涛反问道:"即使是变换成了,他在北京能买得起房子吗?"任志强这样反驳:"最近大家说,逃离北上广,北京、上海、广州,而这三地人口占到全国人口不足5%,那是不是所有的人都要挤到这5%的城市中呢?"双方就此话题又进入了下一子话题"资源不可能公平分配,一定存在竞争"。一阵辩论之后,窦文涛说:"咱岔开一个话题。"任志强说:"你说不过了就岔开一个话题。"可见,两位《锵锵三人行》的"老同志"因意见的说服力不足而处处落于下风。

当然每个主持人具体争辩的方法会各有不同,有些主持人会从语言表达到意见观点都是强势出击,据理力争;有些主持人则会温和耐心地向嘉宾讲述自己的心得体会;有些主持人则会在接受中反驳对方……著名脱口秀女王奥普拉观点性很强,也常常和嘉宾发生意见碰撞。但她的方法是,先说一句"对不起",表示对对方观点的尊重,让嘉宾从心理上舒缓下来,然后则是有理有据且极其生动的观点阐述。她以这样的方式征服过无数名人嘉宾。

(六)归纳总结,升华意义

作为一档电视节目,在开始要为谈话引入话题,在节目时间范围内就必然要结束话题,而这种结束通常不会像日常谈话形态,以一种非常随意的无设定的方式结束。节目在结束时往往都要进行谈话内容的提炼式总结,以便观众更简单地理解和更深刻地记忆,同时主持人发表总结式、展望式、建言式的意见,升华谈话意义,使谈话具有更深刻的社会意义。由于是在节目的结尾处,其意见的清晰度、力度、高度会与节目的传播效果紧密相连。作者采用随机抽取的方式,研究了《一虎一席谈》2013年5月的连续三期节目,具体结果如下。

《一虎一席谈·安倍右倾会否让日本孤立于亚洲邻国?》(2013-05-04),

这期节目的背景是日本多名内阁成员和国会议员参拜靖国神社,首相安倍晋三也发表极右言论。

主持人胡一虎的节目结束语是:"事实上咱们中国正在打造自己美丽的复兴之梦,而安倍也想打造日本的美丽的梦想,从历史告诉我们,每一个梦想的形成,都必须要正能量的出现,希望每一个梦想的达成都不会造成别的民族的噩梦,期待中日之间能够找到新生代的、新一代的思维上的智慧。"

主持人以一种委婉的表达方式指出,日本不应该在创造自己梦想的同时,伤害他国,同时提出期望。

《一虎一席谈·中印关系是合作还是对抗?》(2013 - 05 - 11),这期节目的背景是中印两国在争议地区持续20多天"帐篷对峙",之后印度外长访华。

主持人胡一虎的节目结束语是:"当我们所有的角度都在看待这个 C 形包围圈的同时,不管它虚虚实实,那么为什么我们不妨换另一个思维,就从印度跟中国之间,画下另外一个微笑曲线,或许这个微笑曲线,就是刚刚高兴所说的,中印之间恋爱的开始,用心的角度看待这两个成长的崛起的大国,最后就像两国的总理所说的那句话其实亚洲的世界无穷地大,它的空间允许,也可以包容两个国家的崛起。"

主持人通过形象的比喻,把两国之间的关系和未来定格在了互相包容,共同崛起的积极意义之下。

谈话节目的总结与升华具有即兴表达度强、顺势归纳性强的特点。也就是说,因为谈话节目具有高度的互动性和信息不确定性,最后的归纳总结很难预先完全设计,需要根据具体的谈话内容作总结与提升。更具难度的是,很多时候谈话处于正在进行时,但由于时间的限定节目必须结束,这就需要主持人根据谈话情节即刻性收尾并顺势归纳总结。例如《一虎一席谈·小学校长带女生开房该不该罪加一等?》一期节目中,最后一位嘉宾孝权说道:"……我有个期待,就是希望在以后,在我们这期节目下去之后,以后的这样一个针对儿童的人身权益,各个权益的保护过程当中,能够真正地将儿童权益保护的最大化,贯穿到我们实践当中的每一个层面,并且应该是踏踏实实的贯彻到位……"主持人胡一虎顺势总结,结束节目说道:"就顺着刚刚孝权所说的,其实我们应该好好地在今天,国际儿童节的今天,来关心儿童权益的最大化。什么是儿童权益的最大化? 让他开心,让他健康,其实更基本的是让他安全……"

还需指出,其实主持人对对话的总结不仅仅只在谈话结尾,节目中一个子话题,甚至一个小意群的结束都可以进行总结。主持人在总结、解释他人观点时也是凸显自己的意见,或者顺势表达了自己的观点。

(七)单口独言,意见成册

独言论述式谈话节目,是很多中国观众心目中定位的"脱口秀",如果单从中文字面理解"脱口秀",那就是"脱口就说",干练、直接。如果说其它类型的谈话节目中主持人必不可少,没有主持人,节目形态就要变化,节目就无法进行,那么在独言式谈话节目中,主持人就是节目的全部,主持人传播的信息,包括语言和非语言信息,就是节目内容的全部呈现。因此,节目收视率就约等于主持人的讲述能力,讲述能力主要体现于表达方式与表达内容。需要辨析的是,主持人独言论述不同于传统的评书、单口相声,也不同于新闻节目中主持人的资讯播报。虽然从表面形式看,都是"一人一口"的表现形式,但表达内容不同。评书中讲书人更多是对历史故事真实化描述或艺术化的戏说;单口相声则是继承了民间笑话、故事、评书的艺术手法,是以逗乐为目的口语片断;新闻资讯是对新闻事实的客观报道。而脱口秀主持人传播的内容一定包含着自我的分析、理解、判断、建议……换句话说,节目内容就是主持人对某些问题的意见。

纵观当今国内最受欢迎的几档脱口秀节目《今晚80后脱口秀》《金星秀》,讨论的话题无不与当代社会、热点问题相关,与大家关心的人、事、物、现象相关,或者就是媒体刚刚报道的新闻。王自健在《今晚80后脱口秀》节目100期时明确表示,节目之所以能坚持这么久就是与新闻、时政紧密相关。国外颇受欢迎的脱口秀节目也是如此,比如美国的《乔恩每日脱口秀》第一个环节10分钟就是固定的由主持人乔恩运用声像资料评论时事。美国公共服务电视新闻主任 Bill Moyers 对乔恩的政治价值评价说:"如果未来的历史学家要撰写关于我们这一时代的政治故事,他们首先必须观看几百小时的一个叫作《每日秀》的有线电视节目。如果没有《每日秀》,就无法理解这个新千年里的美国政治。"[①]在这类节目中,主持人以另类的视角、独特的观点、个性化的语言对话题进行解读。虽然有"述"有"评",但"评"是落脚点和关键点,意见思维是贯穿每一话题的思维主线。国内外不少学者的研究都表明观众对脱口节目追捧的很重要一点原因便是其带有一定理性辨析的调侃。道理并不深奥,观众一听就懂,但又

---

① 徐坤. 政治喜剧《乔恩每日脱口秀》的讽刺艺术[J]. 电影文学,2012(24).

不是简单的笑话或滑稽表演，仅仅一笑了之。

观众随机提问，主持人立刻回答，而且要答得有理、有趣、有味。问题包罗万象，从现实生活到网络世界到科幻世界……是对主持人在知识面、信息面、反应力等多种能力支撑下意见传播能力的考验。

因此，从节目形态、节目特征和节目内容看，将独言式谈话节目看作是主持人艺术化传播的"意见册"并不为过。这种脱口秀节目意见密度高，处处彰显主持人的意见就是节目意见表达的特征。

有学者提出"场信息"的概念，所谓"场信息"，是指把电视谈话类节目中的主持人、嘉宾、观众畅所欲言的谈话现场和谈话过程看成一个各种信息多向流动、不同思想相互碰撞的"场"，通过"场"中人物的相互交流最终形成某种有一定代表性的观点和思想。① 也许称之为"场意见性信息"更直白。场信息的强弱基本代表着谈话的精彩程度，决定着节目的可视度和生命力。对于独言式谈话节目而言，场信息的强弱同样决定着节目质量，只是这种场信息更多依靠主持人自身的制造能力。

以上分析可知，主持人是谈话节目的核心元素，是意见性信息的制造者，是节目质量、风格的决定性元素。因此，研究世界成功的谈话类节目发现，只有保证主持人的长期稳定，才能保证节目的长期稳定，而且以主持人名字命名的脱口秀节目占了相当大的比例，如《奥普拉脱口秀》由奥普拉完成节目的生命周期主持 20 多年，《柯南秀》由柯南·克里斯托弗·奥布莱恩（Conan Christopher O'Brien）完成节目的生命周期主持 9 年，《艾伦秀》2003 年开播至今由艾伦·德杰尼勒斯（Ellen DeGeneres）主持，等等。在中国，也有《鲁豫有约》《一虎一席谈》《非常静距离》《杨澜访谈录》《可凡倾听》等等很多以主持人名字命名的谈话类节目。从某种程度上说，主持人就是谈话节目质量和收视率的保证。央视《实话实说》《面对面》等一度走红的名牌节目，因为其原有主持人崔永元、王志的离去而导致收视率大幅度下滑，就是明证。

---

① 顾鲲."场信息"：电视谈话节目的根本[J]. 新闻前哨,2010(7).

第三节　真人秀节目主持人的意见性话语

电视真人秀节目是近些年风靡世界各国荧屏的一种节目形态,中国电视收视年鉴(2016)显示,仅2015年就有近200档真人秀节目加入拼抢收视率的大军。该类或由观众身边的普通人参加,或由大家熟知的明星参加,但都极具生活性、平等性和自由性,节目通过精心设计带给观众快乐、刺激、悬念等多种身心体验。真人秀节目具体节目表现方式多样,其中主持人深度参与的真人秀节目与本论文研究主体最为相关,是本节讨论的重点。

一、电视真人秀节目的界定及其特征

(一)电视真人秀节目的界定

电视节目"Reality TV"或"Reality Show",在国内被人们称之为"真实电视"或"真人秀"。由清华大学影视传播研究中心与中央电视台研究处共同完成的《真人秀(Reality TV)节目课题研究报告》是国内最早系统的对真人秀节目的研究,报告指出:"目前有很多种说法,如真实电视、真人秀、记录肥皂剧,真实秀等等,但较为普遍的说法是'真实电视'或者'真人秀'。"后来的学术研究和媒介使用中,"真人秀"这一称谓更为普遍一些。对其具体的概念界定,不同学者略有不同。尹鸿教授做的界定目前在国内影响力较为广泛:"电视真人秀作为一种电视节目,是对自愿参与者在规定情境中,为了预先给定的目的,按照特定的规则所进行的竞争行为的真实记录和艺术加工。"①一般认为"普通人自愿参加""真实记录""规定情境""竞争与体验"是真人秀节目不变的四大特点和四大关键元素。但是,从目前呈现的节目样态观察,真人秀节目类型众多,不断在发展变化,因此,"真人秀"这看似简单的界定后面有丰富的内涵和外延。尹鸿教授认为真人秀节目包括9个类型,即:生存挑战型、人际考验型、表演选秀型、职业应试型、身份置换型、益智闯关型、游戏比赛型、异性约会型、生活技艺型。也有学者按内容作更细致的划分:野外生存真人秀、室内真人秀、表演选秀真人

---

① 尹鸿,冉儒学,陆虹. 娱乐旋风——认识电视真人秀[M]. 北京:中国广播电视出版社,2006:6.

秀、婚恋真人秀、法律真人秀、职场真人秀、娱乐真人秀、公益真人秀、旅游真人秀、装修真人秀、整容真人秀、体育真人秀、少儿真人秀……同时不难看出此种节目形态更是横跨了多种类型节目,从娱乐到生活,从法律到财经,从体育到教育,几乎涵盖了所有节目类型。还需指出,目前大家对真人秀节目的认识并不完全相同,比如有学者就认为传统益智类节目,如曾经风靡全球的《谁想成为百万富翁》,不属于真人秀节目,这似乎也很有道理,因为这类节目"秀"的成分似乎太少。因此,也有人根据节目不断发展和融合的现象提出"泛真人秀"这一概念,像益智节目、竞技节目、综艺节目都有借鉴真人秀节目的创意手法。

本节选取的研究对象,以节目互动性强、主持人参与度深的真人秀节目为主,或者说以"介入型"主持人节目为研究为对象。因此,像野外生存类节目、户外游戏比赛类节目,或因为主持人参与度较低,或因为节目设置中主持人职能较少,主持人对节目的影响度较低,故不以之作为研究对象。

(二)电视真人秀节目简要介绍

电视真人秀节目最早可以追溯到 1948 年韩国的综艺节目《隐藏的摄像机》或是 20 世纪 50 年代美国的游戏节目《一日女王》(Queen for a Day)。1992 年 MTV 制作的《真实世界》(Real Word)节目,是用摄像机 24 小时跟踪拍摄 7 名住在一起的青年男女的生活起居,已经具备了现代意义上的真人秀节目形态。1997 年瑞典制作的《远征罗宾森》被誉为"真人秀之母"。但是在全世界范围内真正引起真人秀节目扬帆起航的是 1999 年荷兰推出的《老大哥》。《老大哥》在世界多个国家制作和播出,不仅创造了高收视率,还创造了高"谈论率",之后真人秀节目迅速兴起。2000 年美国哥伦比亚广播公司(CBS)的《幸存者》,2002 年美国福克斯电视台(FOX)的《美国偶像》,2004 年美国全国广播公司(NBC)的《学徒》,2003 年英国四频道(Channel 4)的《交换妻子》,2007 年英国独立电视台(ITV)的《英国达人秀》,一次接一次的创造着新的节目形态和收视高潮。2003 年美国收视率调查显示,全美 13 个收视率最高的电视节目中,真人秀节目占了 7 个。表 3.1 和表 3.2 是美英两国 2012 年某一时段的节目收视调查。可以看出,真人秀节目都占据着收视率榜首。

表 3.1 美国电视网黄金时段节目收视排名①
(2012 年 6 月 4 日至 6 月 10 日)单位：%，千人

排名	节目名称	节目类型	电视网	收视率	观众人数
1	America's Got Talent《美国达人秀》(周二版)	真人秀	NBC	7.9	12550
2	America's Got Talent《美国达人秀》(周一版)	真人秀	NBC	7.0	12222
3	NCIS:LOS ANGELES《海军罪案调查出:洛杉矶》	电视剧	CBS	5.5	867
4	The Big Bang Theory《生活大爆炸》	电视剧	CBS	5.2	822
5	60 MINUTES SPECIAL(S)《60 分钟》	新闻	CBS	5.1	810
6	NCIS:LOS ANGELES《海军罪案调查出:洛杉矶》	电视剧	CBS	4.7	746
7	Person of Interest《疑犯追踪》	电视剧	CBS	4.4	699
8	America Ninja Warrior《美国忍者勇士》	真人秀	NBC	4.3	678
9	The Bachelorette《单身女郎》	真人秀	ABC	4.26	677
10	Concert for the Queen《女王加冕 60 年音乐会》	综艺	ABC	4.26	677

表 3.2 英国电视网黄金时段节目收视排名②
(2012 年 4 月 20 日)单位：%，百万人

排名	节目名称	节目类型	电视网	收视率	观众人数
1	Britain's Got Talent《英国达人秀》	真人秀	ITV	43.9	9.66
2	The Voice《英国好声音》	真人秀	BBC	36.07	7.92

---

① 转引自陈瑶. 欧美电视真人秀节目发展状况报告[J]. 华章,2013(19).
② 转引自陈瑶. 欧美电视真人秀节目发展状况报告[J]. 华章,2013(19).

排名	节目名称	节目类型	电视网	收视率	观众人数
3	New Doctor Who （神秘博士）	电视剧	BBC1	24.05	4.98
4	The Cube 《立方体》	真人秀	ITV	13.2	3
5	The Jonathan Ross Show 《乔纳丹访谈》	访谈节目	ITV	13	2.6
6	The Many Faces of Michael Crawford 《迈克尔·克劳福德的生活》	纪实	BBC2	7.2	1.65
7	International Boxing 《国际拳击比赛》	体育节目	Channel5	7.2	1.37
8	The News 《新闻报道》	新闻节目	BBC2	4.7	1.01
9	Some Mothers Do' AVE' Em 《没出息的儿子》	电视剧	BBC2	4.5	1.04
10	Walking Through History 《走进历史》	纪实	Channel4	4.2	0.97

　　电视真人秀节目于 2000 年登陆中国,经过几年短暂的摸索后很快成为当今国内电视节目中最火爆的节目模式。2000 年由广东电视台推出的《生存大挑战》被公认为国内最早的电视真人秀节目。2003、2004 年,央视开播了多档颇受欢迎的大型真人秀节目,《非常 6 + 1》《绝对挑战》《星光大道》等。2004 年湖南卫视的《超级女声》开启了中国选秀类真人秀节目高潮,2005 年的第二届《超级女声》收视率超过《新闻联播》。自此真人秀节目在中国一发而不可收,多家电视台开始尝试多种类型的真人秀节目。比如,东方卫视《加油! 好男儿》(歌唱选秀)、北京卫视《红楼梦中人》(演员选秀)、广东卫视《空姐新人秀》、东方卫视《舞林大会》《创智赢家》(创业真人秀)、湖北卫视《花落谁家》(整容节目)、湖南卫视《变形记》(身份置换)《智勇大冲关》(户外游戏)……近几年的《中国达人秀》《非诚勿扰》《星跳水立方》《中国好声音》《中国梦想秀》《非你莫属》《妈妈咪呀》《金星秀》……一次次刷新观众的视角,也一次次受到观众的追捧。中

央电视台五年一度的《全国电视观众抽样调查》2012年调查结果显示,观众最喜欢的地方台电视节目,在排名前10的节目中,真人秀节目占了7个,观众提及率前20的综艺娱乐节目15个是脱口秀节目,观众认为"给人放松的感觉"和"主持人/主人公"是综艺娱乐节目受欢迎的最重要两条原因。最受喜欢的三档节目《快乐大本营》《星光大道》《非诚勿扰》主要吸引要素都是主持人/主人公。这足以说明,主持人在真人秀节目中的主宰性、重要性。

(三)电视真人秀节目的特征

从"电视真人秀节目"这一称谓,可以表象地理解,所谓"真人"是实实在在地拥有真实姓名和真实身份的人,而且就是普通受众中的一员,可以你是"你""我""他"中的任何一人;"秀"就是"展示",在这里既是传播手段,也是节目形态特征。虽然展示者是普通人,但因为展示要呈现于电视节目之中,要具有大众传播的可视性的,要能够吸引观众,所以与日常生活中的随意行为表现有一定的区别。

1. 真实性与突发性

"真实性"首先是指节目的参与者,即前来"秀"的人,我们在此文中称为"秀者",是真实的"普通人";其次是,秀者展示出的特长、行为、故事等是真实的,即使是其他领域的名人,在真人秀节目中也是一名普通的真实展示者。参加节目的"秀者"真实地展现自我,摄像机真实地记录普通人的真实表现。因此,此类节目是真实的人,真实的行为,真实的展示,最后真实地传播(当然可能会有剪辑)。这种真实表现是一种真实的"释放",表现的过程是自我的呈现与认同,也是寻求他者欣赏与认同的过程。华谊歌手孔庆祥参加《美国偶像》,面对评委刻薄的批评:"你不能唱歌,你不能跳舞,下面你打算说什么?"可没想到孔庆祥既没害羞也没有反驳,真诚而简单地回答道:"我已经尽了我最大的努力,所以我一点也不遗憾!"就这样,一个被认为相貌有些丑陋,唱歌走音,舞技不佳的普通人物,虽然没有晋级,却一夜成名,唱片销量却超过了30万张。真人秀节目的真实表现性与观众的亲近性认同相吻合。

真实性同时意味着节目的进程是无预设性的,所以对于电视节目的制作者和收视者来说,就意味着故事的突发性。世纪佳缘网的副总裁刘惠璞曾在录节目的之前向张绍刚要节目脚本,张绍刚的回答是:"我做的节目没有脚本,都是随着节目走的,没有规定的东西。"[1]

---

① 李思璠. 电视互动求职类真人秀节目研究[D]. 广西大学硕士论文,2012:9.

2. 戏剧性与冲突性

戏剧性是指在假定情境中，人物的内心活动（思想、感情、意志及其他心理因素）通过外部动作、台词、表情等直观外现出来，直接诉诸观众的感官。在戏剧作品中，人物的心理活动都受情境的规定和制约，而作为心理直观外现的手段——动作，也都以情境为前提条件。电视真人秀节目虽然是真实发生的，但发生的"情境"却是经过设计的。节目通过规则设定、空间设计、灯光、音乐、道具等方式，给参加者提供了一个民主的、理想的戏剧场景和拟态环境，这个环境中充分公平，你可以通过竞争成为最耀眼的明星；这个环境充分自由，你可以尽情展示自己任何亮点；这个环境充分开放，你可以畅所欲言……"拟态环境"这一概念是 20 世纪初由美国学者李普曼提出的，他认为媒介给人们提供的是一个经过媒介选择的非真实的环境，而人们却误以为是真实的环境。可以说秀者是在虚拟性和真实性共存的具有戏剧性传播环境中完成被格式化和媒介化了的"真人"的"真实"展示与体验，其节目是对在经过特别设定的拟态环境中的真实场景的记录。

婚恋节目《非诚勿扰》因为其戏剧性强而被很多人猜测有脚本，甚至嘉宾也是托儿。制片人王刚否定了这一怀疑，但他强调他们注重选人，选择千奇百怪、各行各业的人。王刚和主持人孟非都认为"话题是由人带来的"。其实也同样说明了节目戏剧性的重要性。

冲突是戏剧中必不可少的情节设定，因为只有冲突才能抓住观众的眼球。"冲突极具吸引力，它贯穿于所有的戏剧形式、体育运动、猜谜游戏表演、纪录片甚至广播和电视商业广告中"。[①] 戏剧冲突的表现形态有三种，即人与人的冲突，表现为人与人之间意志和性格的冲突；人物内心冲突，它往往使人物陷于不易摆脱的境地；人物与环境的冲突，环境包括自然环境与社会环境。这三种冲突在真人秀节目中都很常见，人与人之间，如选手与选手、选手与评委、选手与主持人等；人物内心，如《中国好声音》节目中选择导师时内心的冲突，导师是否转身时内心的冲突；人与环境，如秀者面对现场环境的紧张、不适应等，《非诚勿扰》节目经常有男嘉宾说手里紧张得全是汗。电视真人秀节目的戏剧冲突更多来源于为了博得眼球而设定的冲突规则，最后呈现的冲突还会有经过剪辑突出冲突的艺术表现。强烈的冲突性既是节目的特征，也是节目吸引力的必然路

---

① ［美］阿伦·A. 阿莫尔. 影视导演［M］. 石川,李涛,译. 上海:复旦大学出版社,1998:31.

径。英国策划者在向美国人推荐《美国偶像》这一创意时,曾明确告诉对方"我们不依靠音乐来使节目成功,它将是个肥皂剧"。但是,电视戏剧理论告诉我们,人与人之间的冲突是主要冲突,因为这是故事内容、情节和人物关系的主要构成和突出表现。对于电视真人秀节目同样是这样,尤其是本文着重研究的主持人深度参与的真人秀节目类型,其中会涉及性格冲突、价值观冲突、思想冲突、利益冲突,等等。

《非诚勿扰》制片人王刚分析《非诚勿扰》与同类节目的竞争中胜出的原因,认为"其他节目走的还是综艺类的老路子,玩玩游戏,聊聊天。《非诚勿扰》是真人秀。所以不能满足于温情斯文的相亲交友,甚至没打算促成任何一对男女,连装出这种态度都不肯,要的是鲜明的话题性、凶狠的两性搏杀,以容纳那些困扰着人们的现实问题——金钱、房价、家庭关系、男女关系,《非诚勿扰》是撕破脸的、夸张的社会漫画,相比之下《我们约会吧》中的冲突不过是张中媛嘟嘟嘴,发发小姐脾气,女孩子气的任性"。王刚强调要把他的新派交友节目做成一档真人秀,而不是综艺大观。① 这道明了,《非诚勿扰》毫不掩饰地在追求暴露的戏剧性和冲突性。

3. 悬念性与刺激性

很多学者认为真人秀节目可以被看作一篇长幅的叙事文或者一部小说,在文学叙事中,一定要有跌宕起伏,要有故事的高潮,这样才能给读者带来期待感和兴奋感,这一过程的制造中,"悬念"是一个重要的手法。法国叙事学家罗兰·巴尔特指出:"一方面,悬念用维持一个开放性序列的方法(用一些夸张性的延迟和重新推发的手法)加强同读者的接触,具有明显的交际功能;另一方面,悬念也有可能向读者提供一个未完成的序列,一个开放性的聚合,也就是说,一种逻辑混乱。读者以焦虑和快乐(因为逻辑混乱最后总是得到补正)的心情阅读达到的正是这种逻辑混乱。"②因此,也可以说悬念是一种游戏,是这种游戏制造了兴奋与期待。英国学者威廉·史蒂芬森(William Stephenson)认为传播本身就是一种游戏,大众传播最好的一点就是允许人们沉浸于主动的游戏之中,让人们快乐。

悬念把观众带入了节目设计者事先设计的游戏环境中,观众会因为悬念的

---

① 洪鹄. 中国电视"相亲交友年"卫视三足鼎立苏军破局[J]. 南都周刊,2010 – 4 – 27.

② 张寅德. 叙述学研究[M]. 北京:中国社会科学出版社,1989:36.

持续而一直关注节目。在这一过程中期待结果成为了最强烈心理愿望。而且很多节目会把观众带入一轮又一轮的期待,一个结果刚刚揭晓就进入了下一个悬念游戏中,又在期待着结果。比如:《非诚勿扰》一期节目中,就有 5 次悬念与结果期待;《中国好声音》从第一轮开始,每位选手的演唱都牵扯到"去与留",都是一次悬念的勾起,而整个节目又是一个大的悬念场,谁会是最后的冠军呢?

游戏规则除了对设置悬念的设置,"超级奖励"则是另外一种常用的手段。奖励形式丰富多样,可能是一笔数目不小的奖金、一个称心如意的工作职位、一个一夜成名的机会、一位漂亮如意的女朋友……奖励的设置增加了对秀者和观众的双重刺激,同时也添加了悬念性和意外性。很多参与电视节目的"秀者"也是直奔奖励而来,目的十分明确,甚至可以为了达到目的不惜一切代价去尝试。这一过程促进了节目的表现力和新奇度。例如:在美国电视真人秀节目《真心话大冒险》(The Moment of Truth)中,被提问者只要如实回答 21 个问题就可以获得 50 万美元高额奖金。但是游戏规则却近乎残忍。参加者在测谎机的监控下必须如实回答问题,如果被判定为假话,就出局,且没有奖金。但问题却都直击个人最深隐私,因为电视台在请某个选手进直播间之前,会花大量的人力、物力去调查此人的缺点,选手很可能在给出真实答案的同时,已经名誉扫地,已经妻离子散,已经被朋友抛弃……有意思的是,即便这样还是有很多人前来参加。主持人高调告诉参赛者:"必须说出真话,为了 50 万美元奖金。"但是也会不时地提醒参加者,下一题对他们人生更具有破坏力,问他们是否愿意继续下去,可还是有人想试着继续下去。

可以断言,节目提供给秀者的"奖励"是当代电视真人秀节目有众多人参加的重要原因,在这种刺激性中放射出来的戏剧化和超真实化展示则是对观众好奇心与窥私欲的满足。另一方面,也正是这种奖励使得节目的规则设置可以很大尺度,这也就带来了节目更多的戏剧性、冲突性、趣味性、悬念性……

4. 多视点与多点互动性

所谓"多视点"是指有多个有构成节目的重要人物元素,而这些元素都是视觉的关注点。纵观当前的真人秀节目,通常都有主持人、秀者、嘉宾(指评委、导师、面试官,等等)、现场观众,这四大人物群体。还可能有第二现场,如《中国好声音》《非你莫属》,第二现场中也有主持人及其他人物。而且任何一个人物元素都是节目的内在重要构成元素,都是能动的参与元素。主持人、秀者、嘉宾作为主要人物元素,他们的语言、服饰、形体、动作……都是节目的闪亮点,更重要的是他们都有充分的发言权和展示权,这就形成了节目多点互动的灵活场面。所谓"互动"是指两个或两个以上的人之间行为相互影响的过程。也正是这些丰富的互动元素和自由的互动空间使得节目可以更好地凸显其戏剧性、冲突性、悬念性等特征。除此之外,场内、场外的观众,也是互动对象,场内观众可以通过掌声、欢呼声、直接意见发表等方式表达意见,场外观众通过短信、电话、网络等各种形式投票和评论,场外观众的意见结果也会直接影响到场内的故事发展走向、话题谈论焦点、秀者的命运,等等。从国外的《老大哥》《X 元素》……到国内的《超级女声》《加油! 好男儿》……上千万的投票已是很正常的互动结果。图3.3 显示了几大人物元素之间的互动关系。

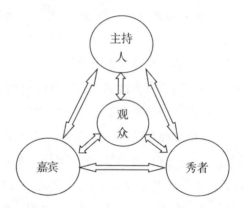

图3.3 真人秀节目人物互动示意图

二、真人秀节目中主持人的角色定位与作用

(一)多角色定位与多元化功能

与很多传统的节目类型中主持人较为固定或统一的角色不同,真人秀节目中主持人出现的场景更为多元化、扮演的角色更为多元化、发挥的作用也就更为多元化。主持人可能不仅担任着控制节目进程的角色,还是秀者的思想交流者、情感倾诉者,建议给予者……比如《非诚勿扰》节目中,孟非除了节目本身的流程控制外,还常常会对选手们交友择偶提出建议,嘉宾们的一些情感生活也愿意向他倾诉;《中国好声音》节目第一轮导师选学员阶段,主持人华少并没有像传统的综艺节目,站立于舞台中央主持节目,除了节目开始很简短的开场和赞助介绍外,更多时候是在后台陪同参赛选手的家人,扮演着"媒介陪同者"和

"情绪调度师"的角色。他与家人站在一起融入其中，紧张地观看比赛，表现得比家属更兴奋、更着急地在喊着"转转转"，选手成功被选中后，他也像家庭成员一样兴奋地与他们拥抱在一起。而第二阶段主持人华少又回到了舞台中央，成为节目的主控者。

（二）"大片"现场导演

主持人的"现场导演"这一角色认定已经成为业界和学界的共识。就如央视著名导演哈文说："节目组几十个人在工作，到了录制现场，就只有看主持人的表现了。主持人就像汽车驾驶员，方向盘、油门、离合器都由他操作，在关键时刻，只有他能控制现场；主持人的作用任何人也替代不了。"①在前面两节中也指出，新闻评论节目主持人是节目内容的掌控者，谈话类节目是节目的组织者、参与者和氛围营造者，这些角色都体现出了现场导演的角色功能，但是更能体现哈文说的"方向盘、油门、离合器"的完全操作者和掌控者角色的是真人秀节目主持人。真人秀节目的戏剧性、冲突性、突发性、现实性，以及众多参与元素的互动等特征，在塑造了节目的趣味性、激烈性、动态性等可视度的同时，也带来了现场调度与控制的纷繁性与复杂性。因此，如果把主持人比喻为现场导演，真人秀节目主持人就是"大片"的现场导演。对主持人能力要求更全面，对主持人的观察能力、反应能力、调度能力、突发事件处理能力等都有更高的要求。

2012年5月20日，天津电视台职场类节目《非你莫属》呈现了戏剧性的"海龟晕倒"事件。当天求职者郭杰，自称在法国留学十年并拿了旅游、社会学、导演三个文凭，但面对主持人和考官们的犀利提问，比如"请举出几位法国著名社会学家的名字，一位都可以"，郭杰一脸茫然说："我不知道。"当面试团成员列举法国社会家时，郭杰面色尴尬地随口说道："我知道，他是那个，对对对，是。"这时主持人张绍刚语气生硬地反问道："他是哪个呀？"舞台中间的郭杰越来越尴尬。面对这一突发事件场景，主持人张绍刚选择了以犀利言行步步紧逼，"我强调一遍，我不愿意在这个平台上做一个很费劲的工作叫打假和辨真伪……社会学很难念，你告诉我你一年拿到了一个社会学的本科"，然后还强调说："你刚说的……你不知道社会学法国的大家的名字。"主持人张绍刚又把郭杰的学历证拿给面试团有法国学习背景的文颐，意为鉴定。尊酷网 CEO 文颐称郭杰的

---

① 贾毅. 电视节目主持人影响力研究[M]. 学习出版社,2015:29.

学习多是短期培训,最高文凭"Bac+5"相当于技术学校专科水平。步步重压之下,郭杰突然晕倒在主持人张绍刚身边。而看到嘉宾倒下,张绍刚抓住他的衣角,问道:"你是在表演吗?"最后,当主持人让评审团做选择时,郭杰提出要说一句话,可以看出是想解释什么,主持人没有给他解释的机会,而是冷漠地说:"选择完了之后你再说话。"这一期节目播出后引来网上一片热议。主持人在这一过程中的传播方式如何在此不作为重点讨论,但这一过程可以清楚地看到主持人张绍刚对节目现场的戏剧性、冲突性、故事走向、故事的参与者是谁、参与者又在其中扮演什么角色,等等,起到了绝对的调度与调控作用,具体分析如表3.2。

表3.2　张绍刚《非你莫属·郭杰》现场"导演"表

	求职者(郭杰)	面试团
对人物的调度	以考法语、考专业、质问学历、提问电影知识等方式,将求职者引入一个气氛紧张的戏剧当中。具体方式如下: ■直接、尖锐的语言用词:以"打假,辨真伪,不坦诚,他是哪个啊,你是好好念书来着吗……" ■形体语言:"两手叉腰、气愤中的两唇紧闭、讲话中十指对着求职者……" ■表达方式:"反问、打断、插话、节奏急促、步步紧逼、讽刺愤怒的语气,不给对方充分的表达权利"	■求职者一出场张绍刚点名文颐考考郭杰的法语(文颐以语言等级考察者的身份入戏),结果是文颐认为郭杰法语水平值得商榷 ■直接点名学社会学的 Frank(莫华璋,Boss 团成员)向郭杰提问(Frank 扮演社会学考察者入戏),在提问中使郭杰陷入尴尬,陷入人物冲突和环境冲突之中 ■张绍刚把郭杰的学历证交给文颐鉴定(文颐扮演文凭坚定者),文颐认为三个文凭中最高的"Bac+5"相当于技术学校专科水平
戏剧场面制造	将郭杰的身份从求职者戏剧性地转为了"骗子"。 将郭杰从平等的对话者变为受到质疑和鄙视的"俯视对象"。 将上场时轻松自信的"海归"变为不知所措的"小丑"。 将本来是谈未来、谈事业的节目现场,变为令人紧张的"询问室"。	
戏剧高潮发生	当文颐认为三个文凭中最高的"Bac+5"仅仅相当于技术学校专科水平时,郭杰先是一脸迷茫,然后在文颐说完:"你自己是读法语的,你自己应该看得很明白,很清楚"这句话后,郭杰晕倒在地。	
谢幕	所有面试团成员灭灯,郭杰最后痛苦地说出:"可能是一个文化的差异吧,得,不说了。"可怜地离开了"剧场"。	

三、真人秀节目主持人意见性话语表达的必要性与重要性

（一）节目特征和角色定位要求主持人必须表达意见

电视真人秀节目真实性与突发性、戏剧性与冲突性的节目特征和主持人现场总导演的角色定位要求主持人必须时刻洞察情境、即刻发表意见。节目特征决定了真人秀节目不可能像传统综艺节目那样按照既定的程序由主持人推进节目，也不可能像新闻评论节目那样就已经发生的事件进行论说。这种特征要求主持人不仅要就现场发生的任何情况做出反应，给出意见，还要求主持人通过意见指引制造戏剧场面，进而调节、控制戏剧场面。导演对节目的编排计划称之为"节目策划"或"节目创意"，现场导演就是在节目现场即兴的策划与创意，这些直接决定着节目的精彩程度。而策划和创意本身就是思想、观点的结晶。

（二）互动性决定了主持人意见表达的不可避免性

互动性意味着相互交流、相互影响。通过信息传播进行互动的过程，本身就是意见的相互交流、影响过程。上节谈话节目中，主持人与嘉宾的整个谈话过程是互动的，这一过程也是意见的传播过程。虽然真人秀节目的互动交流与谈话节目不同，但互动过程包含意见传播这一实质是不变的。由于节目中秀者有着各种背景，节目又具有戏剧性、真实性、冲突性等特点，所以这种互动过程中意见的不可预测性就更高。主持人无法预料到嘉宾会说出各种另类、奇怪、甚至违背大众价值观的话语，如"宁愿坐在宝马车里哭，也不愿坐在自行车上笑""他说话特别招女孩子讨厌，我特想拿鞭子抽他，编导可以给我一根吗""我的手只和我男朋友握，别人的话一次20万"等等。2012年《直通春晚》的一期节目里，发生过这样冲突性的一幕。当晚歌手韩红是点评嘉宾，当好声音学员平安唱完一曲韩红的歌之后，韩红的评价是"并不完美"，但这时主持人董卿说："他后面那个高音真的很高啊。"表现出对平安的赞赏。不料，韩红毫不留情地说："后面是假声了，她也就骗你这样不懂的人。"董卿也不示弱："我相信我们大多数人都觉得挺好的。"韩红接着回应说："外行看热闹，内行看门道……"董卿又建议让平安把最后一句再唱一下，却被韩红以犀利的言语否定了。这一幕中谁的意见更有道理暂不讨论，但却鲜明地体现出，在真人秀节目的多点互动中，主持人需要表达意见，而且有多个传播对象，同时意见情境的出现具有戏剧性、突发性的特点，主持人需要根据情景快速传播恰当的意见。

四、真人秀节目主持人意见性话语的独特功能

（一）碎片言语，简短点评

相比谈话类节目，真人秀节目主持人没有长时间的对话空间，不能像新闻评论节目那样对一个问题进行深入评述，也不能像谈话类节目几十分钟内就一个主题进行深入讨论，但是，依据前面主持人在节目的作用分析可知，主持人有众多的互动对象，这就决定了在真人秀节目中，主持人的传播机会并不少，但是话语交流长度很有限，这是此类节目中主持人传播的一个标志性特点：言语表达的碎片性。但在简短的交流中，主持人同样可以碎片式地传递意见性信息。由于是碎片式的，所以意见阐释没有大段的铺垫，更为直接、鲜明。

这种碎片性意见的阐发机制与新闻评论节目中的"瞬间点评，恰到时机"异曲同工，是在节目流程中的某个片断瞬间、与其他人物对话的某个话语瞬间，意识到需要发表意见，立刻组织意见并合理表达。比如《职来职往》一期节目中，主持人李响问求职者黄濛濛："如果你在《职来职往》没有找到工作的话，你是回去还是留在北京？"黄濛濛说："我会留在北京找工作。四年前我给自己定了目标一定要来北京，我已经为了来北京努力攒钱，现在来到这里看到你们，我觉得梦想就在前面，所以我不会回去。"李响说："我想问一下，你8千元怎么来的？"（这一点之前节目中有提到）黄濛濛说："奖学金，做兼职，还有生活费里节省下来的，像我不太爱喝果汁，果汁热量又高又贵，还不如喝矿泉水，能省一点是一点。"这时主持人李响立刻意识到这位求职者身上的那股毅力、耐力和拼劲，发出这样的赞扬："她在说我不爱喝果汁，谁不爱喝果汁啊？但是她把她的苦当作自己的磨炼，这说明她已经准备好为自己的梦想拼搏。"

（二）动态情景，即刻点评

严格意义讲，任何电视节目都是动态的，因为电视本身就是一种动态的传播媒介。但是，因为真人秀节目具有人物元素多、互动性强、戏剧性、突发性等特点，再加上节目本质就是秀者的不断"表演"，所以真人秀节目的动态性特别丰富。而主持人是节目现场总导演，同时具有自由的表达空间，因此在真人秀节目中主持人自由发表各种意见的特征很明显，这种意见表达的机会是其它类型节目中很难出现的。意见可以来自节目中任何一个细节，而意见本身的内容却是自由、灵活、多元的。

《非诚勿扰》一期节目中，一位男嘉宾把自己的衣服借给了其他男嘉宾，一

位日本女嘉宾热心地帮助听不太懂中文的毛里求斯女嘉宾翻译,现场一派友爱祥和的气氛。这时,孟非借助一位女嘉宾所提到的"互帮互助的和谐社会",生动地阐释了自己对"和谐"的理解,他说:"和谐的'和',左边这个'禾'是水稻的意思,右边一个口,就是人能吃饭;和谐的'谐'左边是个言字旁,右边是个'皆',皆就是都的意思。人人有饭吃,人人都能说话的社会,就是和谐社会。"很显然这是孟非就场上嘉宾的行为动作与话语细节做出了具有社会价值的意见阐发。

孟非在接受采访时说:"我对自己的要求是,一期节目完了,我说的话有一句两句被观众记住并且认可的话,这个节目的价值就实现了。这一两句话从何而来?不是直接发表意见,而一定是在男女嘉宾讨论的时候,我认为出现某些话题的时候,我们的态度和观点才有一种最正常的、最易被人接受的方式表达出来……"[1]孟非的这段话其实正好说出了真人秀节目中,主持人意见传播动态性的时机把握。

(三)突发情境,意见定夺

2013 年《中国好声音》第二季哈林组冠军诞生一刻,哈林需要给最后留下的两位学员分配手中的 100 分,结果哈林交给主持人华少的信封中分数竟打的是 53/48,主持人华少一眼就看出了其中的错误,他首先很冷静地告诉大家:有一些小小的失误,双方相加已经超出了 100 分。但紧接着又说道:"但是没有影响大局(因为已经出来的媒体评委打分,金润吉获得 58 票,苏梦美 43 票)。"这里有两处瞬间做出的意见判断,一是"给分错误",二是"无关紧要,无须导师重新打分"。这一插曲中体现出的正是真人秀节目中主持人即刻判断与意见表达的一大特点。

电视真人秀节目的特征决定了节目现场会有各种不在预料范围内的事情频发,而对于突发事件与突然面临的场景,是没规章制度可循的。正如孟非说的:"哪些问题会和哪些女嘉宾的生活际遇有联系,我会适当选择。但是我不能知道的是,那些女嘉宾对这个话题是什么态度,不知道这个男嘉宾和那些女嘉宾交流时会是一种什么样的状态。"[2]主持人必须根据自己的知识、经验,对人

①　高慎盈,黄玮,刘璐. 对话著名主持人孟非:应当明白"我是谁"[N]. 解放周末,2012 - 4 - 20.

②　高慎盈,黄玮,刘璐. 对话著名主持人孟非:应当明白"我是谁"[N]. 解放周末,2012 - 4 - 20.

物、事件本身的判断、对节目定位与需求的把握,等等,即刻发出明确的意见性信息,做出明确的现场指示。这种突发的戏剧场景小到几句对话、一个小小的请求,比如很多节目中选手下场前要求与主持人拥抱一下、握一下手;婚恋节目中嘉宾要求送份礼物、秀一下才艺、摸一下心动女生的头发……大到对节目规则设置的改变,对节目是否能正常进行的挑战,对普适价值观道德观的挑战。媒体在采访孟非时就曾这样问道:"当嘉宾们在这个平台上畅所欲言的时候,一个电视媒体的担当和责任又该如何体现呢?"孟非回答说:"我们在把关的时候,起码有三个环节。第一就是我,我会把有些偏的方向拨到我们需要的角度上去,这是主持人现场把控的部分……"主持人面对大大小小的情景时,不仅仅是"可以"或"不可以"、"对"或"错"这种简单的意见指示就可以完成工作,更多时候需要有充足的理由去征服现场以及电视机前的观众,而且能够合理地匹配现场需要。《非诚勿扰》一期节目中,一位男嘉宾失败退场后,一位女嘉宾向孟非提出要看那位男嘉宾的心动女生,其原因是那位男生在最后一关时唱了首歌,24号女嘉宾为其伴舞了,她认为跳舞时男嘉宾对24号女嘉宾表现得特别暧昧,如果心动女生不是24号,她就认为男嘉宾是个特别随便的人。孟非立刻说:"你这想法就有问题,有些演员在合作的时候都非常投入,那只是在合作的那一会儿,照你这么说,跳国标舞的,跳完两个人都得结婚……"孟非并没有同意女嘉宾的要求,虽然这一要求其实是与很多观众的好奇心理相匹配的,但主持人的观点更具正面性和说服力。

(四)戏剧冲突,意见调剂

由于真人秀节目具有现实性、戏剧性、冲突性、突发性等特点,并且也希望通过节目中的冲突点、悬念点以及各种触动内心的戏剧情节点,制造节目的看点与亮点,所以传播主体——主持人就责无旁贷地成为戏剧冲突的参演者、调剂者,甚至直接制造者。所谓参演者是指主持人可以直接参与到戏剧冲突之中,成为冲突的角色人物;所谓调剂者是指主持人扮演着升华或舒缓戏剧冲突性的角色,因为真人秀节目如果失去戏剧性和冲突性特点,就会类似于现实生活的真实记录,是不符合现代观众心理需求的。但是主持人组织节目、控制场面,保证节目的顺利进行这一最基本的角色职责不会改变,也因此,当冲突过于强烈影响到节目主题或设定进程时,主持人必须发出个人见解,根据具体情况来舒缓戏剧场面,类似于节目中的催化剂。催化剂是指在化学反应里能改变其他物质的化学反应速率,而本身的质量和化学性质在反应前后(反应过程中会改变）都没有发生变化的物质，催化对反应速率的改变包括加快和减慢两种；所谓制造者同样是为了保证节目的戏剧性和可视性，这种制造并不是剧本的原始创作，而是依据现场情景，制造戏剧场景。这种戏剧场面的构造、控制与调节，都必须依靠主持人在敏锐的洞察力之下，迅速形成观点，而且意见性话语的表达必须引起足够的反应，或能引起火花四溅或能令人心悦诚服。

2013 年《我要上春晚》一期节目的录制中，嘉宾称赞这个托儿有职业精神，董卿带着强烈的质疑语气反问："他们这叫有职业精神？"该嘉宾回应："他们有啊，他们让我们看到了真正的真相。"董卿立即争辩道："我告诉你什么叫职业精神！把最好的结果呈现给观众，这叫职业精神！你以为在那儿搅局叫职业精神吗？所有的演员在台上把最好的一面呈现给观众，这叫职业精神！"继而狠狠地说了两个字："懂吗？"然后接着拿自己的亲身经历例证："我为什么愿意当托儿，就是要把最好的节目在大年三十呈现给观众，说我是什么都可以！"这一冲突显然超出了观众的预料，是由于主持人与嘉宾的意见不一而制造并参演的一幕冲突戏，主持人强势而肯定的语气和表达方式，添加了这一冲突的戏剧程度，精彩言辩博得了现场观众的一片掌声。

但是如果冲突陷入尴尬的场面节目就难以继续，主持人必须起到舒缓、润滑的作用。《非诚勿扰》一期节目中，孟非调侃男嘉宾之前面试时的歌声难听，让男嘉宾在现场再唱一次，看看歌艺有没有进步，显然，戏剧冲突开始了。但是男嘉宾面显尴尬。这时嘉宾主持人黄菡说道："唱好听了呢，展现自己的歌艺，唱难听了呢，表达自己的勇气。"这一见解，既鼓励了男嘉宾勇敢的展示，又帮助男嘉宾摆脱了羞涩与尴尬，是恰到好处的调解。

（五）表达建议、身份释然

建议性意见信息可以出现在任何主持人有话语权利的节目中，在前面分析过的新闻评论类节目和谈话类节目中，主持人都可以就某一话题、某一事件给予一定的建议，尤其是在节目尾声，但在真人秀节目中主持人的建议、评点等意见性信息传播与前面两类节目有所不同。首先，主持人具备充足的建议环境和条件。真人秀节目具有一定的游戏性和竞赛性，所以就存在一定的"方法性"和"选择性"，而且由于秀者多是第一次登上舞台进入游戏的普通人，相较而言主持人具有更丰富的"阅历"，这样一来就具备了建议的时机条件、环境条件和人际条件。其次，建议点很多，传播频率很高。由于真人秀节目一直处于一种游戏态和自由态，主持人又是现场的绝对导演，再加之第一条谈到的具备条件很充分,所以主持人可以发表建议评点等意见性信息的传播点就很多,主持人可能会就任何方面频频做出建议。从外在的衣着、发型、仪态,到内在的心理、情感;从一个小的行为动作,到大的思想意识;从一个小的选择,到一次大的抉择,等等,建议的针对点既可以很具体,也可以比较宏观。

例如《非你莫属》一期节目中,北大医学女博士、住院医师郑维维,仅仅由于一次小的挫折打算放弃自己白衣天使的职业,这令张绍刚深感可惜,他几次竭尽全力、有情有理地劝说女博士放弃在舞台求职的想法,"真的,我对专业人士特别敬佩,有你这样的 11 年专业经历太不容易。其实我妈妈也是搞医的,她是护士。她做得有多成功,以前我没概念,后来我服了。有一年除夕包完饺子,我爸爸发现没有放盐,我妈就调了一盆盐水,给每个饺子打针。""你是在赌气。你现在只是经历了一个小挫折,……这就好比一个人失恋了,现在处于失落期,需要马上再谈一次恋爱,证明比第一次爱得更好。人生不是只有一次恋爱的。"

需要指出的是,主持人的建议对象不仅仅局限于秀者,嘉宾、观众都可以是建议的对象,其原因基本相同。

波兹曼认为,我们这个时代的一切都是为了"娱乐",也都成为娱乐的附庸,而且心甘情愿地成为,毫无怨言,甚至无声无息,最终我们成了一个娱乐至死的物种,而娱乐就是电视上所有话语的超意识形态,不管什么内容,也不管采取什么视角,电视上的一切都是为了给人们提供娱乐。真人秀节目其实正是顺应了人们的娱乐心态才成为目前世界各国最流行的节目形态。主持人在这类节目的娱乐性方面显然发挥着重要的作用,通过以上分析可知,主持人在这一过程中扮演角色的成功与否,很大程度上与其意见性信息的适度、适时表达密切相关。

第四节　体育竞赛类节目解说员的意见性话语

现如今体育竞赛类节目在世界各国的电视版图中,都占有不可抹杀的位置。奥运会、世界杯、欧洲杯等大型体育比赛,其电视转播权更是激烈竞争的焦点。而且越是体育强国、经济强国,体育节目的需求量就越大、节目细分化程度就越高,不仅有专业的足球频道,还有小众的橄榄球频道、赛车频道、赛马频道,等等。就节目形态而言,也已经非常丰富,包括资讯节目,如《体育新闻》;评论节目,如《足球之夜》《篮球公园》;谈话节目《体育沙龙》《天天运动会》;真人秀竞技节目,如《城市之间》《墙来了》《奥运向前冲》《男生女生向前冲》……还有一个重头戏就是"赛事节目"。体育赛事转播是电视体育的标志性节目,也是体育频道占时间份额最高的节目类型。因此,围绕此类节目探讨其中主持人的意见性话语表达,具有典型意义。由于体育竞赛节目中主持人在非解说部分与评论类节目主持人属于同一角色性质,故而此处不再做探讨,即把关注焦点集中于体育竞赛中主持人的"体育解说"角色。

一、电视体育竞赛节目的基本特征

(一)体育竞赛节目的概念及简介

所谓体育竞赛节目是指通过电视媒体对体育比赛进行同步直播或录制播放。正是电视将体育受众的人群扩大了亿万倍,将体育的魅力和影响力充分展现,正是借助电视,大型体育赛事才能成为全民焦点。1930 年 5 月,美国 NBC实验电视台转播了一场纽约大学棒球比赛,这是世界上有记载的最早完整的体育赛事转播。1931 年 2 月 17 日,日本东京早稻田大学内进行的一场棒球比赛被进行了电视转播,这成为亚洲最早的电视体育赛事转播。在我国,1958 年北京电视台(原中央电视台)成立伊始,6 月 18 日,直播了八一男女篮球队和北京男女篮球队的友谊比赛,开启了我国的电视体育转播。20 世纪 80 年代的洛杉矶奥运会和女排五连冠使得中国体育赛事转播进入第一次高峰,1995 年央视体育频道开播,同时也伴随着中国体育职业化、市场化的推进,体育赛事转播量陡然增大,掀起了体育转播的第二次高潮,现在中央电视台开通了更多的专项体育频道,如风云足球频道、网球高尔夫球频道,大部分省台也都有专门的体育频道,转播的赛事也越来越多、内容越来越丰富。

(二)电视体育解说员简述

在我国体育节目发展过程中,诞生了几代家喻户晓的体育节目主持人,20世纪 70、80 年代的宋世雄[①]、韩乔生、孙正平,90 年代、2000 年后的黄健翔、张斌、刘建宏、段暄,新生代的贺炜、申方剑等。与其他类型节目主持人不同的是,以上诸位除了被人们称为"体育节目主持人"之外,还常常被冠以"体育解说

---

① 1995 年获美国广播电视体育节目主持人协会颁发的最佳国际广播电视体育主持人奖,成为获得该奖项的第三位外国人。

员"或"体育评论员",这三种称谓几乎是不分伯仲的。其原因是,他们既担任着传统的主持人角色,比如 NBA 体育比赛开播前在演播室介绍本场比赛的基本情况,这一角色属于大众意义上的主持人,但同时还是观众观看比赛时带给大家精彩讲解的传播者,这一角色就是解说员。"体育解说员"和"体育评论员"表示的是一个角色,只是叫法不同。从世界范围看,一般各国最初的电视体育解说人都是广播解说员,1937 年 2 月,BBC 解说员海利·马林解说了英格兰人同爱尔兰人之间的拳击比赛,他成为世界第一位独立的电视体育解说员。电视传输,必然是声画同步,但体育比赛本身没有太多具有审美性的声音,同时为了使比赛能够更清晰地被观众理解,于是就必然需要另外一只具有艺术性和讲解功能的声音,电视体育解说应运而生。

张颂说:"体育解说是体育播音员担负的一种特殊工作。"电视体育解说是以电视为传播媒介,以体育赛况为传播依据,以有声语言对体育比赛进行描述、介绍、解释和评论的一种语言传播艺术。解说员是以有声语言为传播方式,以观众为交流对象,进行话题明确,身份明确的交流,也是对已有信息和现场的视觉文本、听觉文本进行二度编撰和传播。从新闻传播的角度讲,一次比赛解说就是一次现场新闻报道。解说与主持的话语表达行为具有一定的差异性,主持人与节目中的人物或电视机前的观众呈交流状态,解说员虽然也是在与观众交流,但精力却更多集中于比赛本身,既沉浸于中又清醒于外,是特定环境、特定需求下的一种交流方式。比赛过程中,解说员是电视通道中唯一的声音传递者,也是对比赛唯一的"官方"解释者,这一声音成为观众欣赏体育比赛最重要的"调节剂",观众也对体育解说员有着很高的要求和很强的需求。1980 年,美国 NBC 电视台收到大量对解说员的投诉,抱怨解说员的无知和唠唠叨叨、喋喋不休,于是 NBC 决定在当年的橄榄球比赛转播中不加任何解说,可那次"无声比赛"的转播以彻底失败而告终。这就说明,体育比赛一定需要解说,而且要懂体育,要能都说到点儿上,评到点儿上。主持人的传播身份要求他们传播的信息必须精准、专业,若有不当会立刻受到广泛质疑。2014 年世界杯第二场半决赛,荷兰对阵阿根廷,由资深足球解说员刘建宏和前中国队主帅朱广沪共同解说,应该称得上是很专业的解说团队。但比赛中的直播解说却引来了一片质疑声,没有专业内涵、枯燥、无聊、严重跑题……有网友统计,这场包括点球、加时在内长达 120 分钟的比赛,刘建宏说了 18 个成语,6 句名人名言,7 次提到中国足球,5 次提到青少年,4 次谈论德国足球;10 分钟不到,"梅西"这两个字刘建宏一共说了 86 次;当比赛进行到大约 60 分钟时,刘建宏和朱广沪开始讨论荷兰与中国的足球人口问题,干脆完全抛开正在进行的比赛。连同事水均益都不解地在微博上问:"不懂足球解说,但为啥觉着不着边际呢? 场上的比赛不说,干吗老说不相干的呢?"崔永元忍不住戏说道:"洛阳亲友如相问,就提罗本和梅西。洛阳亲友接着问,就说裸奔也没戏。梅西、罗本、罗本、梅西,难道这是乒乓球比赛?"2014 年世界杯期间,对央视的四名解说员满意度的调查显示,贺炜最受欢迎,其球迷支持率达到 32%,接下来是段暄 20%、刘建宏 11%,第四位的申方剑 7%,说明不同解说员带来的收视吸引力有较大的差别,而更值得关注的是25% 的球迷选择了"都不喜欢"。

(三)体育竞赛节目的特征

1. 瞬息万变,处处惊险

竞技赛场上每一分每一秒都在发生变化,每一分每一秒都可能发生戏剧性的变化。2004 年雅典奥运会男子 50 米步枪三种姿势射击决赛中,当比赛还有最后一枪时,所有人都认为美国选手埃蒙斯已经稳操胜券了,但谁也没想到他最后一枪却射错靶了,痛失金牌。四年后的北京奥运会,前 9 枪埃蒙斯以1265.9 的总分遥遥领先其他选手,他只要在最后一枪中打出 6.7 环就会成为冠军,对于一个专业选手应该说是百分之百的事,但最后一枪他仅仅打出:4.4 环,令所有人都惊呆了! 体育比赛本身的这种特点,也就成为体育节目的特点。观看体育节目所享受的快乐感和刺激性很大程度上就源自于这种动态化和戏剧化的过程。尤其是现代体育为了更好地满足观众的愉悦需求,一直在通过调整比赛规则使比赛更具竞争性、刺激性和观赏性。

2. 节目意义,超越本身

奥运会的两个"战场"之说,已经得到大家公认,即一个是体育竞技的战场,另一个是文化传播的战场。2012 伦敦奥组委将文化宣传和体育比赛同时进行准备。这也正是体育本身的两个层面,一个是体育比赛本身,另一个是体育比赛代表着和传播着的更为广阔的意义。正因为体育有着已经超越竞技本身的意义,所以体育比赛中,球队、运动员会被看作是国家、区域、民族的代表,比赛的输赢往往会被认为是一个国家、一个城市甚至一个民族的羞辱或荣耀。20 世纪 80 年代中国女排五连冠,排球场内姑娘们的胜利使整个中华大地沸腾,为所有国人之骄傲,2016 年里约奥运会女排再次奥运夺冠,也再次引来了举国欢腾,30 分钟的《新闻联播》用了 7 分钟对女排进行报道,并数次强调"女排精神";中国足球队冲出亚洲走向世界的口号中包含的不仅仅是对一支足球队的期望,还有一个国家的世界地位和一个民族的梦想;当刘翔雅典夺冠的那一刻,无数电视机前的观众热泪盈眶,因为他们与刘翔一样感受到了"谁说黄种人不可以"的骄傲。因此,体育节目所传播的内容也就有了超出竞技比赛本身的意义,观众对体育节目内容的体验也同样超出了比赛本身。

二、体育解说员的角色定位与作用

体育解说的目的是能让观众看好比赛、看懂比赛、看爽比赛,以正确、积极的思维方式和价值观获得身心享受和愉悦体验。解说员具有多重角色身份,首先,他们是体育迷,这样才能与观众一起享受比赛;其次,他们是具有丰富体育知识的专业人士;最后,他们是电视传播主体,通过电视传播信息。具体角色与作用如下分析:

(一)智慧桥梁,解读比赛

解说员是比赛与观众之间的桥梁,是比赛空间里的动态行为与观看空间中的观众之间的桥梁,这一桥梁以专业的、人性化的方式对比赛进行解读,即解说,解释和说明。解释观众看不懂的,说明观众不知晓的,点评观众想不到的,完成3W,达到3D的效果,即告诉观众:"是什么——what"、"为什么——why"和"将怎样——will",让观众"看得更远——distance""理解得更深——deep""产生更多共鸣与讨论——debate"。白岩松将解说员的职能细分为"五解",即"解释、解答、解惑、解决、解放"。

(二)掌控节目,引导观众

就当前世界各国的电视体育赛事转播情况而言,其解说人物一般包括解说员和解说嘉宾(也有称"评论员"),搭配一般是一名解说员和一到两名嘉宾或者两名解说员一名嘉宾。理论上的分工是,解说员负责对比赛解说的总体把控,总体讲解,嘉宾主要是解释专业技术层面的问题,以专业分析的视角对比赛关键点进行点评。但近些年显示出这样的发展趋势,解说员越来越专业,其点评也具有相当高的技术含金量,而很多长期担任解说顾问的"职业嘉宾"也具有了一定的主持水平,能够适时的描述场面、调动观众情绪。

解说员在把控节目、解说比赛的同时,也肩负着对观众的引导职责。所谓的引导有两层含义,一是对比赛本身的理解引导,引导观众更清晰的观赏比赛。比如,前面提到的埃蒙斯两次意外失利而错失金牌,而"受益者"分别是中国选手贾占波和邱健,有些观众可能会觉得这个冠军有点运气的成分,这时,解说员不仅要能体现出对埃蒙斯的同情和人文关怀,更应引导观众,这一结果也是贾占波和邱健以自己的实力而获得的,因为心理素质的比拼也是体育比赛的一部分;二是对比赛过程中发生的非良性突发事件或行为进行思想引导。人们说:"体育,是和平时代的战争。"既然是战争任何事情就都有可能发生。观众不满裁判的判罚,球迷恶意攻击对方球队,球员打架事件……2014巴西世界杯,半决赛中巴西队1比7惨败于德国队,比赛进行到40分钟时,巴西队已经0比5落后,巴西球迷开始高喊脏话怒骂巴西总统迪尔玛·罗塞夫,持续了3分钟。这时,作为电视解说员就应该对电视机前的广大球迷做出合理的解释和引导。

对观众的引导是体育解说员舆论引导作用的直接体现,对北京、上海、西安、福州四地进行的一次抽样调查中,超过六成的受访者表示希望电视体育解说能够引导正确舆论导向、弘扬高尚的体育精神、倡导积极健康的生活方式。

(三)渲染气氛,激发体验

1977年保罗·科米斯基、詹宁斯·布莱恩特和多尔夫·兹尔曼就联合发表了两篇文章《作为替代动作的体育解说》《体育解说的戏剧化》,对体育解说员传播效果做了实证研究,研究指出:体育解说员除了向受众陈述自己所看到的东西以外,还有一项任务就是将体育比赛戏剧化,增强比赛的悬念,维持紧张的气氛,让受众持续感觉自己正在体验一场重要的比赛。研究的结论是:体育解说在很大程度上会对受众对比赛的认知和欣赏产生影响。凡是强调了激烈对抗的体育解说对受众欣赏比赛有正面的吸引性,而那些忽略了激烈对抗的体育解说还不如没有解说的比赛更具有吸引力。[1]

凡是去比赛现场看过球赛的观众,都会有这样的感受,现场观看的清晰度其实并不一定比收看电视转播好,但现场观看比坐在电视机前收看转播兴奋许多。这就是现场的群体性观看氛围所带来的身心刺激。电视通过声、画同步传播,对于体育比赛的转播,画面是比赛本身,声音主要就来自于解说员,因此,在电视转播比赛的过程中,解说员的声音就是收视现场重要的气氛调解剂。《奥林匹克宪章》明确规定:体育比赛转播不属于"新闻"范畴而属于"娱乐"节目。因此,解说员责无旁贷地要肩负起活跃收视氛围,刺激受众神经,产生愉悦体验的重任。

---

[1]　朱俊河.体育解说的叙事学研究[D].上海体育学院博士论文,2012:112.

央视体育频道时任总监江和平在谈到对 2012 年伦敦奥运会解说团队的要求时,谈到三点要求,即传输信息、传递感受、传播激情,其内容也基本是对解说员以上三种角色的概括。传输信息,是解说员的第一层任务,因为解说员通过赛会的信息服务系统,能获得第一手的即时信息,他们需要迅速提炼出和自己关注的主要选手有关的信息,迅速地提供给观众;传递感受,是解说员的第二层任务,其中最重要的内容,是对现场气氛、现场环境的即时感受,通过个体的感受去感染观众、感动观众,这是对解说员能力和情商的考验与体现;传播激情,是解说员的第三层任务,在伦敦奥运会期间我们都看到和听到,每当中国选手夺取金牌的时候,我们的解说员无不热情洋溢、激情四射,他们情感的爆发,是整个中华大地涌动的爱国情的触发点。[1]

三、体育解说员意见性话语表达的必要性与重要性

对于体育比赛节目,不存在购买节目版权,只存在购买转播权,不必担心节目被克隆,因为只要购买了转播权,就会得到一样的比赛内容,在视觉内容无差异的情况下,解说员的声音就成为节目的唯一差异化元素,体育解说员的传播能力就成为体育比赛收视率竞争的绝对保障。那么,什么是体育解说员话语表达的核心要素呢?解说员话语与其他主持人话语表达的审视维度一样,一是表达形式;二是表达内容,也可以理解为解说风格和解说内容。宋世雄清晰流畅快速解说风格,黄健翔充满激情的解说风格,贺炜充满诗意的解说风格……都被观众们所喜爱。同一比赛,同一画面,因为解说风格不同会带给观众不同的体验。2010 年广州亚运会开幕式,董卿、朱军和白岩松分别在不同频道做了解说。董卿、朱军的解说字正腔圆,无论声音和语态表现都更为大气,体现了国家级电视台的庄严和气势。但白岩松的解说平和、逻辑性强,给人更为深邃的情感打动。

董卿、朱军的解说是:

中央电视台!中央电视台!各位观众,欢迎回到第 16 届亚运会开幕式的直播现场。刚才为您转播的是第 16 届亚运会的开幕式序曲珠江巡游,稍后,我们将在广州海心沙岛为您现场直播开幕式的仪式和文艺演出的盛况。夜色下

---

① 江和平. 央视形象中国声音——浅谈伦敦奥运会的主持、解说与评论[J]. 现代传播, 2012(10).

的广州，华灯初上，交相辉映，璀璨耀眼的灯火闪亮了一座城市最清澈的眼眸。夜色下的广州，楼宇林立，相互映衬，高高耸立的楼群绚烂了一座城市最自豪的表情。夜色下的广州，珠水如镜，穿城而过，奔流入海的江水打开了一座城市最包容的胸怀。夜色下的广州，大桥跨江，沟通两岸，坚实稳重的桥身挺拔了一座城市最坚硬的脊梁。这是一个值得纪念的夜晚，从今晚开始，欢腾的广州将向亚洲人民献上一场"激情盛会"。这是一个值得珍藏的时刻，从现在开始，发展的中国要把"和谐亚洲"的信息向世界传递。此时的海心沙岛，盛满了欢乐与祥和，再过一会儿，亚洲45个国家和地区将在这个美丽的小岛上实现团聚，共叙友谊。此时的中华大地，承载了激情与梦想，未来的16天里，亚运健儿将在这片生机盎然的土地上拼搏努力，同创奇迹和辉煌。2010，广州欢迎你。2010，中国欢迎你。

白岩松的解说是：

2010年11月12号，中国广州，这里是中央电视台新闻频道为您现场直播的第16届广州亚运会开幕式的实况。我们今天将用5个时间的维度去关注这个开幕式。第一个是2000年，广州这座城市的建城历史是2224年，它将怎样浓缩在这个开幕式里呢？第二个是200年，今天是在室外举办的开幕式，承载这个室外舞台的是海心沙岛，它是被珠江水200年前开始冲击形成的。第三个时间是20年，中国人的记忆当中，从1990年的北京亚运会到2010年的广州亚运会，走过了20年的道路，这20年我们在变，中国在变。第四个是2年，从2008年的北京奥运会到2010年的广州亚运会，总导演就是当初北京奥运会的副总导演。开幕式会带来什么样的创意？最后一个时间段是2个多小时，那就是8点将要开始的开幕式。在北京奥运会以及多哈亚运已经形成精彩的印象当中，它究竟会有哪些独特？会否在2个多小时之后，这精彩的瞬间就成为我们记忆的开始？在这5个时间维度当中，我们走进广州，走进这座重新会给大家带来新的亚运记忆的城市。

此次两套解说团队，两种解说方式，是我国体育转播的一次成功尝试，印证了体育转播中解说员收视率的道理。尤其是白岩松与以往运动会开幕式高、大、上不同的解说风格赢得了一片赞誉。多位专家认为，这是以"新闻评论"为核心的直播形态第一次在大型赛事开幕式中被运用，所开启的"亚运模式"是一次转变大型直播观念的实践，也是中国媒体提升话语权的一次良好尝试。很多网友评说:"这才是真正的解说! 平实的语言、丰富的内涵,让观众真正看懂了开幕式所表达的。感谢央视新闻频道,你们的路子走对了。"还有人说:"白岩松的解说树立了一个全新、朴实的主持风格,解说的本身也是一种创新和突破,开创了新闻类解说的先河。"新浪网等门户网站在首页位置持续重点关注新闻频道亚运会开幕式视频,两天时间点击量突破千万。这些盛赞其实是对白岩松的解说风格和解说内容双重认可。因此,解说风格与解说内容虽然是两个指标,但却相互影响、融合一体。贺炜就是在 2010 年南非世界杯解说英格兰对德国的比赛中因其诗意般的解说风格和广受欢迎的评论而一夜爆红,很快成为最受中国球迷喜爱的足球解说员。这里我们着重对解说内容进行探讨。

(一)解说员的节目角色决定了他们必须发表意见

解读比赛是解说员的首要角色职能,一般认为包括介绍、描述、解释、评论四个逻辑层面,介绍比赛的背景知识、相关信息;描述比赛的过程,这是对画面的有声语言精要再现,是对比赛的现场报道;解释观众并不清楚的,但想知道或有必要知道的问题,解释是对描述内容的丰富和深化。比如:2007 年的大阪田径世锦赛,刘翔是在最边一道——第 9 道,普通观众并不了解跑道对与选手发挥的关系。解说员杨健就为观众分析解释了第 9 道在短跑中的劣势,比如易受到场边的干扰,不易洞察道次中间实力强劲对手情况;评论是对具有意见价值的比赛内容加以点评。这四项工作内容中,解释和评论都是具有明显意见传播的行为,所以意见性话语表达就是体育解说员不可缺少的工作内容,也因此这一角色也同时被称为"体育评论员",而且评论在现代体育比赛解说中越来越重要。宋世雄老师在 20 世纪 80 年代以前都是中国体育的"标志声音",但在电视转播技术越来越成熟,观众素质越来越高的 80 年代后期开始,宋老师的那种起源于广播,行云流水般的描述式解说就无法满足观众的需求了。《青年体育》报总编辑毕熙东回忆说,"在我的印象中,宋世雄的解说很少涉及球场上的战术分析和评论,他自己也一直以体育解说员自称,从来没有说自己是体育评论员。"[①]美国解说员帕特·萨穆罗则说:"现在实况解说员与评论员比我刚入行的时候更加平等的分享解说时间。"[②]这说明对于比赛的描述与

---

① 宋世雄、韩乔生到黄健翔——三代足球评论员的风云流变[J]. 南方人物周刊,2006 - 7 - 11.

② [美]汤姆·海德里克. 体育播音艺术[M]. 任悦,王群,金北平,徐力译. 北京:中国广播电视出版社,2008:98.

评点从时间比例上衡量,已经平分秋色了。美国体育解说员乔·巴克这样说:"在联合电视网这一层面上,评论员才是明星。我认为我们应该形成一个信息评论员强效用的团队。"①

解说员的另外两个角色,比赛过程中对观众的引导和对比赛气氛的渲染,其根本也都是对人思想和情绪的指引和调度,都依靠意见性话语的有效表达。

（二）电视传输的特点要求主持人评述结合

传统的广播体育解说中解说员的话语成为观众的"眼睛",以有声语言表现比赛内容是广播解说的主要任务。而电视传输声画同步,观众可以清晰地看到比赛的进程,因此如果解说员只是简单的描述画面,就与观众自我欣赏画面区别不大。而且当仅仅剩下单纯的画面描述时,就显得解说枯燥、浅显、缺少美感。1994年世界杯意大利与巴西的决赛对决中,当罗伯特·巴乔在一次争抢中倒地后,解说员面对巴乔倒在地上这一画面连续三遍说道:"现在倒下的是罗伯特·巴乔"。以罗伯特·巴乔在那年世界杯中的人气,绝大多数观众都知道倒下的那个人是巴乔,重复三遍会让观众产生枯燥无味的排斥心理。这时如果能解释一下,刚才对方为什么犯规,这次犯规的性质,裁判可能会做出什么判罚……会更有价值。美国著名体育节目主持人雷·斯科特说过自己的这样一段小故事:"当我在匹兹堡的时候,一位高中的橄榄球教练曾经给了我一点小启发。他说:'雷,帮我个忙。我能看到四分卫完成了传球。那么告诉我谁接下了球,他获得几码,而谁又试图阻挡他。告诉我一般球迷没有但是你却能知晓的东西。但是,看在上帝的份上,不要告诉我我已能看到的东西。'那是我在这一行业中所获得的最好的建议。"②观众需要听到自己看不到的东西、没想到的东西、不理解的东西……因此,解说员必须传递更深层次的信息,即解释和评论。

（三）比赛意义决定了电视体育解说必然存在意见倾向性

前面讲过,当代体育比赛的意义已远远超出单纯的竞技本身。一名运动员,一支球队所代表的是他身后的国家或地区。再专业的观众也不会是绝对客

---

① ［美］汤姆·海德里克.体育播音艺术［M］.任悦,王群,金北平,徐力,译.北京:中国广播电视出版社,2008:96.

② ［美］汤姆·海德里克.体育播音艺术［M］.任悦,王群等,译.北京:中国广播电视出版社,2008:86.

观的竞技欣赏者,一定会在情感上支持来自自己国家或地区的代表。解说员首先就是一名激情的体育爱好者,因此,与任何一名观众一样具有情感倾向性,尽管大众传播的角色要求解说员公正、客观;其次,解说员是电视媒体的代表,媒体具有地域所属性,因此,解说员也就必然具有地域所属性;第三,对所在区域运动员和球队的关注是对受众心理需求的满足,是传播学中"使用满足"理论的体现。因此,如果参加比赛的球队或队员与转播比赛的电视台有地域关系,解说员必然会以本方球队或队员为主要关注点。比如:中国队与外国队比赛,中央电视台的解说必然会更多关注中国队的表现。世界杯转播中,在没有中国队的情况下,解说员就会关注亚洲球队多一些。如果比赛各方与转播电视台都没有"亲缘"关系,解说员一般对两者给予同等的关注。比如:NBA 比赛在中国转播,解说员给予两队大约相同的关注,但如果是某一球队中有中国球员,情况则会发生变化,解说员会更多介绍这支的情况,而这名中国球员也成为占解说比重最高的球员。这一解说规律说明解说员的讲解具有一定的选择性和倾向性,选择性和倾向性本身就是意见性的表现。同时也说明解说员的评论首先经过了宏观的"信息把关",其解说是在具有内在情感倾向性的基础之上并经过了解说点选择的观点传播。

但需要注意,无论解说员有怎样的情感倾向,选择什么作为解说重点,最终表达什么观点,都必须以事实为基础,掌握分寸,有的放矢,不违背客观、真实的原则。2006 年世界杯,德国队和阿根廷队在 120 分钟比赛时间 1 比 1 战平。点球大战即将开始,场内主持人高声地呼喊:"女士们,先生们,德国需要你的支持!"事后国际足联新闻发言人齐格勒说:"他的做法已经部分违背了公平竞赛的精神,是不能被接受的。"这位主持人立即被组委会替换。

四、体育解说员意见性话语的独特功能

(一)观察比赛,发现解说点

一场比赛,解说员可以进行解说的对象和内容非常之多,因为与比赛有关的所有事项,比赛场上的任何一点儿细微变化,运动员的一个动作、一个表情、一声吼叫,等等,都是解说对象和素材。解说对象大致可以分为"人、事、物"三类信息:第一,人的信息。包括教练员、运动员、裁判员、体育官员、观众、经营管理者,等等;第二,事的信息。指比赛进程及相关事件,任何一次换人、任何一个动作、任何一次得分,赛前、比赛、半场休息、结束,项目概况、历

史掌故、球队文化、技战术特点,等等;第三,物的信息。指比赛城市、场馆、天气等。这些方面融合交叉,共同构成了"体育赛事"。比如:2012年钻石联赛美国尤金站110米跨栏比赛中,刘翔虽然以12秒87的成绩获得了冠军,但经过赛会的测试,当时比赛的风速达到了每秒2米4,已经超过了赛会规定的正常风速,所以这个世界纪录未能被赛会承认。解说对象是"人——刘翔"、"事——比赛,发挥好,夺得冠军,打破纪录"、"物——天气,影响了赛会对记录的承认"。

虽然从理论上来说,解说员有如此众多的解说对象,但并不是每一个解说对象在某一刻都具有高度的解说价值,而且也不可能完成对所有对象的解说,因此,这就需要解说员在比赛过程中集中精力观察,在瞬间发现、选择真正值得解说的对象。有些解说员的解说让观众感觉比较沉闷,而且总是跟不上比赛"热点",这就是迅速发现解说点并进行语言组织的能力不足。对解说对象的观察、发现、选择是进行解说的首要任务,而信息选择和过滤的过程本身也是解说员意见的支配过程。

(二)叙议结合,贯穿始终

前面提到"介绍、描述、解释、评论"是体育解说员基本的角色职能,介绍和描述属于事物叙述层面,解释与评论属于意见表达层面,因此简而言之,"述"与"评"就是体育解说员的两大话语样式,两者都很重要,几乎是我中有你、你中有我。宋世雄指出"当述则述,该评则评,述评结合,评述兼顾,述中有评,评中含述"[1];孙正平指出:"述评结合,两者兼顾,述中有评,评中有述"[2];黄健翔指出"夹叙夹议,评述结合"[3]。解说员在介绍一个国家、一个球员、一种阵型……描述一个场面、一个动作、一次犯规……可以很自然地过渡到对所言事物的点评,当然,反之也成立,即从评论再过渡到叙述。虽然叙议结合是一种很常用的意见表达方法,但在其他节目形态中一般不会贯穿始终的既述又议,而这却是体育解说员的常态性话语表达样式。

黄健翔曾在解说阿根廷与德国队的一场世界杯比赛时,这样说道:"首先是阿根廷国歌(介绍),由于南美洲历史上的独立解放战争的特殊的历史时期,所

①　宋世雄. 宋世雄自述一我的体育世界与荧屏春秋[M]. 北京:作家出版社,1997:315.
②　孙正平. CCTV体育人[M]. 北京:北京体育大学出版社,2000:166.
③　黄健翔. 新时代体育节目解说之我见[J]. 南方电视学刊,1998(5).

以很多南美洲国家的国歌都有军歌的味道,都是独立战争的时候军歌变成了国歌(解释),下面是德国国歌(介绍),听到德国的国歌会想起历史上那些著名的伟大的德国的音乐家(解释),那么今天这场比赛因为德国和阿根廷这两个名字在足球领域的地位,注定将是一场不同寻常的比赛(评论)。"这一段中,由叙述自然延展到解释及评论。2010 年南非世界杯,德国对阵阿根廷,解说员贺炜先这样说道:"本届世界杯前八名的队伍当中有六支都获得过世界冠军,他们加起来一共获得过去 17 届冠军当中的 15 届。"然后推理道:"因此本届世界杯堪称世界杯历史上最恢复传统的一届世界杯,最经典的一届世界杯。"可以看出,叙述的内容不仅是延展的起点,还是观点的依据。

解说员在比赛中的述与评主观上由解说员定夺,但客观上必须遵守比赛的进程和氛围。不成功的解说会出现这样的情况,一边是精彩的进攻甚至已经进球了,另一边是解说员继续解释着刚才自己谈到的一个话题。

(三)建议期望,意见引导

建议是解说员在进行比赛解说时很常用的一种话语表达方式,建议的对象可以是运动员、教练员、观众、裁判员、比赛组织机构,等等。比如:2004 年雅典奥运会 110 米跨栏决赛转播中,解说员杨建向刘翔提出三点建议,第一是,对于刘翔来讲要充满自信因为身边的对手没有一个在今年赢过他,第二是,要封好第一个栏,把自己最近苦练的启动技术发挥出来,第三是,不要去想结果。然后向观众建议,说道:"让我们一起来关注瞬间即逝,又很有可能创造历史的 13 秒钟。"2015 年亚洲杯四分之一决赛,中国队以 0:2 不敌东道主澳大利亚队,但是中国队前三场小组赛三战全胜,创造了历史最佳,本场对澳大利亚的比赛队员们也拼尽了全力,基于这样的背景,在比赛结束之时,在小伙子们的亚洲杯征程即将结束之时,在现场的中国球迷站立于看台久久不愿离去之时,解说员说道:"我提议,我恳请,电视机前的您也起立为中国队鼓掌。"充分地表达了解说员对中国队此次亚洲杯的高度肯定,也充分调动了观众对中国队的支持,这种支持对这只年轻的队伍极为宝贵。解说员的建议中包含着自己对比赛深刻的理解,实则是一种专业含量很高的观赛指引。

期望是与建议非常相近的一种意见表达方式,是指解说员从自己的观点出发对人、事、物的发出的寄语,比如"今晚是两个强者的对话,我们期待着精彩的比赛""我们期望某某尽早伤愈""希望中国队能够持续首场比赛中的良好状态",期望性话语对于活跃比赛氛围,激发观众收看欲望,传递情感诉求等都有十分鲜明的意义。

值得注意的是,解说员不是官员、教练,也不适宜以"专家"自居,因此,解说员的建议和期望不是"纠错""指导""命令",而是"商讨""祈使""提醒"。无论建议、期望的对象是谁,主要的受传者都是电视观众,因此无论给谁建议、建议什么内容都是解说内容的一部分,都是为了更好地让观众理解比赛、感受比赛、体验比赛。

(四)悬念预测,意见引力

"悬念"是小说、电影、电视等艺术形式中常用的一种创作手法,是对读者、观众、听众心理的一种调度,让其对未知情节的发展变化持有一种急切期待的心情,其目的也很明显,就是吸引受众,使受众进行深度艺术消费。体育比赛本身就是一部悬念剧,不到最后一刻都无法揭开谜底,与此同时,解说员还常常会依据现场情势做出悬念性设置,以便更有力的调动起观众的观看欲望。2010年亚运会中国代表团入场时,进行现场解说的白岩松连续抛出了几个问题:"刘翔会捍卫荣誉吗? 林丹会填补金牌零的遗憾吗? 他的女朋友谢杏芳一直在以志愿者、形象大使的身份在帮助广州亚运会。还有女排,世锦赛负于韩国队,目送日本队进入了四强,亚运会能收复我们在亚洲的失地吗? 男篮会怎样,一直以为稳固的亚洲老大地位受到挑战,在广州会怎样捍卫?"这一连串悬念的设置是以已有事实作为基础的,使观众在明白前因之时感触到悬念的存在。

在小说、影视、戏剧里,悬念的出现是作者、编剧精心设计、思维运动的结果,对于体育解说员而言,他们的悬念虽不是无中生有,但也是需要根据解说对象升华凝练而来。正如黄健翔在《锵锵三人行》节目中就曾说:"解说必须依赖比赛,是一个二度创作,是一个伴奏。解说员又有点像改编小说的编剧。"因此,解说员所带来的悬念就是解说员在解说比赛的同时进行的一种高级别的剧情设计,从而对观众产生吸引和引导。这一过程是解说员发现、判断、组织的过程,也是解说员意见融入的过程,最终诞生的悬念也是解说员意见的一种表现方式,比如:"我们能在本场比赛中打破困扰中国足球队多年的恐韩症吗?"这句话本身就显示着解说员对中国队在这场比赛中打破恐韩症的期望。

"预测"是在掌握现有信息的基础上,对未来的事情的估计。解说员的预测是带给观众的一种对未来赛情的"先知",但是否如是,观众就需要耐心等待比赛的进行,因此,也可以理解为是另一种悬念设置,其目的也是为了吸引观众,让观众更好的比赛。悬念是以问题的方式挑起观众胃口,预测则是观点的直接陈述。预测的内容包括阵型、上场队员、比赛结果、比赛判罚，等等，诸多方面。

（五）比赛节点，总结评价

这里的"节点"首先是指比赛的每一个小阶段结束之后的停顿点，比如网球、羽毛球比赛的每一局结束，篮球比赛的每一节结束，足球比赛的上半场结束。在节点处，解说员通常会对刚刚结束的这一阶段比赛做出简短的总结和评价；其次是指比赛的终点，一场比赛结束后解说员对整场比赛进行全面总结和评价，常常是整个解说中最长篇幅的点评。

2014年世界杯阿根廷和德国之间的决赛结束后，当德国队在场内庆祝，阿根廷队黯然神伤之时，解说员贺炜做了长达4分多钟，充满诗意的总结和评论。运用了各种修辞手法和足球外的知识元素，以诗情画意又充满激情的语言表达，对两支球队在本届世界杯的整体表现，技战术特点，不仅对德国队的成功给予了高度赞扬，对阿根廷队的表现也给予了正确的认识和评价，尤其是阿根廷对本届世界杯风格的转变做了详细的评点。

首先是对德国队表示祝贺和赞赏，前半段是对德国队团队作战打法的理性分析和肯定，后半段是对这一技战术方法感性式的赞扬：

比赛结束了，比赛结束了。第二十届世界杯的冠军已经产生，德国队他们在1990年之后，时隔24年之后再次获得了世界杯冠军！德国总统高克、总理默克尔在接受各方贵宾的祝贺。梅西和他的球队走到了最后，德国队本届比赛的踢法充分地发挥了团队的战斗力，他们每个位置分工合作，既要精诚团结，又要独当一面，每个个体的队员都有出色的专项位置技术，同时，他们和周边的同伴也能够产生高效的呼应，建立在完备的个人能力上的高效团队足球，他们几乎把每个人都融入了集体，无法找到明显的漏洞，这样的作战模式就如同一架精密运转的机器一样呼啸而来，所向披靡。这就是如今足球世界里面团队型球队的巅峰代表。这样的足球也暗合了工业化革命之后人类社会的运转原理。勒夫和他的团队在简练高速的运作过程当中生产出了最佳的作品。同时德国人严谨谨慎的性格也为这种踢球提供了最好的基础。可能有的人不喜欢德国队踢球的特征，但是你无法不佩服他们，德意志战车真是名不虚传！……

紧接着就对这场比赛失利一方阿根廷队在本届世界杯中的技战术特点做了分析，仍然是先理性后感性：

而阿根廷队也许踢的不如过去几届他们的行云流水，但是这支球队特别像

1986年世界杯夺冠的那支球队,严丝合缝的防守体系是他们不断前进的根基,拥有一个10号的天才队长这样的攻击群为他们带来胜利。阿根廷队本届世界杯的所有的胜利都是建立在最经济的获胜基础之上。进入淘汰赛之后,他们并没有在常规时间内失球,这样的阿根廷队不是来表演漂亮足球的,他们是来试图获取胜利,拿到冠军的。过去的阿根廷队身上总是有一种悲情的气质,踢的好看华丽不过总是不能走到最后,有时甚至早早出局,这届的比赛阿根廷队厌烦了红颜薄命的故事,开始回归铁血精神,他们明白艰难的生活并不浪漫,踏实地活着才是最高明的艺术。他们已经放弃了华而不实,对自己完成了革命,要知道对讲求完美的阿根廷人来说这样的革命是有多么的痛苦,也许只有拿到大力神杯的那一刻,所有的隐忍和努力才有回报,但是现在就差一步! 就如同那首著名的阿根廷作曲家所谱写的探戈舞曲《一步之遥》一样,奖杯就在眼前,他们自己的面孔都已经映在了杯身上,呼吸甚至都触摸到了杯座,但是却只差一步。探戈舞曲当中与生俱来的悲情气质和阿根廷队的气质真是有些暗合,挥之不去,就像宿命一样,不过阿根廷人永远是无休止地朝着心中所爱前进,不断地自我革新,以求更接近自己的目标,这本身就很让人着迷,不是吗? 相信很多的阿根廷球迷像他们喜欢的球队一样无怨无悔,你爱上一件事物当然不是爱他的成败,你爱的就是他的气质,对不对? 祝贺德国人,我们也要为阿根廷人鼓掌,任何敢于放弃自我不断革新,为心中的目标不断地改变自己的人都值得尊敬!

从以上的解说规律和示例中不难看出,体育解说的观点阐发首先是站在绝对厚实的专业知识之上的。据央视网上调查显示,受众对体育解说不满意的占79%,而其中认为不满意的理由是"专业知识差"的占70%。[1] 宋世雄在《回忆最艰巨的一次转播》一文中这样说:"一到香港,我就和录制的同志一道,迅速地为各队球员建立起准确的'档案',包括他们的年龄、身高、号码、位置、经历、性格特征等等,甚至连一些球星的业余爱好也在我的了解之列。正因为我将大量的材料装进我脑海中的'资料仓库',所以解说时,才能得心应手,游刃有余。"[2] 世界很多运动员退役后成为著名的体育节目解说员、评论员,如英国的前著名足球明星莱因克尔(Gary Winston Lineker),英国当代头号足球评论员安迪·格

---

① 何涛. 体育赛事电视直播中体育评论员与顾问的配合与合作[J]. 南京体育学院学报,2006(2).
② 宋世雄. 回忆最艰巨的一次转播[J]. 体育博览,1997(10).

雷(Andy Gray,曾为英超球员),美国的前著名篮球运动员比尔·拉塞尔(Bill Russell),网坛名将麦肯罗(John McEnroe),我国的篮球解说员张卫平……这是因为他们拥有丰富的专业知识和体育理解。但是仅仅有体育知识,仅仅有观点还不够,2014世界杯揭幕战巴西对克罗地亚,朱广沪的解说就遭到球迷的一片吐槽,球迷批评他只会讲"对的对的"、"插了插了"这几句简单的话。体育解说对语言表达的艺术性要求越来越高,这正是贺炜能在新一代解说员中崛起的重要原因。广电部前部长吴冷西同志早在1982年就说过"体育解说是一项相当高级的艺术,是一个体育评论员思想状况、文化修养、专业知识的综合反映,转播一次等于一次考试"①。

本章小结

本章选取的这四种节目形态覆盖了目前主持人深度参与的电视节目的绝大部分,因此,具有足够的量化说服力。研究从节目形态本身的特征入手,以明晰的逻辑规律层层深入进行剖析,从每种节目的形态特征和主持人角色定位和在其中的作用推理出主持人是意见性信息表达的主体,表达意见性话语是其必须行为,且意义重大。同时通过对大量电视节目的分析和比较,并结合对节目特征以及主持人在节目中的角色、作用进行深入分析,总结出主持人在不同节目形态中意见性话语表达的独特功能。

---

① 宋世雄. 宋世雄自述——我的体育世界与荧屏春秋[M]. 北京:作家出版社,1997:44.

第四章　电视节目主持人意见性话语表达方式和途径

　　主持人意见性话语表达的最终目的是获得意见接受,简言之,说服观众接受观点。但是,一个说服者凭借什么让别人接受自己的意见呢? 亚里士多德提出的概念"证明"来解答这个问题。"证明"的真正意义其实就是以某种方式和某种途径达到说服目标。亚里士多德将"证明"分为"人为证明"和"非人为证明"。非人为证明指说服场合中已经存在,只需说服者加以利用,如法律、规定、契约等;人为证明指并不存在,需要说服者临场发挥的说服手段。人为证明包括:信誉证明,主要指讲话者运用个人的素质、品格、魅力说服听众;情感证明,指讲说者通过调动听众的感情来说服听众;逻辑证明,指讲说者能够恰当地运用逻辑推理、逻辑论证的方法产生说服力,说服听众。既然"说服"存在方式、途径,就有研究的必然意义。我们都知道麦克卢汉(Marshall McLuhan)的名言:"媒介即信息。"但他还有另外一句格言:"形式即信息。"麦克卢汉认为:"形式构成了传播的物质载体和话语载体之间的中介范畴,占据着传播的中间环节,居于物质与意涵之间,成为表达与体验的记录工具。"①他还指出,意义产生于形式与内容的交汇之中,即传播的话语、体裁和形式之中,不同的表达形式提供了个体经验和社会交往的不同内容。因此,对于话语表达而言,内容与形式均很重要。尤其是在表现形态鲜活、传播手段丰富、创意空间充足的电视媒介中,兼具大众传播和人际传播两种传播方式的节目主持人传递意见性信息、实现说服目的的方式和途径值得探索。一定方式和途径下的话语表达是主持人生产意义的必由方式,也是意见传播角色功能有效实现的必由之路。但是,话语表达

---

① ［丹麦］克劳斯·布鲁恩·延森. 媒介融合:网络传播、大众传播和人际传播的三重维度［M］. 上海:复旦大学出版社,2015:89.

具有高度的灵活性,尤其是一定语境中的口语表达,即兴程度很高,并带有很强的主持人个性色彩。因此,本章所讨论的是意见性信息话语表达中主持人的共性方式。

第一节 电视节目主持人意见性话语的表达方式

所谓"表达方式"是为了表达一定的内容而采用的语言策略、方法,也可以认为是一个文本的结构方式,目的是建立一种表达者和被表达者之间的关系。具体而言是说节目主持人这一话语表达主体依据特定的语言情境和节目需要,选择适当的策略与方法,最终通过一系列符号的传播实现表达效果。实际上,电视存在的根本价值就是用不同的方式向观众"表达",要表达得恰当,表达的有效,包括主持人本身都是电视的一种表达方式。对意见性信息的表达亦是如此! 第二章分析过意见的两极性和程度性,要么支持某一观点,要么反对某一观点,当然中间包含着无数个程度等级。但在电视节目中要用话语把意见表达出来、表达到位、表达巧妙、表达有力、表达精彩则不是"是"与"否"以及"非常""十分""有些"等简单的词语能够实现的,也不是仅仅通过简单直接的表达方式就能够实现的。本节在理论与大量实例的基础上对节目主持人常用的意见性信息表达方式进行探寻和归纳。

语言在交往中所发挥的功能有祈使、说明、叙述、抒情、描写、议论六种类型。相比之下,祈使重行为,说明重性质,叙述重事件,抒情重情感,描写重形象,议论重道理。祈使的目的在于制约人的行为。说明是使语词和所指代的客体建立意义联系,作为客观存在的物质实体得以进入思维,并作为人与人之间的符号形式的媒介起作用。叙述的功能是实现人与人之间的经验交流。抒情保证了人与人之间的情感联络的实现。描写的功用是充分揭示人及人的创造物、自然物的特征。议论则以确立和运用评价事物的标准为宗旨。[①] 但在实际应用中,这六种语言交往功能是交叉使用的。主持人意见性话语表达过程更是将其艺术化地融合使用,最终达到有效表达观点。与此同时,节目主持人意见的表达方法还必须充分适应媒介特征、角色特征、语言特征等电视节目主持人

---

① 童清艳. 探索电视谈话类节目的语言艺术[J]. 新闻大学,1999(2).

的独有元素。

一、直接表达意见

直接表达意见是主持人作为具有评价标准、评价能力和评价能力的电视角色和社会角色的直观性意见传播行为表现。在节目中直入主题、直言不讳地表达自己对某一事物的观点、看法，即所谓"有话就说""有事直言"，话语内容主要是纯观点符号的组合，表达方式不是婉转、含蓄的，而是直接、鲜明的，类似于写作方法中的"开门见山"。此种意见表达方法信息组织简洁，表达方式简洁，意见点易于被受众捕捉，应用面广泛，适用于各种类型的电视节目，是主持人最基本、最常用的意见表达方式。

2013 年一台演唱会上，当歌手苏见信正在演唱时，有歌迷上台献花，信接过花，却直接扔下舞台，并且口气较为强硬地告诉现场歌迷："唱歌时候不要送花。"歌曲唱毕，主持人董卿直言说道："唱歌好固然不错，但最重要的是学会做人。"董卿话毕，全场掌声、尖叫声送给董卿。很快，信在微博中致歉说："对于那位给我花的人，很抱歉，伤了你的心也伤了大家的心。我对于表演有一定的坚持。但冲动的个性让我的行为做了不当的示范。谢谢董卿小姐的指正。但也请大家如果要献花，可以在唱完的时候比较适当，比较不会打扰或中断表演。再次说声抱歉。"主持人的意见直接表达，一语见效，得到了观众和评价对象的双重认可。

这种意见表达方法虽然强调意见的"直接"，在观点的阐释上不太绕弯子，但观点的直接、简单，并不等于表现方式的简约、朴素，没有修饰。白岩松在《东方时空·面对面》一期节目中，两分多钟内用了二十几个"不行"，以一组华丽的排比句，毫无弯曲地评说中国足球。"……我们的宇航员都有可能登上月球了，可我们中国足球依然滚不进世界杯的球门，我觉得中国足球挺难弄好的。你想啊……没钱的时候不行，有钱的时候也不行；业余的时候不行，职业化之后还不行；穿红衣服不行，穿白衣服也不行；苏永舜不行，戚务生不行，中国教练不行，外国教练还是不行；北京有'5·19'，大连就有'9·13'，连成都也是伤心地，咱中国足球的主场在哪里？422 不行，352 也不行，451 更不行，中国足球队的阵型什么行？和东亚比赛咱们赢不了，和西亚比赛也赢不了；1：0 领先的时候守不住，0：1 落后的时候追不回来；裁判向着我们不行，向着对方更不行；主场不行，客场也不行；你骂它不行，你表扬它更不行。我看啊，中国足球是真的病了，这个病西医可能治不了,只能靠中医,因为必须治本。"这段评论的每一句话都是在明确地告诉观众,中国足球有问题,但一连串的排比句却很优美,很具有语言欣赏性。

二、陈述展现与情理结合中表达意见

陈述展现是指,意见的表达不是观点信息的直接展现,而是通过叙述一个故事、一件事情,描述一个场景、一个现象,从而渗透出主持人的意见。换言之,主持人通过对人、事、物的叙述或描述,调度起观众的阅读兴趣,使观众在品味和体验中感悟到观点。社会语言学家拉波夫与瓦列斯基(Labov and Waletzky)通过对叙事话语结构的分析以及对话语内部差异的研究,提出了一个简洁、实用的叙事性话语结构模式。这一模式将叙事话语分为六个主要组成部分:概述(Abstract),背景介绍(Orientation),过程(Complication),评价(Evaluation),结局(Resolution),终结句(Coda),从而为故事找到了一个较常用的"语法结构"。①可以看出,在叙事的整体概念中"评价"本身就是不可缺少的一环。朱羽君教授则从电视的视角指出:"电视媒介所报道和揭示的事实本身就包含着评论,而且是最有力的一种评论。""事实的呈现本身就是一种意见表达,但这种表达需要通过记者、主持人的视线,通过摄像机的镜头有目的地进行,让事实在动态过程中展现。"②叙述与描述都不等于全方位的"复制",通常人们在叙述一件事情,描述一个场景时,本身就是在自己的思想和态度指引下而完成的,其切入点、重点、角度也会不尽相同。孙玉胜在《十年》一书中提到在《焦点访谈》创办的初期,他们的原则是"多报道、少评论",因为他一直坚持一个观点:中国的电视新闻还只是处于报道阶段,分析与评论的时代还没有完全到来。这其实就是用事实说话,事实胜于雄辩的电视表现,《焦点访谈》无可争议地成为了当时中国最优秀的评论节目。有人曾经对一个月内的《焦点访谈》做了一个统计分析,结果发现:从内容上看,记录事件和人物的占了 78.6%;从访谈形式上看,访多于谈的占 71.4%,基本上是以叙带议。③ 而所有观众却毫无争议地把《焦点访谈》划归为评论类节目。这种意见表达方法使观众在"聆听"中感悟"观点",在"感

---

① 代树兰. 电视访谈话语研究[D]. 上海外国语大学,2007:61.
② 朱羽君,殷乐. 声音的汇聚:电视评论节目[J]. 现代传播,2001(5).
③ 于松明. 电视新闻评论节目形态探析[J]. 中国电视,2008(11).

悟"中领会"观点",在"领会"中接受"观点"。

《鲁豫有约·张海迪》一期节目中,鲁豫这样感性地描述道:"在见张海迪之前,我心里一直有点顾虑,我怕她不愿意谈到自己的情感经历和家庭生活(对自己心情的描述),但海迪非常地坦率,在做这个访问的时候,海迪的先生和妹妹都在家里,海迪也完全不避讳我们,不时指挥自己的老公帮自己垫一下垫子,或者倒一杯咖啡(对所见场景的描述),我能够感觉到海迪是这个家庭的中心,倒不是因为全家人由于她的病情,而要围着她转,而是海迪身上就有这样一种力量,把周围的人凝聚在一起(主持人自己的感触)。"通过对见面之前自己心情的描述和对现场情景的描述,对比得出自己的感想,而这一看似感性的随想,实则是主持人对张海迪身上所具有的一种力量的评价。

这种意见表达方式中,陈述的逻辑、线索、顺序并不一定以表达对象为思维中心,而是以要表达的观点为话语组织指挥中心。值得注意的是,主持人的陈述与报刊文章的叙、描是有所不同的。由于大多数电视节目中主持人并不是"主演",主持人不可能长时间长篇大论地宣讲,所以,他们的讲述通常更为简洁、直接、生动,较快地步入核心篇章或高潮部分,可能并不具有故事的绝对完整性,但一定具有观点的包容传递性。与此同时,还要指出,主持人的陈述不是干瘪的、枯燥的、苍白的,作为具有高度情感性的传播主体,他们的陈述必然也应该包含情感的成分,而观众是有情感诉求的能动主体,所以,情感与意见在话语表达和传播效果中必然有着紧密的联系。

唐代诗人白居易说:"根情、苗言、华声、实义。"意思是说:"情感是根本,言语是苗叶,声音是花朵,内容是果实。"说明情感与内容紧密相连,外在内容也可能就是情感的直接表现。美国主持人罗伯特·迈克尼尔曾这样说:"在索马里,不单单是那些照片让公众感到伤心,联合国儿童基金会的奥黛丽·赫本和北爱尔兰的玛丽·罗宾逊的言语使得这些照片更具感染力。"[①]可见经过情感渲染后的信息更能打动传播对象。

公元前4世纪,亚里士多德第一次论述了说服的艺术,即影响听众选择的传播活动。他认为,传播包括:气质、理性、情感。气质是指信息提供者的可信性;理性是指说服论证的逻辑性;情感是指说服过程所借用的情感吸引力。情

---

① 转引自[美]凯瑟琳·霍尔·贾米森,卡尔·克洛斯·坎贝尔. 影响力的互动——新闻、广告、政治与大众媒介[M]. 洪丽等,译. 北京广播学院出版社,2004:42.

感也常常被人们通俗地称之为感情,是人类天性的组成部分,即所谓"人非草木、孰能无情",情感涌动在我们的大脑里、身体内。我们的生活中充满着情感。情感对每一个个体都有很大的影响作用,甚至大过任何"道理",因为人们在实际行为中往往不是按照理性的方向发展的。人们在实际行动中的理性似乎比想象的要少得多,于是情感就成为了直接引导力和推动力。著名宣传心理学家肖·纳奇拉什维里就认为:"情感推动人去行动,理性则阻碍人的活动。因此,用诉诸情感的语言,比诉诸理性,可以给予人的行为更大的影响。"①

那么什么是情感? 对其界定并不完全统一。霍克希尔德(Hochschild, A. R.)认为情感是一个映象、一种思考、一段记忆与身体的合一,一种个体所意识到的合作。戈登(Gordon, S. L.)把情感定义为感觉、表现性姿势和文化意义的一种从社会角度被建构的模式,该模式是围绕着一个社会对象——通常是另一个人的某种关系而加以组织的。但可以肯定的是情感是身体与生理感觉的双重表现,它既是人们行动的原材料,又构成了人们进行交流的符号象征。苏格拉底认为,交流是爱与被爱,是一种双向的互惠,是心灵与心灵的对接,要在亲切的互动中进行。也就是说,情感不是一个自然而然的产物,是在互动中创造的结果,并通过符号来表现和传达。所以,情感是内容有效传播的重要辅助,是从内心深处打动交流对象的重要手段。情感激发的过程,也是共鸣与认同生发的过程。情感既影响人们对事物认知,也影响人们的行为倾向。近几年中国电视荧幕大打亲情牌,"感动与流泪"漫布于各类节目之中,即使在综艺娱乐节目中,如《舞出我人生》《中国梦之声》《妈妈咪呀》等,也频频深挖选手背后的感人故事,常常激起评委、观众、主持人纷纷落泪。李玟、伊能静等明星曾抱怨说,自己哭的其实没那么多,但全被剪到一起了。这正说明情感是信息表达的重要元素,所以电视人对"情感"因子才如此高度重视。

从角色论的角度讲,情感与动机因素存在于角色之中,并且在特定情境下、互动的过程中通过行为表现出来。这也就是说,主持人这一角色存在的情感和动机必然会在一定的节目情境中,通过主持人的言行表现出来。

人与人之间的情感关系可以分为表达性与工具性两种倾向。表达性情感是指情感的表露是真诚而自然的,工具性情感则是以获得某种利益为出发点。那么主持人与受众的情感关系是哪一种呢? 笔者认为,主持人与受众的情感是

---

① [苏]肖·纳奇拉什维里. 宣传心理学[M]. 金初高,译. 北京:新华出版社,1984:49.

站在工具性情感关系舞台上的表达性情感释放。意思是说,主持人是真实的人,主持人与受众的交往是真实的互动和真实的情感流露,真实与真诚的传播态度是主持人传播价值的核心,这一点在后面章节中还会具体阐述,因此,表达性情感是主持人与受众最核心的情感关系。但是,主持人主持节目的最终目的是赢得收视率,所以主持人会运用各种传播方式和技巧,当然包括对情感的合理运用,比如《艺术人生》中主持人朱军的煽情,《快乐大本营》中快乐家族的搞笑,《我猜我猜我猜猜猜》中吴宗宪的激情与幽默,等等。但不可否认有些时候主持人的表现会略显超越生活中正常交流的尺度,具有一定的表演性、夸张性,甚至具有一定的刻意性和计划性,比如《艺术人生》中对嘉宾深有感情的道具的使用。也就是说,主持人具体的情感流露是真实的,但由于传播目的的需要,又会具有一定的艺术策划和渲染成分。

情理结合阐发意见实则是感性与理性相结合,是感性的柔美与理性的刚硬相结合,是感性的吸引力与理性的说服力相结合。"情"有较为广泛的含义,人类的情感总体来说包括:高兴、恐惧、愤怒和悲伤四种最普遍的情感,但有多个情感维度,如:美感、亲热感、幽默感、荣誉感、成就感、道德感,等等。主持人在意见性信息传播中可能用到各种情感,但较为常用的是亲切感、愉悦感、幽默感和美感。主持人以这种方式表达意见性信息,可以表现得更委婉、更含蓄、更温情、更动情、更幽默……使受众觉得更自然、更贴近、更易接受。

在意见性话语表达中对情感的把握与使用,不同主持人会有不同的运用方法和体现方式,这与主持人的风格、个性、特长等有关。崔永元、窦文涛就擅长在幽默与玩笑中传达自己的观点;蔡康永、徐熙娣(小S)、吴宗宪等人则是在夸张的肢体语言、略显"出格"的个性化激情与笑点中传达自己的意见;陈鲁豫、杨澜、邓晓楠等很多女主持人则擅长在惬意柔情的话语中,默默地流露出自己的观点;白岩松、水均益、王志等风格较为严谨的主持人也同样会情理结合,不过风格较为大气。

三、引用与整合中表达意见

在这里,"引用"是指"引用他人观点",主持人为了合理、恰当、有效地表达自己的意见,而引用其他人的相关言论。可以引用他人观点进行直接表述,也可间接引用,将他人的言论通过自己的话语进行转述或转述的同时进行少许加工。引用的原因通常有这么几种:

　　一是,意见的来源可信度高,说服力强,如:来自知名人士、相关学者、事件目击证人,等等。就特定的问题,来自特别个体的言论具有比主持人自己直接评论更好的传播效果,因为传播学原理已经证明信息源与传播效果有直接关系。敬一丹在《一丹话题·现代企业制度九问九答》一期节目开始时说:"在现代经济生活中,你、我、他之间紧密联系着,其中一个重要的联结点就是企业。什么叫企业? 我们多数会脱口而出:企业就是工厂。然而,有专家告诉我,工厂式的企业是计划经济的产物,而公司式的企业才是市场经济的产物。公司式的企业实行的是现代企业制度……"这里转述了专家的解释,显得更权威、正式。

　　二是,由于某种外部原因,如政治环境、国际关系、媒介角色等,主持人不便直接发出评论,不能尽情地传播个人观点,但却觉得应该表达或有意愿表达某种观点,于是巧妙地借用他人的观点实现自己的传播目的。湖南电视台《今日谈·小山智利被丈夫抛弃》一期节目中,主持人直接引用了一位空姐的话,这位空姐说:"一个为了个人恩怨抛弃自己祖国的人,祖国的人民会抛弃她,她的家人会抛弃她,甚至她的丈夫将来也可能抛弃她(背景是:听到小山智利战胜邓亚萍后直言战胜中国是自己最欣慰的事)。"主持人然后追加一句自己的意见:"现在这一切都被不幸言中。"如果主持人直接说出"抛弃祖国的人会被自己的丈夫抛弃"则显得与其正面的公众形象有些不符且有些武断。主持人借用一位空姐——一个普通中国人的真实感受,不仅巧妙地表述了自己对小山智利的看法,而且显得与受众更贴切。

　　三是,他人的言论更鲜活、更适宜特定情形下的意见需要。水均益曾在《焦点访谈》节目中对话时任联合国秘书长加利,开场这样说道:"秘书长先生,请允许我告诉您,今天在这里采访您的除了我本人以外,还有许多关心联合国、关心您的中国人,因为我也带来了一些我们观众的问题。现在我想从一个北京的小学生给您的问题开始我们今天的采访。这个小女孩请我问问您,联合国有多大? 您的官有多大?"加利对这样一位可爱的提问者提出的这样一个可爱的问题顿感惬意,开心地表示在回答这个问题之前首先要向这个小姑娘说一句话。他突然用中文说:"我们都是老朋友。"在场的人都笑了,也将谈话在快乐的氛围中顺利地带入了预定轨道。窦文涛在《锵锵三人行》中经常引用一些略显出格的段子,借他人之手达到调侃中表达意见的目的。在新媒体盛行的当代,主持人借用网络段子、手机段子幽默传播一些意见已成为常见的节目形式。

　　整合信息是另外一种主持人常用的非直接意见组织方式。"整合"也叫"交合",是一种思维方法,是主观世界与客观世界以不同形式交融后获得的新感觉、新认识和新观念,也是对不同信息进行交合处理的一种方式,通过对既有信息的交合处理而使之产生新的信息。经过重新整合后的信息所释放出的新的含义则是信息整合人的意见体现。因此,信息整合的过程就是意见组织的过程。尤其是在新闻评论节目中,主持人面对既定的探讨话题,有充足的准备时间,通过整合大量相关信息进行传播,可以自然而然地表达出自己的观点。例如:2014 年 7 月《新闻周刊》一期节目中播出了凤凰古城遭遇洪水侵袭,沱江水位猛涨,古城被淹的事件,但作为评论节目更想探讨其原因何在。在一番关于古城近些年扩张建设、超负荷发展旅游、经济利益驱使……的原因分析之后,主持人白岩松这样说道:"今年似乎不是古城的好年景,一月香格里拉独克宗古城被大火烧去近三分之一的面积,四月丽江古城又遇火灾,七月凤凰落难,从某种角度来说古城像人群中的长寿老人,我们该如何尊老……"将一年之内中国三座古城受损的信息整合到一起,一下子就凸显出"古城保护"这一问题的迫切性,这也正是主持人想要表达的观点。

水均益在《面对关注的时候》一文中说:"新闻主持人的生命力就在于对许多事物,特别是众多新闻背景的长期追踪和研究;在于用最快的速度,利用尽可能多的信息得出令人信服、于人有益的分析和判断;更在于善于运用自己知识、自己的头脑。"[①]由于节目主持人是信息传播工作者,本身就有信息获知的优势,当他们把丰富的信息经过重新组合后不仅可以生成想要表达的观点,还使得意见表达有血有肉、有章有据、可读性强、可思性强。

四、提问与诱导中表达意见

2011 年 9 月 14 日,央视某主持人在达沃斯论坛上这样问骆家辉:"你坐经济舱,是否在提醒美国欠中国很多钱?"提问简洁、切入点独特,但意见鲜明,网上甚至掀起了网友提问热潮。提问,即向传播对象提出问题并期待对方根据问题阐述观点。提问具有开启性、诱发性和开放与规约性的功能。也就是说,提问可以开启谈话,提问的根本目的是诱发被问者给出对称信息,提问获得的反馈信息是不确定和不固定的,但正常情况下是在问题指向的区域内,因为问题本身在方向上预设了答复。美国哥伦比亚大学教授麦尔文·曼切尔(Melvin

---

① 水均益. 面对关注的时候[J]. 电视研究,1997(3).

Mencher)认为:"提问的实质是由主持人抛出的联系自己与访谈对象'取''予'双方的纽带。"①为了"取"的目的而"予",恰恰说明'予'的指向明确。伽达默尔(Hans‐Georg Gadamer)指出:"真正的提问总是包含着一种对于可能性的揭示和保持,从而悬置了文本和读者当前观点的假定的最终确定性。"②他还指出"问题的出现好像开启了被问东西的存在。因此展示这种被开启的存在的逻各斯已经就是一种答复。"③因此,无论是问题的出现还是问题中包含的提示信息或重点信息,实则都是问题提出者经过思考判断的结果,问题本身就蕴含着提问者的观点、指向、判断。有一次,杨澜采访李敖,发现李敖穿了一件红色的衣服,开场便这样说道:"李先生,你好。我发现你特别喜欢用红颜色。你是不是这辈子经常在与人相斗,所以有一种红色的气焰?"这一提问中,杨澜既表达了对李敖好斗的判断,也诱导了李敖朝着这一论点谈话,是从观察判断到组织意见再到合理表达的经典之作。因此,主持人的提问既是表达自己的意见,也是主持人因时、因事、因势对信息发展方向的规划,是主持人通过自己的思想对被提问者的调度和诱导,而这一规划也正是主持人观察、思考之后的意见反映。

　　除了问题自然涵盖意见这一恒定规律外,主持人在节目中还常常为了将问题讲清楚,问透彻,做一个提问的辅助性铺垫,这一铺垫不仅更加明晰地传递出自己的观点,也使被提问者更容易按照自己设定的方向回答,是一种以更明确的意见做出的更有指向性的意见诱导。例如:《面对面》节目中王志对话易中天,这样问道:"有学者质疑,你把'业'变成了'余',把'余'变成了'业'。你本质上是一位老师。(你怎么看?)"第一句铺垫清晰地表明主持人对易中天把更多精力放在了社会活动而忽视了教学的观点;朱军在《艺术人生》中问陈坤:"你有很多东西不像你这个年龄的人应该有的。除了家庭的一些变故,你从小所受到的环境的影响之外,一定有更大的或者更重要的事情在影响你。能告诉我是什么吗?"这个提问的第一句话是典型的意见判断句,诱导被问者向着主持人已经判断出的方向回答。

五、辗转表达意见

　　辗转表达是说主持人不是意见的直接表达者,但却是意见传播的"组织者"

---

①　徐浩然等.主持人语言逻辑与管理制度[M].北京:中国传媒大学出版社,2009:84.
②　[德]伽达默尔.哲学解释学[M].夏正平,宋建平,译.上海:上海译文出版社,1994:12.
③　[德]伽达默尔.真理与方法(上卷)[M].洪汉鼎,译.上海:上海译文出版社,1999:466.

"策划者"，主持人通过调度嘉宾、选手、现场观众等节目中的其他人物主体表达意见。由于是在特定的情境和时机下，又有主持人的主动引导，所以最终传播的意见实际是主持人的预设观点和预期内容。之所以用这样的方式表达意见，有两种原因。一是在特定的情境下，主持人认为他人传播某一意见比自己直接表达更具传播效果。《小崔说事·朋友》一期节目中讲述了多年前还是一个孩子的高威带着白内障的爷爷看病但钱不够，临床的栾福山不留姓名地帮助高威交了钱，之后自己出了院。多年后，高威终于找到了栾福山，几年后栾福山得了白血病，高威卖掉了家里唯一值钱的房子为栾福山治病。上海一位李先生被他俩感动，两次给二人汇去 25 万元，要帮助他们赎回房子和治病。节目组很想请到这位好心人，但李先生还是拒绝了，不过作了现场连线。在与李先生对话的最后，主持人崔永元说："我们不知道说什么好，李先生，我就像栾先生和高威他们拿到钱的心情一样，现在用语言好像很难表达，我委托我们现场的观众，用掌声回报您。"主持人把一种难以用语言表达的心情，通过调度现场观众的"掌声"来表达，一片热烈的掌声不仅表现了主持人对李先生的尊敬和赞扬，更是让远在千里之外的李先生感受到了很多，这一片掌声远远胜过主持人这一"单声道"上的任何言语；二是，由于角色特征和身份定位，主持人不便于毫无顾忌地以一个普通人的方式尽情释放自己的情感和观点，但主持人又希望有效地、有力地表达自己，于是通过他人传递自己的情绪、情感和观点。《非诚勿扰》一期节目中，一位看上去有些风趣幽默的男嘉宾关敬民，却在谈到理想女生时竟表示"相貌无所谓，但年薪要在 100 万至 300 万之间，这样我可以少奋斗 10 年，就算当上门女婿也可以考虑"。此言一出，现场立刻炸了锅，一片指责。主持人孟非没有以制止的方式维护节目"秩序"，而是说："从 24 号开始说，一人 15 秒钟。"于是众位女嘉宾毫不客气地开始了轮番轰炸，"兄弟赶快回家洗洗睡吧""你是给电视机前的富婆做广告""你长得就像个吃软饭的""你除了滑稽点儿，能贫点儿，其他的你什么都没有"，等等。很显然主持人没有直接对这一自己完全不能认同，大多数人也不能接受，甚至相当反感的价值观提出批评，而是发出了"女嘉宾发言"的指令，以主动给予言论空间的方式，形成有序的群言式批评，不仅表达了主持人对此十分不赞同的态度，而且内容丰富、场面活跃。在女嘉宾一番愤慨的轰炸之后，孟非以一个主持人的身份作了一个含蓄而深刻的批评、一个总结式的评论："这个舞台面向每一个人，每个人都有权利展示自己，但是要对这个展示的后果承担所要发生的那个结果。"这种通过引导而产生的群言式评论,正是"沉默螺旋"理论的表现。该理论是说当一个人感觉到自己的意见是少数,或者说与其所属群体或周围环境的观念发生背离时,会产生孤独和恐惧感,于是便会放弃自己的看法,逐渐变得沉默。主持人通过现场多个言论主体发出某种一致的观点时,就会使观点对立一方感到意见的孤独,渐渐放弃已有观点。其传播质量和态度改变速度可能会远远好于主持人独言式的意见表达。

需要强调的是,这种意见表达方式对传播条件有较高的要求,是天时、地利、人和的境况下主持人的一种急智调度。也就是说,必须有适当的节目、适当的时机、适当的人物作为必须条件,然后还需有主持人恰到好处的意见"组织"。正是由于这种意见传播方法对传播条件的苛刻要求,所以对主持人的反应能力、观察能力、调度能力等都有很高的要求。

第二节　电视节目主持人意见性话语表达途径

美国符号论美学家苏珊·朗格(Susann K. Langer)曾这样描述语言在思维、回忆、描绘事实和反映心理活动等方面的特长:"人们运用语言不仅能够表达感觉世界中的一切现实存在,表达某些隐蔽起来的事实,甚至可以表达那些无可感觉的无形观念。"[①]所以,语言是人类表达的全部,是人类思维的外化,是人类交际的重要工具,是人们进行沟通交流的各种表达符号。语言符号包括:语音形式、意义和功能三大要素。电视传播力的强大首先源自于它丰富的语言表达方式。电视语言符号包括图像符号、声音符号和文字符号,如表5.1。

---

① 李彬. 语言·符号·交流—谈布拉格学派的传播思想[J]. 新闻与传播研究,2000(2).

表 4.1　电视传播符号分析表

电视传播符号	语言符号	有声语言	主持人语言	主持人口播
				解说词
			现场语言	同期声
				记者、主持人口播
		文字语言	字幕以及各种形式出现的文字	
	非语言符号	影像	形体、表情、服饰等	
			色彩、光线、空间等	
			图片、图形、实物等	
		音响	现场效果声	
			语音、语调(类语言)	
		音乐	现场音乐	
			后期制作音乐	

电视不仅包含构图、色彩等基本视觉传达元素,更重要的是有运动、节奏、剪辑等结构元素,以及语言、音响、音乐等非视觉元素,形成视听一体化的表现。在今天的媒介传播中,无论是视觉符号还是听觉符号都很重要,这也是电视能够成为最强势媒体的重要原因。从艺术掌握世界的特殊方式和构成艺术特殊规律来区分,可将艺术分为再现艺术和表现艺术。电视艺术则是再现艺术和表现艺术的完美融合。其中画面表达再现艺术的特点,声音体现表现艺术的特征。丰富的符号传播,使得电视不仅打破了空间的界限,更打通了器官、感觉通道的界限。麦克卢汉说:"面对电视媒介,观众的审美不是静观的、专门化的、单一感官的,而是突发性的、整体性的、通感的、涉及一切感官的。"①很多大众传播理论家也都曾指出,人们从来就不只是"看"电视,或者像符号学家所说的,不单单是"读"电视,而是在"感觉"电视。这种感觉很大程度上就源于电视的丰富语言表现性。电视节目主持人或直接或间接地拥有了所有传播符号使用权。

一、有声语言表达

根据语言是否发声,可以分为"有声语言"和"无声语言"。有声语言是人

---

① [加]马歇尔·麦克卢汉．理解媒介[M]．何道宽,译．北京:商务印书馆,2000:413.

际交往中最主要的交流方式,也是节目主持人最主要的传播方式。播音员主持人也被视为语言文字工作者或语言艺术工作者,就是指他们对"有声语言"的使用具有示范和标杆作用。《中国广播电视播音员主持人职业道德准则》第二十一条规定:"广播电视播音员主持人要积极推广、普及普通话,规范使用通用语言文字,维护祖国语言和文字的纯洁,发挥示范作用。"

从言语交际的角度,语言又可以分为"口语"和"书面语"。主持人的有声语言传播通常又被称为主持人口语表达。语音是有声语言的表达手段,不仅是可以把内容表现为物质形态,而且具有活跃的表现力。所以,有声口语表达不仅由符号传达意义,还由声音表意传韵,音色、音量、音高、音长的控制,语调、重音、停顿、连接、节奏等有声语言口语修辞的运用,起着重要的意义表达、情感表达的作用,这种传播方式相较书面语言表达更丰富、更灵活,意义更深切、更简洁,情感更鲜活、更动人,即所谓"声情并茂""充满活力""表达恰切"。对播音员主持人用声的共识是:"圆润集中,朴实明朗;刚柔并济,虚实结合;色彩丰富,变化自如。"这既是主持人有声语言的练习方向,也是有声语言丰富多彩的有力说明。

主持人的口语传播又包含了两种形态,即"非自发口语"和"自发口语"。非自发口语是指有稿件依据的口语表达,自发口语是指没有文字依据的即兴口语。虽然主持人对每一期节目都会做必要的准备,但这种准备只是对节目相关内容的尽可能多的储备,而不是对每一句话的预备。主持人在节目中没有可以供来播读的稿件,节目也不允许主持人像播音员那样照稿播读,主持人的语言必定是主持人根据节目需求即兴组织的符号。因此,主持人的主要语言方式可以定性为即兴的自发有声口语表达。

主持人口语表达与日常生活中原生态的口语表达又有质的区别,下表是两者的具体对比。

表4.2 主持人口语与日常口语对比

主持人口语	日常口语
大众传播言语行为	人际交往言语行为
经过提炼、修饰的艺术性语言	通俗、自然的生活大白话
规范化的大众口语(语音、语法、用词等)	没有严格要求的口语
传播对象的公众性	传播对象的选择性

主持人口语	日常口语
传播目的鲜明	可以随心所欲
有准备的边想边说	无准备的边想边说
带有书面语规范色彩的口语	不带书面语色彩

从上表可以清楚地看出主持人的有声语言在语言规范性、语言质量、语言美感等各方面都要优于日常生活中的言语使用,在有声语言所包含的内容和表现形式两个层面主持人也均有较高的要求。与此同时,主持人在语音、发声、停连、重音、语气、节奏、语调等语言表达方面通常都经过训练,有较好的应用技巧。这些语言表达技艺增强了意见性话语表达的清晰度、美感度和认知度。

二、非语言表达

20世纪90年代的一天,张宏民被临时拉去代班上《新闻联播》,但由于没穿正装,只好把同事的一件中山装借来急用,于是就出现了《新闻联播》主播一反常态改穿中山装的形象。这一举动立刻引起轩然大波,各国使馆纷纷派人打听其中缘由,探寻是否中国的政治气候要发生变化,因为他们认为国家电视台主持人衣着变化很可能预示着国家政治方向的改变。这足以说明主持人的非语言符号具备鲜明的意见指向。

莎士比亚说:"所有的演讲者都同时给听众两个演说,一个是听到的,另一个是看到的。"这个看到的演说就是演讲者非语言的传情达意。传播符号被分为两大类:语言的(包括文字)与非语言的。非语言符号通俗理解就是不用声带发出声音的语言,也被很多人称为体态语言,包括眼神,面部表情,手势,身势,动作以及空间语言(位置,距离),等等。也有学者将非语言与副语言严格或者不严格的并提。比如张颂老师在《播音语言通论》中就指出:"副语言,包括眼神、面部表情、体态、服饰、时空感觉显示等。"[1]同时还根据主持人的工作环境谈道:"电视中灯光强弱,镜头焦距,背景中季节、环境气氛显示等,都是在传播中副语言的运用。"[2]姚喜双教授在《播音员、节目主持人的语言评价》中将主持人的副语言进一步明确为"在播音创作中,副语言主要是由体态系统和境态(与体

---

① 张颂. 播音语言通论[M]. 北京:北京广播学院出版社,1994:74.

② 张颂. 播音语言通论[M]. 北京:北京广播学院出版社,1994:74.

态相关的)组成的表情达意、传递信息的符号系统……在播音创作中,副语言具有补充、替代、强调、否定、重复、调节言语信息等功能和作用。"①从这些表述说明,主持人的非语言既包括了以主持人为主体的能动性的非语言传播方式,也包括了与主持人关系密切的电视系统非语言符号。受众对于电视画面的解读是整体性的,主持人的语言与非语言传播之间是相互影响、相互表达的。比如20世纪末英国独立电视台(ITV)为了与BBC在新闻节目的竞争中胜出,就在演播室的设计上下了一番功夫,新演播室采用了粉红色、黄色、青绿色、紫色、蓝色等多种颜色为演播室背景造型。这样的多种色彩创意下演播室色彩可以随着节目类型而变化,主持人也需随之调整自己的服饰色彩、肢体动作等,比如在蓝色背景前,仪态庄重地主持的政新闻;在橙色背景前,形式活泼地主持体育节目。

心理学研究表明,行为是在心理活动支配下产生的能被感知的言行举止,狭义来讲就是言行举止。所以,非语言本身就是心理活动的外部显示。非言语信息符具有语言符号的特性,即具有能指和所指的功能,却不通过言语直接表达。于是,非语言传播被人们描绘成"一套精致的代码",未见诸文字,无人通晓,但人人都能意会。更为值得注意的是,非语言传播在人类交往中传递的信息比语言传播还要多很多。施拉姆指出,在两人面对面传播中,有65%的"社会含义"是通过非语言符号传达的。65%这个比例也被很多传播学家、社会学家认同。美国社会心理学家艾伯特·梅拉比安(Albert Mehrabian)曾对面对面交谈的有效印象提出一个著名的比率公式:词语或言语(所说的话)占7%,声音(说话的方式)占38%,脸部表情、动作举止占55%。但是非语言存在较强民族性、地域性特征。同样的身势、手势、表情在不同地域、不同民族的人群中可能具有不同甚至完全相反的意义指征。

传统的大众媒介中,非语言传播的完全利用可以说是电视的专属。报刊是"以字表意、以文传情",广播是"以声表意、以声传情",电视则是"声形相融,意情并行"。正是因为有了非语言传播这种传播途径,使得电视的传播方式丰富了许多,使得电视的传播思维相较其他媒体复杂了很多。非语言的意见传播往往更为直接、更为真切、更为有力、更为震撼,达到此时无声胜有声的传播境界。

心理学家约翰·肖特(John Short)等人对社会临场感的实验就发现,传输

---

① 姚喜双. 播音员、节目主持人的语言评价[J]. 语言文字应用,2005(2).

有关面部表情、观察方向、姿势、服饰等非语言线索信息的能力,有助于提高交流媒介的社会临场感。而高社会临场感的交流媒介有助于主持人与受众产生心理沟通。2008 年汶川地震,央视多位主持人如海霞、赵普、张羽、康辉、白岩松等临危受命每天直播都在十小时以上。观众从他们疲惫的身影和带着血丝的眼睛中看出的是亲切与爱心,感受到的是心灵的相通。主持人赵普甚至在镜头前几度哽咽。中国青年报记者周欣宇在题为《主持人的"失态"让我们多情》的报道中这样描述过:习惯了一个符号几十年一成不变的正襟危坐,因为他背后似乎意味着一个国家和民族的气派和气魄,他需要高高在上不动声色,总有人见不得他泪眼沾襟,显露出丝毫的柔弱。而如今,我们终于看到了一个主持人和他所代表的国家电视台,在举国同悲的时刻,学会拥有了更丰富的动作和表情? 是的,不论作为一个男人,还是一个主播,流泪多少都是一种失态。但在赵普的失态中,我们看到了一个生命和他没有具体表情的国家,学会了对其他生命消逝的悲恸,对幸存生命的悲悯。[①]

　　在信息传播中,语言与非语言是一种相互配合的关系,他们之间相互重复、相互补充、相互强调、相互调节,越是配合精妙,却会产生超越性的传播效果,其关系绝对不是 1 + 1 = 2,而是 1 + 1 > 2。对于需要艺术化语言表达且以传播效果为目标的电视节目主持人而言,同样如此。《新闻 1 + 1》一期节目中,主持人白岩松带了一条醒目的绿领带,并且在节目开始还把话题点落在了这条领带上,他说:"在进演播室之前,我究竟是戴一个红色的领带还是戴一个绿色的领带,我犹豫了一下。(这时也伴随着手触摸领带的肢体语言)最后我还是选择要戴一个绿色的领带。但是戴完了绿色的领带之后心里又有点含糊,会不会有很多观众朋友会认为我是一个不太好的主持人,跟戴红领带的主持人比较起来我比较差。当然,这只是一段开玩笑的这种语言,我是故意戴上绿色领带的,但是戴上这条领带其实是特别想跟西安一所小学刚开学,就是刚上小学一年级就戴了绿领巾的孩子们说上两句话,白叔叔和你们一样都戴过绿色的领巾,但是不意味着咱不好,咱们相当棒,而且非常好,跟戴红领巾的孩子一样棒,当然了你们比白叔叔还棒。"原来,事件的背景是西安某小学给还没有资格加入少先队的学生佩戴绿领巾。这段表述中,将有声语言、肢体语言、服饰语言、色彩语言有效结合,将视觉语言与听觉语言有效结合。应该肯定地讲,这两种语言的融合

---

① 周欣宇. 主持人的"失态"让我们多情[N]. 中国青年报,2008 - 5 - 21.

使用是其他媒介所不具有的,是电视媒介的优势,也是主持传播的优势,它们给予了电视节目主持人意见观点表达的先天资质。

本章小结

在不同的电视节目和不同的情境下,意见性信息的话语表达方式是丰富多样的,本章阐述的是基础性的、通用性的几种表达方式,因时、因事、因人、因节目而异,以及在不尽相同的现实语境中对其灵活运用,是获取理想的传播效果的关键。意见性信息必须通过符号传递,电视节目主持人的意见性话语表达手段丰富,除了常被提到的有声语言之外,还有非语言,非语言又包括:以主持人为主体的语言符号和与主持人密切关系的电视传播符号。但是需要明确,无论采用什么样的表达方式,通过什么样的符号表达,意见性信息内容本身的质量,是影响传播效果的最重要因素和根本所在。

第五章 电视节目主持人意见性信息传播的优势和特性

电视节目主持人这一角色嵌入于电视之中,面对麦克风是其基本的工作状态,就自然继承了电视媒介在意见传播方面的诸多优势。同时,主持人又具有高度个性化传播特点,于是电视节目主持人在意见性信息传播中就具有了与众不同的自身优势。另一方面,受到以报刊评论为主导的传统的思维定式的影响,一旦提及评论或发表观点,就会惯性思维的想到成篇成章的"说理",思想深刻的"说理",逻辑缜密的"说理"。主持人的意见性信息传播虽然没有完全抛离这些评论的理念,但却有极大不同。其意见传播融入和反映了电视的特征、电视节目的特征和传播主体的人性化特征。优势与特性融合并存。本章将对最主要的优势和特性做出归纳与总结。

第一节 电视节目主持人意见性话语的表达方式

戈夫曼说:"社会布景确定了会在哪里遇到什么类型的人。在确定的社会布景中,千篇一律的社会交往使我们无须特别留意或思考,就能应付预料到的人物。"①在电视构成的框架背景和仪式传播中,主持人被给予了一定的传播优势和身份认同,这也正是麦克卢汉强调的媒介即信息。

---

① [美]欧文·戈夫曼. 污名——受损身份管理札记[M]. 宋立宏译. 北京:商务印书馆,2009:2.

一、传播形态优势

电视节目主持人独有的"大众传播＋人际传播"这一传播形态赋予了他们意见性信息传播的优势。电视节目主持人是大众媒介电视的界面人物、代言人，其传播行为是通过电视这一大众媒介进行传播的，因此属于大众传播。传播的对象是广泛的，传播的内容是公开的，正如梅尔文·德弗勒给大众传播下的定义："大众传播是一个过程，在这个过程中，职业传播者利用机械媒介广泛、迅速、连续不断地发出讯息，目的是使人数众多、成分复杂的受众分享传播者要表达的含义，并试图以各种方式影响他们。"①但与此同时，电视节目主持人又是一个具体的、依附于媒体却又可以走出屏幕的、有血有肉的"人"，他们是在以人与人交流的方式进行传播，这就决定了电视节目主持人的传播具有人际传播的属性。白岩松说："电视传播和其他媒体最大的区别就在于电视传播中有看得见的主持人因素，它是一种真正的人际传播。而在所有的传播方式中，人际传播是界限最少、最易达到效果的。正是主持人的存在使媒体与受众的传播还原到了人际传播的原始阶段，主持人成为电视表达亲近性和实现交流感的一个载体。"②人际传播是处于一个关系之中的甲乙双方借以相互提供资源或协商交换资源的符号传递过程。③ 人际传播是个人与个人之间的信息传递，是由两个个体系统的相互连接所形成的信息系统。在这个系统里，人们通过信息的接受，保持着相互影响、相互作用关系。④ 在人际传播中，人与人之间融合运用了各种器官传情达意，口、眼、手……是全身心的交流。大众媒介的介入其实削弱了人际交流的丰富性，比如广播通过声音通达耳朵，报刊只能通文字、图片通达眼睛，电视算是至今人类通达方式最丰富的大众媒介，最佳的发挥和体现了人际传播的交流优势。

"电视"通常"栖息"于每一个家庭的客厅或卧室，一个是家庭聚会、放松的处所，一个是起居的处所，两者都是人们生活中最主要的休闲与休息的空间，于

---

① ［美］梅尔文·德弗勒、埃弗雷特·丹尼斯．大众传播通论［M］．颜建军、王怡红等，译．北京：华夏出版社，1989：12.

② 孙玉胜．十年一从改变电视语态开始（修订版）［M］．北京：三联出版社，2012：37－38.

③ ［美］迈克尔·E·罗洛夫．人际传播社会交换论［M］．王江龙译．上海译文出版社，1997：25.

④ 郭庆光．传播学教程［M］．中国人民大学出版社，2009：8.

是电视成为这一空间中最易得的信息来源、娱乐方式和交流对象。人们看电视几乎是在忽略经济支出、无须思维过滤下的一种生活惯性行为,随时甚至是下意识的开机、关机、转换频道。观众可以躺在床上看,可以坐在客厅看,还可以一边做着其他事情一边随心所欲地收看。多年的全国电视观众抽样调查均显示,观众在看电视的同时伴随着做功课、看报纸、做家务、听音乐、健身娱乐、看杂志、工作等不同行为,显示出极大的轻松性和随意性。此种传播环境、收视状态、收视方式建立了受众与电视之间一个面对面的现实交流场,这种交流场给予在场的每一位成员真实的意见交流氛围和交流心态。

因此,主持传播是将人际传播所具有的交流感、亲和力、个性化、人格化与大众传播的广泛性和影响力,以及电视媒介的视听优势功能有效结合,构成了具有鲜明人性化特点的大众传播,或者说是大众传播通道中的人性化传播。大众传播与人际传播在主持传播中形成相辅相成、相互制约的关系:前者是后者的基础,大众传播为人际交流打造平台,令私人空间公共化;后者是前者的手段,人际交流的效果会直接影响大众传播的质量。塞弗林(Severin,W.)等人在《传播学的起源、研究与应用》中曾明确提出:有效的传播节目往往是大众传播与人际传通的结合。这种传播方式会使主持人的意见性信息传播继承大众媒介电视的所有传播特征,同时又具有了人际传播的交流性优势,人与人面对面的意见交流是观点最容易被接受的交流方式。

约翰·肖特(John Shotter)等人对于社会临场感的研究也证明了电视的传播形态适宜于意见的传播。他们发现,在面对面的条件下,当分歧是由观点的差异所致的时候,更有力的观点影响最大;而在采用听觉通道的条件下,只有当分歧是由目标的差异所导致的时候,更有力的观点影响才更大。[①] 还发现在条件相同的情况下,媒介的社会交流感越高,交流者之间越具有亲密感,也就越具有信任感。因此,低社会临场感的交流媒介适合传递基础信息和解决简单问题,像电视这样的高社会临场感媒介就适合进行深入的思想和观点交流。

二、传播信度优势

可信度是受众选择接触、选择注意、选择理解直至选择接受意见的最重要

---

① [英]亚当·乔伊森. 网络行为心理学——虚拟世界与真实生活[M]. 任衍具,魏玲,译. 北京:商务印书馆,2010:29.

支柱之一。传播学试验证明,信息源的可信度越高,信息越容易被接受,传播效果越好。电视节目主持人首先继承了电视本身的高信任度优势。《2012 年全国电视观众抽样调查分析报告》显示,在重大事件发生时,有 78.51% 观众获取信息首先选择电视媒体,其次是互联网媒体,但仅有 14.75%。乔治·科姆斯道克在《美国电视》一书中说:"电视仍是最可信的媒体。这种可信度是电视自身独创的……实质上,它包含了电视的两个特点:事件的直观报道和新闻人员的展示。这两大特点构成了电视可信度第一的最基本的理由。"①据洛佩尔调查公司受众调查显示,72% 的美国公民认为电视是获得新闻的主要来源,51% 的美国公民认为电视新闻是最值得信赖的新闻来源。在英国,2/3 的人相信 BBC 和 ITN 说出了事实的真相;相比之下,只有 29% 的人相信报纸。② 德国的一项调查显示,77% 的人认为电视新闻最客观,最可信。③

除此之外,电视节目主持人又在媒介信度的基础上添加了自身的人格魅力以及可能的个人可信度。美国新闻主播沃尔特·克朗凯特曾被毫无争议地评选为"美国最值得信任的人"和"最值得信赖的公众人物"。美国总统奥巴马在2009 年悼念他的声明中也指出:"几十年来,克朗凯特一直是美国人最信赖的声音。这个国家失去了一个指标性人物、一个亲近的朋友,我们真的会怀念他。"美国曾经对电视新闻主持人做了一次信任度调查,结果竟然发现电视中的很多知名主播、记者竟然比当时的里根总统(里根总统总体可信性比率为 68%)还高出许多。

表 5.1　美国著名电视新闻主持人、记者可信性排名④

新闻界名人	可信度总分
沃尔特克朗凯特(CBS)	92
丹拉瑟(CBS)	89
麦克尼尔 – 莱勒(PBS)	83
特德·科佩尔(ABC)	88

---

① 转引自王逢振. 电视与权力[M]. 天津:天津社会科学院出版社,2000:122.

② [英]大卫·麦克奎恩. 理解电视[M]. 苗棣,赵长军,李黎丹,译. 北京:华夏出版社, 2003:184.

③ 金维一. 电视观众心理学[M]. 上海:复旦大学出版社,2005:51.

④ [美]迈克尔·埃默里,埃德温·埃默里,南希·L 罗伯茨. 美国新闻史——大众传播媒介解释史(第九版)[M]. 展江,译. 北京:中国人民大学出版社,2009:492.

续表

新闻界名人	可信度总分
彼得·詹宁斯(ABC)	90
约翰·钱塞勒(NBC)	89
戴维·布林克利(ABC)	90
汤姆·布罗考(NBC)	88
迈克·华莱士(CBS)	83
芭芭拉·沃尔特斯(ABC)	78

事实也是我们总会看到很多人愿意在电视节目中将自己的心声向主持人倾诉,或者在节目外以各种方式同主持人交流,把自己的私密、想法与主持人分享。希腊曾经发生过这样一个让很多人诧异的故事:一个叫肯迪拉斯的男子,因家庭纠纷杀了岳母,然后挟持了载有32名日本游客的大客车,在高速公路奔驰了9个多小时,不肯停下。在警察的追捕下,肯迪拉斯提出了一个要求,只要同当地电视台一位谈话节目主持人交谈一下就投降。他觉得,只有这样一位主持人才"配得上"同他做一次真诚的谈话。肯迪拉斯把汽车开到阿尔法电视台,在电视台门口,他见到这位节目主持人(一位中年男子),他们只谈了10多分钟,肯迪拉斯就很顺从地跟着警察走了。

作者进行的问卷调查在"电视节目主持人在您眼中是什么样的人"一项中,32.09%的受访者选择"具有较高公信力的人"。这种来自于媒介特征继承、职业特性和人格魅力的信任度,使得主持人成为具有高信任度的信息源,由他们传播的意见性信息也就具有了高信度,进而带来受众对意见性信息的低防御性和易接受性。

三、传播角色优势

其一,电视节目主持人具有中心仪式性角色传播优势。无论是从节目的现场观察,还是从电视画面审视,节目主持人通常都是处于舞台的中心位置或重心位置,也就是说他们处于传播的中心地位。这种中心性赋予了他们意见性信息传播的庄重性和仪式性。"视"的元素主要是图像和文字,图像中包含着形状、表情、色彩、空间等多种造型元素。视觉实验发现有人物的画面注意值往往要高,而且人物会成为视觉的中心注意点。同时现代意义上的电视画面,不仅是图像,还包含与画面同时传播的声音。因此,作为声画同步的传播者,主持人一旦出现于荧幕就是情境中的中心人物或者中心人物之一,再加之主持人的话语传播地位,主持人毋庸置疑地具有了视觉中心性和仪式中心性。主持人的开场白(欢迎收看……)和结束语(感谢收看……)都是一种仪式转换的标志。有礼貌的结束仪式也是为了下一次顺利的开启仪式。主持人在节目中的串联实际是把碎片化的情境,过去的情境和现在的情境借助仪式化的氛围联系在了一起,也形成了更庞大的仪式。

广义讲,人类生活存在和浓缩于仪式之中。电视节目无疑是传播仪式观的具象反映,它可以通过对节目本身元素的准备,对观众反应的镜头选择,营造出"圣礼式的语境"。从仪式的角度定义,传播一词与"分享"(sharing)"参与"(participation)"联合"(association)"团体"(fellowship)及"拥有共同信仰"(the possession of a commonness faith)这一类词有关。传播的"仪式观"并非只指信息在空中的扩散,而是指在时间上对一个社会的维系;不是指分享信息的行为,而是共享信仰的表征(representation)。① 电视节目主持人交流、互动、沟通的过程可以被称之为仪式的进行过程。比如《非诚勿扰》节目中,在一句低沉正式的男声"有请主持人孟非"和充斥在现场的各种欢呼声中,主持人孟非走入节目现场,这本身就是一种仪式或仪式化的暗示。而仪式本身又有这样的功用,即"将不同年龄、背景和社会地位的人们聚合在一起,分享一种共同的体验,以创造共有的意义和统一身份的活动"。② 莫里斯·布洛克(Maurice Bloch)把仪式看作"利用形式来获得权力"的行为。仪式具有的一个重要特征就是如何依据空间来组织我们的行动,并且使蕴含于仪式中的权威符号得到充分的区隔表现,使我们对其真实性有绝对地认同。仪式建构了一种真实的过程表现方式,对人们对事物的理解产生直接影响。亦或者说,仪式具有影响人们对事物认同的强作用力。试想,《新闻联播》《春节联欢晚会》中的任何一个言说个体,是不是具有相当的正式感,其言行都具有高度的可信性和真实性。因为,这些人物存在于是我国电视媒介最高级别的仪式之中。

涂尔干(Emile Durkheim)认为,生活的功利性、经济性方面不是根本的,它取决于前契约性的团结;仪式为社会信任和共有的符号意义的情景提供了基

---

① [美]詹姆斯·W·凯瑞. 作为文化的传播[M]. 丁未,译. 北京:华夏出版社,2005:7.
② [英]大卫·麦克奎恩. 理解电视[M]. 苗棣,译. 北京:华夏出版社,2003:67.

础,由此才能进行经济交换。① 在电视仪式中,电视信息与受众的注意力进行交换。视觉中心的主持人,在仪式中继承了仪式的神圣感,也承担了仪式中心人物的功能。仪式中心人物传播信息的行为必然是众人注目的过程,就好像神父在主持弥撒,其过程是庄重的,其信息是可以被信赖的,其观点是易于被接受的,形成交换的。

其二,信息把关人的角色给予了电视节目主持人意见性信息传播的最终把控优势。我们知道在电视画面的编辑中,图像可以被以多种方式组合排列,而不同的排列方式会有不同的意义传达。法国学者帕·尚帕涅曾在《生产舆论,新的政治游戏》一书讲中阐述了这样一种规律性现象:"游行的成功与否并不在于参加人数多少,而是记者是否感兴趣。我们可以稍稍夸张地说,50位机灵的游行者在电视上成功地露面5分钟,其政治效果不亚于一场50万人的大游行。"语言表述有着与镜头语言同样的组合效能。即使是对客观世界的真实再现,"再现"被认为是真实世界里一些事物的一种映像、类似物或复制品,但最终呈现的结果却与编码者的思维意识有着密切的关系。或者说所有的再现内容即使与我们自己的感知一致,也不能容纳事件的整个场面。所有的再现内容都只是已发生的东西的一部分,所有的一切都是精心选择的抽象物。同样,所有的再现在任何时刻都只能有一个单一的视点(在一个位置上的一台摄像机、一位作者、一个或几个话筒共同营造的一个独特"景致")。② 因此,作为拥有对信息最终选择和组合权力并进行传播的节目主持人,从信息编码的角度拥有了意见表达的特权。

除此之外,电视节目主持人在信息传播过程中的传播技巧,加强了他们的信息控制权。主持人话语表达中所体现的语气、语速、重音、停连等表达形式,都可以直接或间接的传达意见。即使是最简单的一句话,如"我爱你",也可以因为表达方式的不同产生不同的意义。斯坦尼斯拉夫斯基曾做过一次这样的实验,就"演出即将开始"这句话用不同的方式表达,最终获得了50多种含义。

其三,电视节目主持人拥有"自己人"角色身份传播优势。所谓"自己人"是被视为同一归属群体。研究表明,人与人之间相似性越高,吸引力也就越大,

---

① ［美］兰德尔·克林斯. 互动仪式链［M］. 林聚任等,译. 商务印书馆,2009:79.
② ［英］大卫·麦克奎恩. 理解电视［M］. 苗棣,赵长军,李黎丹,译. 北京:华夏出版社,2003:140.

人们对所谓"自己人"所说的话、表达的观点更容易接受。电视节目主持人是所有大众媒介传播者中唯一能够在家庭氛围中与大家面对面聊天的媒介人物,作为家庭会客厅中的正式成员,主持人潜移默化地成为受众身边亲近的、可以信赖的朋友,即"自己人"。我国第一位电视女主持人沈力曾回忆道:"到了《夕阳红》以后,因为有一段时间我身体不好,老是病重在医院,我可能比较瘦,所以有的观众就打电话给办公室的人,说你们要多关心老太太,看她那么消瘦。还有一个观众知道我生病了,我不知道他怎么听说我生病了。连夜亲手缝了两个小马甲,缎子的,全都是拿手绣起来的,给我寄来了。"发生在主持人与受众之间的此类故事很多,这些行为表明电视节目主持人不像电影明星,或许很耀眼,但离观众的生活很远;也不像其他媒介的信息传播者,从未见过。主持人就是与观众常常见面的"自己人"。崔永元曾说:"我希望大家看到的主持人就是这样,不是个完人。身上有许多毛病,也有很多可爱之处。他一看到我,就想到他的一个兄弟,想到插队的一个战友,想到当兵时同班的一个战士,想到邻居大妈的一个儿子。"近些年,各国主持人追求的亲和式的、自然式的传播方式,也在助力主持人与受众之间的亲近关系。英国学者安德鲁·博伊德(Andrew Soyd)说:"现在对信息的需求日益增长,信息服务的方式也要相应地去适应当今的快餐时代。播音员身着晚礼服、像宣布国宴上贵宾的到来一样朗读新闻的日子已经一去不复返了。近些年,人们努力尝试使新闻变得更加轻松和非正式化。对收视(听)率的竞争已使美英两国的新闻业流行起一种亲切、可爱而又有些絮絮叨叨的'愉快谈话'的风格。……死板、循规蹈矩已经被轻松、随意所取代。"①

　　这些意见性信息传播的优势是多种因素共同作用产生的,在信息传播过程中这些优势也是综合显现的,但这些优势仅仅是主持人进行意见性信息传播客观存在的一些有利于之处,并不等于主持人就具备了意见说服的必然性,意见性信息最终的传播效果还是依赖于每一次具体的传播策略、方法和内容。

---

① [英]安德鲁·博伊德. 广播电视新闻教程[M]. 张莉莉,译. 北京:新华出版社,2000:
　　145.

第二节 电视节目主持人意见性信息传播的特性

一、个性化与人格化

上节已指出主持传播是在大众传播通道上的人际传播,这也成为电视传播与其他媒介传播的核心区别。这种人际化的面对面传播,使传授双方处于一种"近距离""近情感"的平等交流状态,也使得主持人拥有了个性化传播的巨大空间。正如英国谢菲尔德哈勒姆大学文化研究学院学术部主任哈特利总结的三点:人际传播是一个个体向另一个个体的传播;传播是面对面的;传播的方式与内容反映个体的个性特征。"个性"是一个人长期在与不同人交往过程中形成的比较稳定的经验模式和性格方面的优势总合,是动态的函数式。① 主持人作为具有个性传播空间的能动主体,必然具有个性化的意见性信息传播效果。主持人的个性是主持人作为一个人的个性特征和在节目中体现主持行为的特征相融合的一种特质。一个极端的例证便是黄健翔在 2006 年世界杯中近乎疯狂的呐喊式解说,虽然备受指责,但也恰恰说明了电视节目主持人个性表现的鲜活性。过去 30 多年中,我国有很多主持人因为充分发挥了个性化的意见传播,而成为被人们喜爱的、特点鲜明的主持人。敬一丹,大姐式的真挚语言、真诚建议、真情评论;崔永元平民性的亲切、随和和极具智慧的幽默观点;《元元说话》中的刘元元,快言快语,话语犀利,直指要害;窦文涛,滑溜的嘴皮子,标志性的大尺度幽默和意见阐释;孟非,本我化真实感言式的语言与评论……主持人的个性化特征赋予了传播符号基本含义之外的情感和审美意境,增强了受众的感性体验。无论是电视节目竞争中所必须做出的差异化呈现,还是分众化的受众需求,主持人个性的塑造和在节目中的释放已成为必然和必需。

人格则是另外一个主持人人际传播中的特性和重要因素。什么是人格?英文中"人格"一词是"Personality",来源于拉丁语"Persona",原意是指面具。现代社会、心理学家普遍把人格解读为个性,认为人格是指"在个人的生理基础上,受到家庭、伴侣、学校教育和社会环境等的影响,而逐渐形成的气质、能力、

---

① 蔡长虹. 主持人的个性化语言[M]. 北京:中国经济出版社,2005:37.

兴趣、爱好、习惯和性格等心理特征的总和"。① 人格是包含了个性、品格、气质等多种内涵的一个综合概念。因此,只要传播主体是"人",传播过程就一定具有人格化特征体现。白岩松说:"对于任何一个主持人来说,只有先拥有一个大写而丰满的人,才能派生出一个被观众认可的主持人形象。"②主持人作为电视传播的中心要素,既是在每一个画面、每一句话语中凝结个人魅力,也是在依靠个人魅力吸引受众,赢得收视率。比如罗京在《新闻联播》几十年积累起来的人格魅力,使他传播的信息具有高度可信性,被人们称为"时代的声音"。1998 年"两会"的新闻发布会上吴小莉被朱镕基总理点名提问:"你们照顾一下凤凰卫视台的吴小莉小姐好不好,我非常喜欢她的广播。"吴小莉并没有因为得到了一次难得的提问机会而迅速提问,甚至多问几个问题。她站起来后的第一句话是"谢谢朱总理,首先,我要说的是,您也是我的偶像。"短短的一句话,充分显示了一个成熟的主持人对"人性"的把握和对"人格魅力"展示。关于主持人的人格魅力学界并未有统一的界定。笔者认为,主持人的人格魅力是一个极为复杂的集合反应物,渗透着语言美丽、气质魅力、智慧魅力、形象魅力……就好像很多学者探讨的主持人的"人缘"一样,很难用简洁的言语表述清楚,但却是主持传播中的重要因子,是主持人与受众从心理上缩短距离,从情感上产生碰撞,从内心深处产生交流的重要保障,进而也就是"主持人吸引力"和"主持人收视率"的保障。正如白岩松所说:"主持人拼到最后,拼的是人格。"2016 年 BBC 的节目 MOTD 中,原英格兰足球名宿现著名解说员莱因克尔仅穿球裤出镜主持,(如图 4.1)场面十分爆笑。原因是莱因克尔曾打赌说莱斯特城肯定不会夺冠,如果它夺冠,就穿着内裤解说节目。这是主持人人格的展示,信度的塑造。

① 宋书文.心理学名词解释[M].兰州:甘肃人民出版社,1984:3.
② 白岩松.我们能走多远[J].现代传播,1996(1).

图 4.1　BBC 主持人莱因克尔短裤出镜

　　主持人的意见性信息不仅仅是观点在大众传播通道上的物理传播,更是一种凝结着人格影响因素的人性化传播。或者说,在人际化传播的过程中,由于节目主持人事实性的主体地位和人性化的魅力,使这种传播又多了很多人格化感染力。对于意见性信息的有效传播和有效说服,来自心灵的沟通和人性化的感染万分重要,真情交流可以减少信息摩擦的阻力,助力意见性信息有效输送。

二、主动性与即时性

　　"主动性"是指主持人在节目中以积极的主观意识和思想状态传播意见性信息。当然,主持人在节目中也存在被动中表达意见的情境,比如:面对突发状况,主持人不得不发表意见,2000 年悉尼奥运会直播中,信号出现了问题。导播对白岩松说:"说两句,快。"白岩松就说了几句。他刚想停,导播又说:"不行,你还得说。"白岩松又开始解说,结果成功地即兴解说 28 分钟。但是从主持人的角色定位来说,主持人是节目的能动主体,节目驾驭、信息交流主要是通过主持人积极、主动的表达来完成的,主动性意见表达一定是主持人最常用的意见传播方式。同时,第二章已经分析,主持人意见性信息的传播效果与节目收视率息息相关,主动传播是对意见的积极寻找和加工处理,对于保证意见的数量和质量更为有利,即对保障收视率更为有利。而节目中主持人意见表达的即时性又决定了其必须时刻保持传播的主动状态。

对于大多数有形产品而言,消费者在消费之前是可以清晰地看到真实产品的,甚至可以直接感知、体验,但是电视信息产品则不同。由于每期节目是不同的内容,所以在信息符号发出之前,消费者基本处于产品内容未知状态。对于产品生产者而言,也无法完成流水线式的固定操作。作为节目的现场导演和产品的主要生产者,主持人无法完全预知节目的各种相关元素和动态变化,如参赛选手、嘉宾、评审团等都是能动主体,更无法预知节目进程中的意外事件。从话语理论的角度来讲,所有电视节目都可以视为围绕一定话题展开的一次主题活动。在主话题之下则是多级的不断衍生或变化的次话题。但次话题产生的"数量""速度""方向"都具有很大的不确定性。因此,主持人所面对的是一个动态的意见传播环境,主持人处于不间断的参与新话题的状态。所以,电视节目主持人的产品生产特征本身决定了他们的非完全准备性和预见性。再结合第二章主持人意见性信息传播路径和第三章各种电视节目形态中主持人意见性话语表达的功能表现,可以清晰地得知,绝大多数电视节目中主持人是在节目进行当中,即在情境、信息流动过程中,根据个人对外界状态的观察、感知和信息加工把握接收的信息价值、节目状态,从而判断是否需要发表意见,如果需要则在瞬间经过思维组织而后立即传播信息。因此,整个节目进行的每分每秒都可能是要进行意见表达的切入点,都是主持人可以主动把握的意见表达点,都是意见传播的"进行时",主持人是在瞬间主动、即兴的完成信息编码。以急智文明的上海著名主持人叶惠贤体会深刻的总结道:"什么是'即兴'?他是瞬间产生的一种思维反应。这种反应一般是属于形象思维的艺术活动。那么何为娱乐节目中的即兴呢?我以为应该是在主持中对现场周围的乃至可能发生的一切所做的能动的,机敏的,善解人意的,既在情理之中又在意料之外的一种充满奇趣异想的反应,这种反应既有属于形象思维的,也有已形成的概念、判断、推理的逻辑思维活动。"①窦文涛在谈到自己主持《锵锵三人行》时,这样说道:"就从主持人角度讲,看上去三个人很容易啊,他说完你说,你说完他说,实际上没这么容易,都是即兴的。我只知道从哪儿开始聊,有个话头,可待会儿聊到哪儿去只能看现场发挥了。主持人只能见机行事,以万变应万变⋯⋯"②

主持人不仅在节目中积极主动的表达观点,还可以通过对节目的策划、采

---

① 叶惠贤. 荧屏之间[M]. 上海:上海人民出版社,1998:1.
② 张欢,徐湛媛. 窦文涛锵锵窦文涛[N]. 南方周末,2009-2-23.

编主动传达意见信息。当今的电视体制中,主持人已经越来越成为节目的核心,他们参与节目的策划、编辑、制作,甚至就是节目的"指挥官"。在电视业最发达的美国,20世纪60、70年代就开始了主持人中心制这一理念的探索,著名主持人克朗凯特当时坚持一定要兼任编辑部主任,就是希望能将更多的思想融入节目。有人称,克朗凯特的话就是他主持的节目的"法律"。后来,主持人中心制在美国不断发展和完善,并被世界很多国家学习和借鉴。丹·拉瑟不仅是编辑部主任,还控制着人事权。他同 CBS 签订的合同规定:拉瑟对一切有关《晚间新闻》的问题有参谋权;他对新闻部内部的所有事务都有干涉权。[①] 彼得·詹宁斯是他所主持的栏目《今日世界报道》的总编辑。奥普拉、华莱士(Mike Wallace)、拉里·金等主持人,都对节目有绝对控制权或参与权。

在中国,1990年上海电视台推出的《今夜星辰》,叶惠贤就集主持人和制片人于一身;1993年开播的《一丹话题》,从选题、采访、编辑到制作,每一环节敬一丹都亲力亲为,是中央电视台主持人中心制的初步探索;白岩松曾是《中国周刊》《时空连线》《新闻会客室》等三档节目的制片人;水均益是国际评论栏目《环球视线》的制片人兼主持人;华少是《全民奥斯卡》的制片人、主持人;汪涵是《天天向上》的制片人……

主持人对节目的深度参与,也意味着主持人将自己的意图、思想、情感融入节目的整体风格、选题、编排之中,这种宏观性的对节目主导和驾驭又会与主持人在节目中的具体表达内容和个性释放相互扶助、融合。央视《讲述》栏目的主编和主持人高月说:"我直接负责带领编导组工作,所以从选题的筛选、策划到采访方案、编辑方案的设计,直至节目的审看都由自己直接负责,这样一来,采、编、播的整体把握使我对节目了然于心,在镜头前坦然自信,也更加游刃有余。"[②]水均益曾经说:"我就是要策划一种风格化的东西,目的在于感染观众。因此,我的一举一动,甚至每个眼神都是有意识、有目的的,是事先想好了的。"[③]观众在战火纷飞的伊拉克看到了身着迷彩服、头戴钢盔进行报道的战地记者水均益,在《高端访问》的镜头里看到了与国际政要、风云人物缜密对话的水均益,这些都与他事先的策划有关。从此,可以清晰地看出,主持人一旦拥有对节目

① 赵淑萍. 新闻权威与个人魅力[M]. 北京:华文出版社,1999:302.

② 《电视批判》论坛. CCTV. COM.

③ 陈邑萍. 略论电视主持人参与节目采编策划[J]. 东南传播,2010(8).

深度参与或者掌控的权利,就具有更多宏观层面的意见表达权利。

三、碎片性与完整性

通过第三章对各种节目形态下主持人意见性话语的分析可知,大部分节目形态中,主持人的意见性话语表达并不是持续时间很长的、结构完整的长篇大论,这也是主持人意见表达与传统的报刊评论最大的区别之一。主持人在节目中的角色职能和意见表达的"即时性",决定了主持人意见表达的次数可能很多,但每次表达的信息量并不多,因此,具有鲜明的"碎片性"特征。首先,大部分节目中主持人是节目现场的"导演"而不是"主演"(《新闻1+1》等主持人为内容中心的节目除外),主持人是节目的润滑剂,发挥"调解""调度""指挥"的作用,即使在传统的新闻评论节目中,主持人出画面评论的时间也非常有限,通常是对刚刚播出的新闻事件画龙点睛式的点评;其次,电视节目的流动性和主持人言论的即时性特点决定了主持人不可能像报刊评论员那样,经过深思熟虑形成一篇格式严谨、思想深邃、成篇成副的评论稿,而必须是在恰当的时刻迅速地传递意见,一旦错过适时恰当的传播时机,再好的观点都会失去价值。这一瞬间性恰到时机的意见性信息可能是一两句话、一两个字,一个爽朗的笑声、一个简单的肢体动作……但却意义重大。从语境的角度讲,主持人是在一次节目中,以宏观的社会语境为大背景,以微观的节目语境为直接背景,以不断变化的现场语境为契机,即时性的传播碎片化的意见性信息。

虽然主持人每次表达的话语简短,但其职业的生命化特征给予他们持续传播碎片化意见的机会和形成宏观完整性观点的可能。节目主持人是一个长久性的职业,主持人可以活跃于电视荧幕三四十年,甚至更长。西方国家很多著名节目主持人主持节目直到七八十岁。这样的职业特征使他们从理论上具备了长时间持续传播意见的可能性,具备了形成长期说服力的可能性。比如脱口秀女王奥普拉就多次以自己的童年经历来安慰和鼓励节目嘉宾和观众。她多年提议保护受虐儿童,终于在1993年,克林顿签署了《全国儿童保护法案》,这项法案甚至也被叫作"奥普拉法案"。敢于说真话、说实话的著名主持人白岩松,就在中国足球的多个重要时刻在其主持的多档节目中一次又一次评点中国足球,对其担忧、对其批评、对其建议……1997年《东方时空·面对面》一期节目中,白岩松在两分多钟内用了二十几个"不行"来评说中国足球,引起国人的深思;2008年10月白岩松在《新闻1+1》节目中谈武汉足球退赛风波;2009年

1月中国足球队在亚洲杯预选赛中29年首次败北叙利亚,世界排名再创新低,白岩松随即在《新闻1+1》中呼吁中国足球:换汤能否换药;2010年9月中国掀起足坛打黑风暴时,白岩松在《新闻1+1》中,畅谈中国足球问题,但冷静呼吁救中国足球不能只靠扫黑;2011年12月白岩松在《焦点访谈》对话蔡振华,站在制度的高度审视中国足球;2014年在《新闻周刊》对中国足协就深圳队球员欠薪问题的处理表示不解……持续传播对中国足球的个人意见。这种连续性意见表达既是主持人价值观的一种恒定体现,也是各种内外部信息刺激的一种使然。这种传播方式必然会使意见的传播力不断被增强,意见内涵被不断深入的理解和思考。

四、社会性与专业性

白岩松在谈到如何正确看待主持人的成功时说:"理想的局面似乎应当是这样:认出你,然后发自内心地对你的观点赞同或持异议,把你当成真正的交谈伙伴;或者是你在某个领域有独特而深刻的认识,成为一个专家,让人信服与追逐。"①很显然,这一段论述的核心点是主持人的意见能够征服受众,前半句指普遍意义上的认同,后半句强调专业领域的认同。

对"电视节目主持人"这一称谓做层次上的解剖,便会看出这一概念所包含的阶梯性含义,如图4.2。

图4.2　电视节目主持人阶梯剖析图

"人"是最基本和最根本的属性。因此,电视节目主持人的言论首先是从人性出发,是以一个"社会人"最根本的价值观、道德观为意见阐发前提的。因此,无论任何类型的节目,也无论主持人的年龄、性别、特长等个性化特征,他们首先是从"善"与"恶","美"与"丑","正义"与"邪恶"等最基本的评判标准去评

---

①　白岩松. 我们能走多远[J]. 现代传播,1996(1).

价外界事物的。"主持"是工作内容,最终完成一档节目是工作任务,电视媒介是这一要完成的任务产品的展示平台,是主持人的传播平台。工作的性质决定了主持人必须具有正确而积极的价值取向、专业的传播技能、较高的人文素养、广泛的知识内涵。但是,由于节目类别、特点、风格、内容等的差异又使主持人的传播方法和内容有较明显的差异。比如一档体育节目与一档财经节目,主持人的基本工作内容都是驾驭节目,但因为节目类别不同,主持人所要调用的具体知识就会不同。尤其是在电视频道专业化的发展背景下,对主持人的专业素养有更强的要求。实验表明,对信息主题参与度越高,对信息主动精细加工的程度就越高,生成的信息产生的影响就越大。而收看具有专业性背景电视节目的受众,绝大多数本身就是因为对节目类型具有偏爱,所以具有高参与度和信息加工能力。因此,主持人在具备必要的传播技能和文化知识之外,还应具有节目所需要的专业知识。很多主持人都因其过硬的专业背景而在节目中表现出色,例如:《对话》《经济半小时》主持人沈冰,学历背景是金融和财务,曾在新加坡《联合早报》担任财经记者;凤凰卫视著名财经节目主持人曾子墨毕业于美国达特茅斯大学,获得经济学学士学位,并且曾在国际著名投资银行摩根斯坦利工作;法制节目主持人撒贝宁毕业于北京大学法学院;少儿节目主持人红果果、绿泡泡分别毕业于中央戏剧学院表演系和天津音乐学院声乐系,等等。在国外,很多专业性节目对主持人的对应背景要求更高。开播于 1967 年的英国最著名园艺节目《Gardeners World》(园丁世界)历任主持人都是水平极高的园艺专家,他们能够给出专家级的指导意见。这档节目还发行由主持人撰写的与节目相配合的图书。2002 年时任主持人艾伦·蒂奇(Alan Titchmarsh)离职,钟情于园艺业大半生的蒙提·唐(Monty Don)接任主持人,成为该节目历史上第一位"业余"主持人,一些专家也质疑他的专业能力是否足够。但最终蒙提用实力证明了自己,得到了观众、专家和媒体的肯定;英国益智游戏节目《Countdown》(倒计时)女主持人坎罗兰·伏德曼(Carol Vorderman)因其超强的计算能力而成为这档节目的女主持人,在英国有很多以她为名出版的教材,像《Maths Made Easy》《Science Made Easy》《How To Pass National Curriculum Maths》等。她还建了一所网络数学学校,为孩子们精心设计了一系列有意思的数学课程。她认为,孩子们可以在数字游戏中最大地发挥自己的潜能。在德国,养生类节目主持人至少要获得医学类硕士学位才可上岗。

节目主持人专业性的要求从西方国家对主持人的称谓可以更清晰地理解。

因为除了最常听到的 Host、Anchor、Presenter,这三个可以直译为"主持人"或"播音员"的通用称谓外,对主持人还有很多具体的、特定的、专业的称谓,例如:Moderator(游戏、竞技节目主持人),Linkman(讨论节目的主持人),Sportscaster、Sports microphone jockey(体育节目主持人),video joker(电视音乐节目主持人),Disc jokey(流行音乐主持人),Joe Personalit 娱乐节目主持人、报幕人),Commentator(评论员、有评论性质的主持人),Talk master(谈话类节目主持人),Weather girl、Weather man(气象节目主持人)。主持人的专业性背景和受众需求直接决定了他们的意见性信息在大众性的基础上又增加了专业性。

五、互动性与平衡性

互动性是指人类个体的行为存在着相互影响、相互作用的特征,也是广泛意义上的一种对话。互动是个体生命和整个社会得以发展和延续的必须行为,是人们生活的基本方式。马克思在《政治经济学批判》中写道:"社会不是由个人构成的,而是表示这些个人彼此发生的那些联系的总和。"①人类个体之间通过言语和非言语手段,建立起一种人际关系,并在相互谅解的基础上把他们的行为计划协调起来。对信息传播互动性的意义之重大就不言而喻了,因为人类的个体行为不仅受到自己主观意志支配,而且广泛受到其他人的思想、观点、态度和行为的影响。米德认为:人类以事物对他们所具有的意义为基础对这一事物产生行为,而意义产生于人际之间的互动过程中。② 同样,电视节目也不是电视工作者的个人艺术作品,电视节目的最终目的是要得到观众的认可,因此必然是电视工作者与观众共同作用的结果。在角色论中,角色与互动式必然联系的两个概念,特纳(Tumer)认为,人类创造和使用符号,通过角色扮演进行互动,社会角色也不是孤立的,它是社会关系的一部分。我们完全可以把电视看作一个微观的社会系统,这个系统中的每一个角色都在发挥互动的基本功能,而主持人表现得尤为突出和主动。主持人这一角色的人际传播特征前面已作过分析。人际传播是个人与个人之间的信息传播活动,是人类传播最自然的、最基本的和最重要的形式,也是一种双向交流的互动传播。话语互动本身也是语言生成的一条基本特征。这就决定了电视节目主持人的意见性话语并不是个体

---

① 马克思恩格斯全集(第46卷上)[M]. 北京:人民出版社,1980:220.
② 姚本先. 心理学概论[M]. 北京:高等教育出版社,2005:95.

思想的单向传播,并不是意见的强行植入,而是在互动中,在交流性言语行为中,不断形成的新的编码,即不断修改变化的意见编码。因此,主持人的"意见"是一个动态概念。

德弗勒等传播学者在《大众传播通论》中明确指出,当传播者正确解释反馈示意并调整信息内容,使阻抗尽可能减少时,就发挥了作用。发挥作用就是传播者运用反馈来判断哪些符号最有价值,最能在接受者身上引发预期的含义。主持人理论中有一个重要理论,叫"对象感"。所谓对象感就是要求主持人有交流的意识,即使节目现场没有受众,也必须设想和感觉到节目受众的存在和他们的反应,必须从感觉上意识到自己节目受众的心理、要求、愿望、情绪等,并由此而调动自己的思想感情,使之处于运动状态,以达到与受众近乎面对面的交流。在当前的媒介环境下,主持人与受众有多种信息沟通渠道,虽然主持人是电视信息的主宰者,但受众可以通过网络、通信等多种方式向主持人传递信息,受众手中的遥控器也是信息反馈器。因此,主持人与受众处于较为均衡的互动状态,他们之间没有沉默的螺旋。对于节目主持人意见性信息传播的互动性体系,应该从以下几个方面具体认识。

第一,电视传播体系本身就构筑了一个宏观的对话系统。关于电视及主持人与受众超越时空的宏观对话特性在第二章已做过阐释,所以,主持人主持节目本身就是与受众在宏观场域的互动。

第二,主持人与现场人物构成对话体系。在当前众多节目类型中,与主持人一同出现于节目现场的人物元素越来越多,且话语自由度越来越高,包括对话嘉宾、参赛选手、评委、现场观众,等等。任何一个人物元素都与主持人形成对话关系,形成互动关系。虽然主持人的终极目的是呈现出令电视机前观众满意的信息产品,但最终产品却很大程度上来源于现场的信息互动。因此,电视节目互动呈现出宏观互动与微观互动相作用的互动特征。所以,节目主持人的意见性信息既是与现场人物互动中的观点阐发,也是与观众超时空对话中的意见表达。

第三,互动方式多样。随着节目形式的不断丰富,通讯、新媒体的普及,场内场外的共融化、一体化的互动趋势越来越明显。例如,2003年山东电视台《齐鲁开讲》成为我国第一个Call In节目,观众拨打电话选择数字按键进行投票表达自己的想法;2005年3月28日中央电视台经济频道推出的生活服务类谈话类节目《今晚》,设置了短信互动环节,从观众发来的短信中选取有意义的话题来与嘉宾探讨;2010 年浙江电视台《新闻深一度》首创网络与电视实时互动,专家点评、记者快评、网民酷评,形成多层次、多元化的意见传播场。使评论主体扩展到多个自由个体,也使主持人互动对象在理论上扩展到了任何一个社会个体。《2012 年全国电视观众抽样调查分析报告》显示,观众参与互动以短信、微博、电话为主,45.44%的观众由于想要"表达自己的观点、感情、建议"而参与电视节目互动,占比最高。

第四,主持人与观众形成信息互动、心理互动和情感互动相交错的互动状态。主持人与观众之间传播的是信息,二者之间的意见表达则是心理上动态变化的外在体现。由于人心理的复杂性和多层次性,所以心理活动一般不会是单一的表现形式,而是以各种综合方式表现出来。而以心理互动为基础的意见性信息是以寻求平衡为目的的,因此,往往能够也需要产生情感性的共鸣,即情感互动。适度的情感可以激活节目主持人和观众之间互动。良好的情感气氛会起到强化二者之间的互动作用。① 当然这些互动的前提都是思想的互动。

人们互动过程中,不是以是否服从社会结构中的规范和地位作为评价行为的标准,而是行为的一致性。也就是说,如果他人的行为不能与人们对其的预期形成一致性,或者说不能完成其角色应发生的行为,互动就会难以实现。同时,互动是一个不断验证个体对他人角色看法以及他人对自己角色看法的过程。因此,主持人与观众的互动过程也是观众对主持人角色不断验证和认同的过程,主持人必须传播与其多种角色相匹配的意见信息,这样才能形成互动,也才能形成受众对其角色的积极评价和认同。从这个角度来讲,主持人与受众的互动性并不是无条件的互动。"镜像自我"理论告诉我们,与他人的互动过程中也是获得自我意识的过程,因此,主持人与观众的互动过程是主持人在不断认识自我的过程,更应该是主持人不断调整自我,不断提高受众对其认可的过程。还需要指出,虽然互动是受到情境的影响和制约的,但行为主体并不是完全的被动者,也可以通过主动的行为创造环境。

社会互动一般存在四种形式:合作、冲突、竞争和强制。主持人与观众之间的形式是合作与冲突。合作是总体状态,冲突是节目的需要。具体来说,节目被观众接受是最终的目标,但是与观众必要的思想冲突才能点燃受众的思想和情绪。从互动质量来讲,主持人的传播特征也成为互动良性进行的有

---

① 施玲. 广播电视节目主持人与受众的互动关系透视[J]. 现代传播,2003(1).

力保障。传播学认为,缺乏个人色彩不利于反馈,反之个性色彩鲜明的传播有利于获得反馈,即形成互动。节目主持人人际化的个性传播我们在前面已作了充分的论证。也可以推论出,越是个性鲜明的主持人越容易发挥主持传播规律。

六、自由性与规约性

本文第二章论述了主持人的现场导演角色,因此主持人就是节目意见性信息的最终掌控者。尤其是对于直播节目而言,主持人就是信息的绝对制作者和把关人,主持人发出的字音组合、展现的肢体动作就是最终传播的意义,没有编辑、主编的再次审核。以此来看,主持人的传播信息具有很高的自由度。主持人信息传播的自由化给予了他们意见性话语表达的发挥空间。但与此同时,没有其他把关人的意见性信息,也是对主持人极大的考验。直播中的言论自由不是绝对化的、没有约束的自由。这一点在任何一个国家、一个电视台都一样。2013 年 7 月 6 日,韩亚航空 214 号班机在美国旧金山国际机场降落过程中发生事故,两名中国学生遇难。面对这样的噩耗,韩国《东亚日报》下属的"A 频道"主持人尹庆民却在当天上午的新闻中称:"最新的消息是,是两名中国人而不是韩国人在事故中死亡,从我们的立场看,真是万幸啊!"此言一发,就连韩国电视观众也有强烈质疑,韩国网民们纷纷留言:"如果让中国人看到你这样播新闻会带来什么后果啊?""遇难者年龄这么小,你怎么能这么说话啊?""作为电视主播怎么能这么口无遮拦,不是我们国家的人死了就是万幸?""无人性"……很显然,处于大众传播通道上的主持人缺少最起码的人文精神。

所以,主持人意见性话语表达的自由性是严格建立在符合相关"规定"的基础之上的,这种规约来自于政治、文化、社会、时代等多种外部环境因素,以及道德感、社会责任感、专业精神等多种内部因素,这些因素会在第六章进行详细的探讨。

这些传播特性既显示主持人意见性信息传播的独特性,也显示了主持人意见性信息传播与人们传统思维中的评论之间的区别;既是主持人意见性信息传播的存在特性,也是对主持人意见性信息有效传播的方向指引。

本章小结

虽然意见性信息是一种常态性信息,也是电视节目主持人话语表达中的常用信息,传播这种信息也是主持人工作的常态行为,但就是因为这种信息的传播平台是电视,传播主体是节目主持人,所以就赋予这种信息和传播行为区别于其他意见性信息传播的优势和特性。同时,细细品味,不难发现这些优势和特性具有一定的互通性。对于这些优势和特性的掌握对提升传播效果很有意义。

第六章　电视节目主持人意见性话语
表达的内在素养和相关语境

　　在角色论中任何个体都不是孤立于社会系之外的,任何人都是社会人,在成为社会人的同时也"嵌入"社会的网络之中。"嵌入性"这一概念,最早是由美国经济史学家卡尔·波拉尼(Karl Polanyi)于1957年代提出的。他发现政府、宗教这些与经济并没有直接关系的因素,其实对经济有非常大的作用,经济实际是嵌入于非经济制度之中的。20世纪80年代,美国经济社会学家马克·格兰诺维特(Mark GrarLovetter)将"嵌入性"这一概念引入社会学领域,并有了更广泛认可。嵌入社会的个体或者叫社会角色行动者,就必然要接受社会规范(包括政治、经济、法律、文化及具体角色规范等多方面)的要求和影响。当然,个体也对社会发生着作用,因此个体与社会也可以被认为是双向嵌入的。

　　在传播学中有关传播者的研究,常常被称为"控制分析"。包含了两层含义。一是指传播者对信息本身具有影响和操纵的权利,简而言之就是扮演"把关人"角色;另一层意思是指传播者本身也受到所处时代和社会的制约,受到来自于政治、经济、文化等各方面的影响和规约。第一层含义中所言的传播者对信息的控制,首先决定于传播者自身的相关素质。无论什么样的表达技巧和规律,有效信息的传播都必须以主持人的内在素养为基础依托,一个内在素养不及格的主持人是无法传递出令受众折服的意见的,是无法用自己的观点影响受众的。第二层所说的则是外在环境因素。霍尔(Stuart Hall)在《编码/解码》中指出,受众按照自己的理解对文本做出阐释,由于受众的文化背景、社会关系都不尽相同,所得出的阐释也可能大相径庭。规约主持人传播的环境称之为语境,简而言之,语言使用的环境。吴为章教授指出:"语境是交际过程中参与者运用语言表达思想、交流情感或猜测推导、分析理解所听到的话语的含义时所依赖的各种因素。这些因素或显现为话语中的语言的上下文,或潜在于话语之外的非语言的主客观情境中。"①显然,言语交流中,无论是信息的发出还是信息的接收和理解,都要受到语境的影响。而且不仅与大的社会环境相关,还与语言发出的微观环境相关。世界著名语言学家韩礼德就认为话语应该放在全部的生活方式情景中去理解,话语的意义实质上就是当时当地正在发生的人的活动。他指出语境是一个系统的层面,这个层面有两种表现形式:文化语境和情景语境,其中情景语境是语言活动的直接环境,文化语境是广阔的宏观环境。布格兰德(Robert de Beaugrande)和德列斯勒(Wolfgang Dressier)指出,话语是一种"交际活动",必须具有七项标准:衔接性、连贯性、意向性、可接受性、语境性、信息性和互文性。其中,语境性是指说话的意义如何在语境的制作中得到传达与获得,包括直接语境、文化语境、社会语境。直接语境就是情景语境,它决定了语义系统的概念意义、人际意义、文本意义。也就是说,语言的表达和意义的产生会受到宏观语境和情景语境的双重影响和制约。

　　电视节目主持人话语的传播通道——电视是人类科技发展的产物,从诞生之日起就被贴上了大众媒介的标示,是人类交流器官的延伸。电视传播的空间是人类社会,对象是社会大众。因此,一方面其传播内容和方式受到传播对象的需求,即市场需求的影响,另一方面,由于电视传播是庞大社会系统中的一个子系统,必然受到人类社会宏观环境,政治、经济、文化等的规约。主持人不仅站立于电视这一传播介质之上,还镶嵌于具体的播出平台和电视节目之内,电视节目是他们直接的工作环境,即直接语境。所以,主持人这一角色在实际"表演"中有多重角色制约因素。正如英国政治学者格雷厄姆·沃拉斯(Graham Wallas)的名言:"人的冲动、思想和行为都来源于他的天性与他降生在其中的环境之间的关系。"②对于本文研究的核心"意见性话语",与语境的关系就尤为密切了,因为一旦有观点的信息就意味着有指向性,就意味着会影响信息接受者的思想意识,而且通过大众媒介传播的观点是影响巨大的,因此,在任何国家对电视媒介都是有一定的法规约束和管理的。本章将就电视节目主持人意见性话语表达的内在素养要求和外在语境,包括宏观语境和情景语境,做出具体分析。

---

① 吴为章.新编普通语言学教程[M].北京:北京广播学院出版社,1999:64.
② [英]雷厄姆·沃拉斯.政治中的性[M].朱曾汶,译.北京:商务印书馆,1996:37.

第一节　主持人意见性话语表达的内在素养

根据角色地位取得是否经过角色扮演者主观努力,可以把角色分为"先赋角色"(congenital role)和"自致角色"(acquired role)。先赋角色是指个人并没有经过特别的努力,而是成长过程自然获得的角色,如封建社会自然继承的王位。自致角色是个人选择和努力而获得的角色。节目主持人是一种典型的自致角色,且属于不易自致获得的社会角色,要想选择这一角色并通过努力匹配大众的角色期望,就必然需要一定的独有性内在基础,这是选择和努力获得的前提,也是角色功能发挥的基础。

美国密苏里州圣路易城 KMOX 电视台新闻主持人会同加利福尼亚州洛杉矶市玛丽亨特大学教授葛罗斯邀请了全美各电视台新闻部负责人 23 位,做了一次题为《新闻主持人应该具有什么条件》的抽样调查,结果归纳出 15 项条件,它们是:形象好(Good Looking)、可信度高(Credibility)、传播能力强(Ability To Communicate)、懂新闻(News Savvy)、有魅力(Charm)、智慧(Wit)、讲话机智(Ability to Adlib)、整洁(Neatness)、年轻有干劲(Youthfulness)、气质(Personality)、口齿清晰(Articulateness)、适应性强(Flexibility)、怜悯心(Compassion)、良好的人缘(Rapport With Other Staffers)、谦虚(Humility)。[①] 我们可以稍微把这 15 项条件归纳一下,便可以看出道德品质、专业素养和职业精神等是衡量主持人最主要的标准。

表 6.1　美国密苏里州圣路易城 KMOX 电视台
"新闻主持人应该具有什么条件"调查分析

衡量标准	条件表现
人文素养	可信度高 怜悯心 良好的人缘 谦虚
思维表现	讲话机智 智慧

---

① 任远. 名主持人成功之路[M]. 北京:中国广播电视出版社,1995:2.

续表

衡量标准	条件表现
专业知识	懂新闻
专业技能	传播能力强 口齿清晰
形象表现	形象好 整洁 气质 有魅力
职业精神	年轻有干劲 适应性强

中国中央电视台遴选栏目主持人有一个评价参考指标,列出了20个项目:1、性别;2、年龄;3、学识;4、相貌;5、服装;6、服饰;7、化妆;8、发型;9、表情;10、手势;11、动作;12、语音语调;13、目光指向;14、可信度;15、亲和力;16、表达能力;17、应变能力;18、学科背景;19、从业经历;20、与栏目契合度。不同的形态栏目设有不同的参考指标和权重指数,最高为5颗星,最低为1颗星,不同栏目遴选指标中权重指数超过4颗星的列表如下①:

表6.2 中央电视台遴选栏目主持人评价参考指标

项目	新闻播报栏目	新闻评论栏目	谈话类栏目	综艺娱乐益智	生活服务栏目	科教文化栏目	少儿栏目	晚会特别节目
3. 学识	4	5	4.5	4.5	4.5	5	4.5	4
5. 服装								4
7. 化妆								4
9. 表情								4
10. 手势				4			4	
11. 动作				4.5			4	
12. 语音语调	4			4			4	4
14. 可信度		4.5	4.5		4.5	4.5		
15. 亲和力			4		4	4	4	4

① 高贵武. 解析主持传播[M]. 北京:北京广播学院出版社,2004:275.

项目	新闻播报栏目	新闻评论栏目	谈话类栏目	综艺娱乐益智	生活服务栏目	科教文化栏目	少儿栏目	晚会特别节目
16. 表达能力	4.5	4.5	4.5	4.5	4.5	4.5	4.5	4.5
17. 应变能力		4.5	4	4				
19. 从业经历		4.5						
20. 与栏目契合度	4	4	4	4	4	4	4	4

不难看出,在这份评价指标表中,"学识"、"表达能力"、"可信度""应变能力""与栏目契合度"最为重要。

从以上两项主持人选择或评价标准,可以清楚地发现,有四点统一认同的重要指标。第一,专业的语言表达能力和传播能力;第二,人文素养,尤其表现为可信度;第三,综合性的知识储备和与节目对应的专业知识素养;第四,智慧、机智、应变力强,而这些能力的表现实际与主持人的知识储备度和经验积累关系密切。其中第一项主要是主持人的技法能力,是主持人传播的外在表现,而其后三项均为内在素养。根据意见性信息的特点和其表达需求,结合以上普遍性内在要求,本节对主持人内在素养中与意见性话语表达最直接相关的五项作出分析。

一、必备条件:真实与真诚

美国人曾经做过一个大调查,题目是"电影和电视究竟有什么最根本的区别?"没想到最终的答案来自一位7岁的孩子:"电影里的人自己和自己说话,电视里的人和外面说话"。这无疑说明,电视对于观众是现实的,也是真实的。传播学理论指出,信息源与信息的传播效果有着密不可分的关系,信息源越是知名、权威、专业、可信……传播的信息就越可信,影响力越大。意见性信息传播的目的就是希望得到被传播者的观点认同或说服被传播者,因此,信息源与意见性信息的传播效果关系更为密切。作为电视代言人的主持人,本身拥有继承大众媒介信誉的先天优势,但每个主持人又是独立的传播个体,拥有个体差异性的传播影响力。因此,主持人要想减少意见表达的摩擦力,就要最大限度地提升自身的权威性和可信度,成为具有强影响力的信息源。

信息的真实性是信息源对传播对象最起码的保证。一个长期传播真实信息的信息源才会被认可。除此之外,信息的可信度还受到信息传播者传播方式的影响,真诚的情感传播是信息源信度的保障。美国社会学家菲利普·津巴多(Philip G. Zimbardo)和迈克尔·利佩(Michael R. Leippe)在《态度改变与社会影响》一书中指出:"任何一个沟通者的可信度的核心,除了专业素养,就是诚实坦率。"①在哈贝马斯(Habermas,Jügen)的沟通理论和亚里士多德的修辞理论中也均有强调"真实"与"真诚"。哈贝马斯认为任何一项成功的沟通或说服行为,必须满足四个必要条件,即:(1)言辞意义是可理解的;(2)言辞行动是正当得体的;(3)言辞内容是真实的;(4)言辞者的意向是真诚的。亚里士多德在《修辞学》谈到说服者的信誉手段时,强调三个必备条件"明智、道德、善意"。"真诚"与"真实"就是"道德"与"善意"的体现。美国电视新闻顾问费兰克·麦吉曾表示:"如果三大电视网播报同一题材的新闻节目,那么是什么因素促使观众选择收看其中一家的节目呢? 假设三家电视台的规模相等,报道的准确性和广度又相同,那么就要取决于主持人的知名度和与观众的'和睦关系'如何了。如果观众认为主持人是值得信赖的,真诚的,热情的,温和的等等,那么观众就不大可能会选择另一个节目。"②主持人传播中的"真实"是指信息本身的可靠性、可信度,真诚是指主持人的传播意向和态度。这里的真诚是一个广义的概念,包括诚恳、真切、谦虚、真情实感等含义。真实信息、真诚传播,或者说真诚态度下传播真实的信息是主持人信度形成的必备条件。信任简而言之是人们在对既往行为知晓的基础上做出的对"未来的赌注",也是合作的情感基础。信任是社会关系的重要维度,是重要的社会资本,也是人与人关系的重要体现。信任既有理性的判断因子,又包含着情感因素,既是一种外在的理性制度,也是一种内在的情感体验。而这两者中积极的情感体验更为重要。

我们知道,人的情感一旦被破坏,重建难度则很大。因此,如果主持人传播的信息是非真实的,主持人表现的态度是虚伪的、高傲的、冷漠的……小则使受众产生即刻的排斥情绪,大则会使该主持人信息传播长期受阻。在主持人成为电视传播重要角色的过去几十年中,因为违反了这两条原则而使其名誉大损,信度大跌的主持人并不鲜见。美国著名新闻主持人丹·拉瑟 2004 年在《60 分

---

① ［美］菲利普·津巴多,迈克尔·利佩. 态度改变与社会影响[M]. 邓羽,肖莉,唐小艳,译. 刘力,审校. 北京:人民邮电出版社,2007:245.
② 朱羽君,殷乐. 电视评论——电视节目形态研究之五[J]. 北京广播学院学报,2001(5).

钟》节目中揭露了布什（George Walker Bush）所谓的"服役门"事件，但事后各种线索证明节目中所公布的档案并不真实。丹·拉瑟和 CBS 电视台都陷入巨大危机当中，不得不发表郑重声明表示道歉，称其受虚假资料的误导对布什总统服兵役记录所进行的报道是"判断错误"。不久拉瑟就告别了已工作几十年的主播台，职业生涯就此终结。因此，虽然意见性信息是主持人自我信息加工的结果，是一种观点性的表达，具有一定的个人主观性，但并不是可以脱离实际的、可以随意编造的、可以完全主观的。

信度就是意见性信息传播的"催化剂"，有信任度这个催化剂就产生加速作用，没有信任度这个催化剂就发挥减速效用。

图 6.1　信度的催化剂作用

真实与真诚也是主持人人格魅力的起码因子，是获得尊敬与爱戴的基础，而这一点则是信息有效传播的重要保障。心理学研究早已证明，信息接受者越是对信息传播者有情感倾向，就越容易接受其观点。就像管理学中所论，"如果要让人们相信你是对的，并让他们按照你的意见办事，仅仅给他们提供一点好的意见是不够的。首先必须让他们爱戴你。否则，你的企图必遭失败。"[①]罗曼·罗兰（Romain Rolland）曾经说过："要把阳光撒到别人心里，首先在自己的心里要充满阳光。"因此，在以说服收视大众为传播目的的传播态势下，主持人一定是在真诚的态度下传递真实的、有理可依的、有据可论的观点。

二、基础保障：知识与经验

对"知识"的具体理解目前还有争议。《中国大百科全书·教育》是这样表述的："所谓知识，就它反映的内容而言，是客观事物的属性与联系的反映，是客

---

① ［苏］肖·阿·纳奇拉什维里. 宣传心理学［M］. 金初高，译. 北京：新华出版社，1984：
　　87.

观世界在人脑中的主观映象。就它的反映活动形式而言,有时表现为主体对事物的感性知觉或表象,属于感性知识,有时表现为关于事物的概念或规律,属于理性知识。"但知识一定是人类的认识成果。辞海中指出,初级形态是经验知识,高级形态是系统科学理论,包括了自然科学知识、社会科学知识和思维科学知识。因此,知识其实也包含了从实践获得的经验。但这里我们讨论的知识主要是指高级形态的知识。

认知心理学理论认为,知识对人的认知和行为有决定性作用,当人进行认知活动时,由外部世界内化而形成的有关知识单元或心理结构图式被激活,使人产生内部知觉期望,从而会指导感觉器官有目的地搜寻和接受外部的特殊信息。同时,认知活动需要整体的综合分析,不仅需要感觉器官的活动,还需要中枢系统对信息加工,与过去的知识进行对照,这样才能进行综合分析。因此,知识是人认识事物、分析事物的内部基础。主持人作为以文化为基础构建的电视媒体的代言人,作为不断要观察、分析、判断、传播意见的媒体核心传播者,作为具有社会示范意义的公众人物,"知识"是其职业角色和社会角色的基础保障。《电视节目主持人的综合素质研究》中的调查显示,在对主持人的内涵素质重要性的认识中,文化素质排在第一位(其他还有:政治素质、道德素质、职业素质、心理素质、生理素质等)。[①] 文化素质的主要内涵就是"知识储备"。作者进行的调查,在"您认为电视节主持人最重要的特质应该是什么"一项中,77.65%的受访者选择了"有内涵、知识丰富"。早在十多年前,2004 年中央电视台人事办负责录用和管理主持人的晋延林处长和香港 TVB 总经理梁志文,接受《电视节目主持人的综合素质研究》课题组访谈时就表示,大学本科毕业是主持人录用的必须条件和起码条件。高贵武教授对美国 Fox News 的 7 位评论员,凤凰卫视的 11 位新闻评论员以及央视的 25 位评论员抽样调查,发现 Fox News 的 7 位新闻评论员中,大学学历占总量的 57.1%,拥有硕士、博士学历者各占 14.3%(其中一位评论员学历数据缺失)。凤凰卫视的情况是,其新闻评论员中硕士和博士学历相对多于大学学历,其中硕士学历占 36.4%,博士学历 27.3%,大学学历只有 18%。央视的所有新闻评论员中,具有硕士、博士学历的评论员占据 56%。[②] 这两项调查结果足以说明主持人必须具备较高的文化素养和较全面的

---

① 吴郁等. 电视节目主持人的综合素质研究[M]. 北京:中国广播电视出版社,2007:216.

② 高贵武,张丽. 境内外电视新闻评论员身份比较[J]. 电视研究,2010(8).

知识结构,同时越是知识拥有量丰厚,越具有意见阐发的能力。崔永元曾深有感触地说:"有一件事每次节目后都做,就是节目结束 5 分钟我们就开'批判会'。而挨批得最多的肯定是主持……我们自己看是每一期都有缺陷,尤其令我苦恼的是一期和一期的问题都不一样。有些是可以通过技术手段弥补的,而有些则是跟个人素质有关。我感到自己和剧组中不少同事相比读书少,基本功不扎实。对一些问题看得不透,流于表面。这不是一天两天或苦干一月两月能弥补的。"①

电视节目主持人应该具备的"知识",主要是三大类:

第一,综合知识。包括文、史、哲等基本知识和包罗万象的常识性知识。综合知识是基础中的基础,没有足够的综合知识,主持人最基本的语言表述一定是苍白的,意见生成是缺少基础性支撑依据的,难以形成有效的意见性信息,即使拥有一定的专业知识也很难有效地释放。

第二,专业知识。这里的专业知识并不是指有关传播、电视的专业知识,也不是指主持人口语表达技巧方面的专业技能知识,而是指与所主持节目对应的相关领域的行业知识,如:财经知识、体育知识、农业知识等。专业知识则是节目质量的保证,没有足够的专业知识,很难构造出令观众折服的专业性的意见。当然,不同节目类型对两种知识需求的倾斜度会有所差异,比如综合型访谈节目、新闻评论节目、综艺节目对基础知识的广度要求很高,而像财经节目、体育节目、法制节目等专业性较强的节目,对专业知识更有依赖性。有很多主持人都因为知识积累不足,而在节目中处于被动。

关于主持人知识的重要性和重要性的认识过程,从中央电视台连续六届主持人大赛的主导理念中可以清晰地看出。

第一届"如意杯"主持人大赛对主持人的要求是:1. 政治素质、敬业精神;2. 职业特质,有较强的口语和文字表达能力;3. 仪态素质,外貌条件好。

第二届"金士明杯"主持人大赛对主持人的要求是:主持人在整个栏目动作过程中充分发挥主导作用。

第三届"荣事达杯"主持人大赛——以"探索先进的主持理念,发掘个性化电视主持"为宗旨,要求主持人具有广博的知识,富有"文化型、智慧型、主动性"等个性。

---

① 程青. 崔永元实话实说[J]. 瞭望新闻周刊,1997(Z1).

　　第四届"厦新杯"主持人大赛——以"超越自我,展示自我"为宗旨,力推"专家型主持人"。

　　第五届"白象杯"主持人大赛,以"推出与国家电视台地位相符的'德艺双馨'主持人"为宗旨。

　　第六届"艾诗缇杯"主持人大赛,以"提升国际传播能力、扩大国家台吸引力、构建高端交流平台、推出主持人新秀"为宗旨。

　　显然,前两届对主持人的要求还停留在基本条件方面。第三届比赛中开始重视到主持人的知识和文化修养,第四届开始重视不同领域的专业知识,第五届在主持能力的基础上加入了"德"的要求(这一点对主持人很重要,本文后面也会专门讨论),第六届则更多显示了中央电视台要面向世界、争夺国际话语权的雄心,意见性信息本身就是话语权实现手段和表现方式。

　　第三,信息知识。如果说今天的新闻就是明天的历史的话,那么主持人既要掌握昨天的历史更要掌握今天的新闻,所以这里是说主持人要对当前甚至曾经很长一段时间周边发生的事情、新生的事物通过各种消息渠道有比较清楚的掌握,因为任何事物都不是孤立存在的,主持人对外界的观察、判断和意见组织必然要考虑身边的各种情势。尤其是新闻评论节目主持人,例如白岩松在《新闻周刊》一期节目中,谈到这样一件事:上海地铁里有一位外国人在即将进站的地方突然晕倒,周围乘客无一相助反而纷纷逃散。很快,对面子、国人道德之类的批评就来了,不过随后又有报道说,事实并非如此,其实当乘客离开后马上就有热心人找到地铁工作人员求助,工作人员也马上去了事发车厢,外国人已苏醒离开。情况介绍到此,白岩松开始评论道:"那些不分青红皂白乱贴道德标签的人估计这会儿也有些后悔了,其实在近期国内外暴恐事件频繁发生的背景下,人们自我防范的心理迅速加强,这只是本能的一种反应……"白岩松这一观点正是在联系当前国内环境的基础上,从人性本能的角度给出自己的观点,独特而恰当。

　　信息吸收的另一重要原因则是,今天我们每一个人本身就处在信息爆炸的互联网时代,各种新生事物、概念、流行语出现的快、传播的快,而这些又都会成为电视不可回避的传播素材,主持人若不及时了解很有可能出现交流障碍。

　　主持人需要储备的另外一个重要元素是"经验"。有记者采访《60 分钟》资深编导哈瑞·莫塞斯(Harry Moses),问道:"美国的调查性报道如何保证新闻的真实性？新闻作品是个产品，我们必须考虑这样的问题，是控制采访的制作过程，还是最后由几个满头白发的聪明人凭经验判断其真实性？"①显然，在记者的判断中，《60分钟》几位岁数已高的主持人所拥有的"经验"就可能保证新闻的真实性，保证节目的质量。可见"经验"的重要性。"经验"是由实践得来的知识、技能、经历、体验。本文中主持人的经验包括两方面，一是生活阅历中的社会经验积淀；二是相关工作中，专业经验的直接或间接习得与积累。

白岩松说曾有人问他，如果有一个自认为理想的主持人境界，而现在没有达到它，障碍何在，他的回答是："年龄"。年龄并不是一个简单的数字，也并不是看起来成熟的外表，而是内在积累。后来有学者再次向白岩松问及主持人的年龄时，他表示："年轻，我指的不是年岁的问题，而是年轻所伴生的一些东西，浮景，阅历很浅，文化这方面东西积淀得不够，对社会的观察与思考，击不中准确的方位，可是你又拥有话语权，这两者加在一起就有很多让人担心的地方。"②美国传播学者对美国三大商业电视网哥伦比亚广播公司（CBS）、全国广播公司（NBC）和美国广播公司（ABC）历任晚间新闻节目主持人进行考察后得出结论：43岁是主持人的"黄金年龄"，这个年龄段的人成熟、稳重、有权威和性别魅力，容易赢得人们的好感和信任。③ 这种成熟、稳重、权威正是阅历在人身体内部的一种发酵和渲染。生活阅历的丰富无疑使人更为成熟，看待事物更为深刻。不像电影可以是虚幻的世界，电视节目是真实的场景，讨论的是现实的话题，因此，需要来源于现实社会的经验。而这些不完全，甚至无法来自对书本的阅读。比如婚恋类节目，其间会讨论很多与此相关的话题，比如：婚后理财、女比男大、异地恋爱，等等。要保证这些话题的顺畅交流，观点的有效传播，主持人必须是有阅历的。但是，经验积累度与时间长短或主持人的年龄并不能完全画等号。只有懂得观察生活、体验生活、感悟生活，才能有效地从生活中获得丰厚的社会文化和经验。因此，观察社会、品味现实、吸取营养必须是主持人每天坚持的功课。

专业经验的获得同样是一个日积月累的过程。所谓主持人的专业经验并不是狭义的指主持人在某一档、某一类型电视节目中的经验积累，或者一定是作为电视节目主持人的角色积累。这里的经验是一个较为宏观的概念，如在相

① 朱强. 拷问CBS"60分钟"台前幕后[E/OL]. 新华网,2004 – 6 – 14.
② 吴郁等. 电视节目主持人的综合素质研究[M]. 北京:中国广播电视出版社,2007:83.
③ 杨道. 美国,谁在当主持人[N]. 环球时报,2005 – 5 – 2.

关领域电台、报纸、网络等,做相关工作,编辑、记者、节目策划等,都是主持人的经验积累。像奥普拉·温弗瑞、拉里·金、大卫·莱特曼(David Letterman)等很多美国知名主持人在成名前都有多年在电台的磨炼经历。对中外大量成功主持人的职业轨迹研究表明,走出大学校门就能拿起话筒并成功主持的案例,越是在媒介环境成熟的国家里越不可能发生。越是环境成熟,主持人越要经历长期的经验积累期。中国人民大学高贵武教授抽样调查了美国10个知名电视节目,如《60分钟》《奥普拉·温弗瑞秀》《美国偶像》《学徒》等,其中的20名著名主持人,发现美国主持人在成为主持人前的经历非常丰富。"有过三种(含)以上从业经历"者,占50%,紧随其后的是"有过两种从业经历"者,占总比重的40%,美国主持人在从事主持工作前平均工作过24.9年,新闻节目主持人的曾经职业经历中,有过记者经历的比例高达86.7%。① 展江教授研究发现,美国三大电视网的知名新闻主持人在担任主持人之前,至少经过了16年的专业积累期,如表6.3②。美国主持界元老克朗凯特是在CBS经历了12年的磨砺之后,才走上新闻评论员这一职位的,时年46岁。CBS著名新闻主持人彼得·詹宁斯曾奇迹般的在26岁时坐上主播台,但却因为太年轻而失败,他回到新闻报道一线做了多年记者,再次回到主播台时则游刃有余,成为了美国最优秀的新闻节目主持人之一。

表6.3　美国三大电视网知名新闻主持人经验积累历程

主持人	所属媒体	任主持人前从事新闻工作时间	媒体工作经历				
			报纸	通讯社	广播	电视	驻外记者
克朗凯特	CBS	29 年	√	√	√	√	√
拉瑟	CBS	20 年	√	√	√	√	√
亨特利	NBC	23 年			√	√	
布林克利	NBC	16 年	√	√	√	√	
布罗考	NBC	20 年					
詹宁斯	ABC	20 年			√	√	√

---

① 高贵武.中美电视节目主持人群体特征比较[J].国际新闻界,2007(12).
② 展江.十五名美国电视新闻节目主持人的经历与素质[J].现代传播,1996(2).

　　表 6.4 抽取了 6 位国内近些年以"意见"博得眼球的著名主持人,他们年龄跨度 20 多岁,来自不同电视媒体,主持不同类型的节目,主持风格也各有不同,但都能具有出色的意见传播能力。可以看出,他们在成为知名的主持人之前,都在不同媒体从事过多年相关工作,经过了多年的经验积累期。其中,白岩松最短,但也有 4 年,但这与 1993 年中国电视改革,《东方时空》开播,他有机会得到锻炼迅速成长有很大关系。

表 6.4　中国部分知名主持人经验积累历程

主持人	所属媒体	出生年份	成为知名主持人之前工作	工作时间	相关工作经历				
					报纸	杂志	广播	电视	通讯社
白岩松	CCTV	1968	中国广播报,记者	4 年	√				
水均益	CCTV	1963	新华社,编辑、记者	9 年					√
杨锦麟	凤凰台	1953	主笔、编辑、评论员	24 年	√	√			
窦文涛	凤凰台	1967	广东电台,主持少儿、娱乐、新闻等多类节目	7 年				√	
孟非	江苏卫视	1971	江苏电视台,摄像、记者、导演	10 年				√	

　　知识与经验是一个主持人最根本的"储备资源",是意见性信息传播的"综合基础",是意见性信息传播效果的"基础保障"。从主持人意见性信息获得的第一步"观察与感知"到"意见性信息的加工"再到"意见性信息的有效表达"都与知识和经验紧密相关。除此之外,知识与经验还是信息源可信度的重要支柱。因为可信性=可靠性+专业性。可靠性就是前面阐述的信息的真实,态度的真诚。专业性主要是指知识、经验的专业性和传播方式的专业性。

三、核心能力:思辨与评价

　　思辨是一种由来已久的能力和概念。《礼记·中庸》中记载:"博学之,审问之,慎思之,明辨之,笃行之。"思辨,思考与辨析,对事物进行分析、推理、比对、判断……哲学上指运用逻辑推导而进行纯理论,纯概念的思考,是一种思维能力。思辨力指存在于思维活动和思维过程中的具有客观意义的辩证法,是一种主观意识和能力。

　　主持人的思辨包括主持人对事物的观察、发现、思考、分析,是主持人发现意见表达对象,并对意见点形成意见话语的必须性思维活动。第二章中"意见信息的传出路径"一处已提及,意见性信息首先需要主持人的观察和发现,然后立即对获得的信息进行加工。因此,思辨力是主持人是否能够表达意见的起点和必须能力。主持人的即兴口表达技能包括"描述""复述"和"评述",其中,评述就要求主持人必须在瞬间对外界事物进行思辨,否则虽然同样可以进行话语表达,但将会变为描述或复述。

　　评价是人们理解、把握客体的意义、价值的思维过程、观念活动,通过这一过程、活动,得出客体的是非高下、价值大小。从哲学角度讲,评价所揭示的不是世界是什么,而是世界对于人意味着什么,世界对于人有什么意义。因此,主持人对客体的评价就是对客体的是非对错、价值意义等思考、判断和总结,这是意见、观点传播的必须活动过程。冯平在《评价论》一书中,提出了评价的四种基本功能,判断功能、预测功能、选择功能、导向功能。①　这些功能也正是意见性信息的传播功能和效果体现。

　　评价涉及三个基本概念,即"评价主体""评价客体""评价标准"。在本论文的讨论主题和范围中,评价主体就是节目主持人,评价客体是节目所涉及的所有主持人可能阐发意见的对象,评价标准则是主持人内部素养和相关环境综合作用而形成的一个评价准则。有些节目,如益智节目、竞赛类节目、游戏类节目,节目中本身设定了一些规则,主持人对相关内容的评判会参考标准规则进行评价,但对大多数评价客体而言都没有公式般的或固定的评价标准,所以需要主持人结合自己的内部素养和相关语境思考、评价。因此,关于评价结果就会有这样的规律,评价客体的功能和属性越能满足评价主体的需求,与评价主体的价值观越接近,评价结果就越积极,评价度就越高。主持人的评价能力、评价水平高度依赖于主持人自身的已有素养和对表达语境的准确判断与利用。我们常常会看到,面对同一新闻事件,不同主持人切入的角度和评价的观点会不同,这就是个体思辨过程与评价体系差异的表现。

　　主持人对意见对象的思辨与评价,是主持人意见性信息从无到有的过程,是主持人传播意见性信息最核心的行为过程和能力体现。意见性信息的质量是主持人思辨能力与评价能力的最直接外在反映。

---

① 　冯平.评价论[M].北京:东方出版社,1995:208.

四、质量源泉：语智与急智

"妙语连珠"是人们对语言表达精彩的一种表述,语言为何能够既精彩又流畅呢? 是语言智慧的表现。语智是口语表达中的一种特有的智慧和能力。语智主要包括:语境判断与适应能力,听辨记忆能力,口语修辞能力,解释描述能力,反思调节能力。① 因此,"语智"这一概念也较为全面地描述了口语表达需要具备的各方面能力。语智是以语感为基础的。语感是人们对语言文字的一种直觉,是人对语言的敏感程度,是人在感知的瞬间有关表象、联想、想象、理解等的一种自觉反映心理现象。语感既是静态的感受,更是一个创造过程、表现过程,通过这一过程人们构造了新的言语意义。因此,具备优秀语感的人就具有对语言的快速理解、组织和传播能力。主持人不仅仅需要语言智慧,更要求即兴的语言智慧,因为主持人传播语境是动态的、意见点是瞬间的。意见性信息的表达不仅需要言语的感悟与迅速生成,还需要言语指向明确具有说服力,这就需要主持人在瞬间通过大脑的快速思维运转,获得观点,而后才通过语言表达。从宏观语境的角度讲,言语体系的生成与变化实质上是不断与社会能量信息的交换过程。如果语用主体是一个能动的、积极的自觉表达与接受的主体,那么充分发挥言语主体的智慧潜能,不仅可以体现言语本色、言语个性,而且也只有这样才是最有价值的言语生成途径。②

主持人意见性信息的传播是一个动态过程,是一个不断创造观点、不断传播观点,不断创造又不断消逝的过程,这一过程永无止境,语智是保证这一过程高水准持续进行的必须智能,而急智则是意见生成必需的才智。急智,急中生智,通常的解释是遇到紧急情况时突然想出应付办法。也因此有学者认为,主持人急智就是主持人是语智的一种表现,是主持人能否有效地感知言语信息并在第一时间作出反应的能力。但笔者这里强调的急智不仅仅指反应能力,更多是指瞬间集中智慧、快速思考问题、生成意见观点。所以,不仅仅是表面的"速度"更是内涵的"深度"。

很多主持人就因为反应敏捷,在瞬间转尴尬情景为满堂喝彩。杨澜有一次在广州主持一台大型文艺晚会,上台时不小心踩空摔了一跤,只见杨澜不慌不

---

① 应天常. 节目主持语用学(修订版)[M]. 中国传媒大学出版社,2008:238.
② 应天常. 节目主持语用学(修订版)[M]. 中国传媒大学出版社,2008:218.

忙地站起来,走向舞台中间微笑地说:"中国有个民间舞蹈叫'狮子滚绣球',为了感谢大家的到来,我刚才给大家表演了一个动作,不过动作还不够熟练,但台上接下去的节目会很精彩,让我们来看他们的表演。"全场爆发出热烈的掌声,有观众大呼:"广州欢迎您!"这一意外情况下的救场,是杨澜语智的精彩展现。《欢乐中国行 2007 元旦晚会》在节目接近零点的时候,现场时间突然出现了两分半钟的空档,导演要求主持人董卿救场,可就当董卿开始自然的即兴发挥时,耳麦里突然传来导播的误判:"不是两分半钟,只有一分半钟了。"董卿连忙调整语序,准备结束语,而此时,耳麦里再度传来更正:"不是一分半,还是两分半!"两次更改,导致本是一次即兴语言表达变为了三次,但董卿临危不乱,走到舞台两头给观众深深鞠了两躬,用"欢乐的笑""感动的泪""奔波的苦"等诸多排比句即兴制造了一个又一个赏心悦耳的"感谢"。这两个案例都是载入了播音主持教科书的经典案例,充分展示了主持人的急智,不仅反应快,而且能够以主持的节目为出发点,和节目语境融为一体。对于意见性话语表达而言,主持人不仅反应快,而且要观点生成快,观点组织快,观点传达快。白岩松曾在重大历史时刻的直播中遇到断档时,沉着冷静,即刻借助所在位置和报道主题,寻找适当话题,有述有评,不仅填补空白而且通过点评进行了意义升华。1997 年 6 月 30日晚进行香港回归直播的时候,白岩松在深圳皇岗口岸报道驻港部队入港进程,当时,驻港部队还没到达,有一段"报到空白时间"导播要求白岩松说一段话以填补这一段空白时间。白岩松在十几秒钟的停顿后,迅速想起自己早些时候登上口岸办公楼的情形,说道:"各位观众,在我们这里往前看,可以看到一幢白色的小楼房,这是皇岗口岸的办公楼。当年,小平同志曾在这里登楼眺望香港,现在那幢楼里还挂着他视察口岸的大幅照片……今天晚上,当驻港部队跨过这条边界的时候,在所有为部队送行的人群中,肯定有一位老人深情注视的目光……"当部队到达皇岗口岸越过界线进入香港时,白岩松手指着界限深情而激动地说道:"各位观众,这条线并不长,车速也并不快,但是今天驻港部队越过管理线的这一小步,却是中华民族的一大步。为了这一步,中华民族等了百年。"

急智状态下高质量意见性信息的获得,是敏锐的观察智慧、敏锐的理解智慧、敏锐的分析智慧、敏锐的判断智慧、敏锐的信息生成智慧等多种智慧集中的体现。无论是语智还是急智体现的都是心理、生理的综合反应过程,是主持人多种智能和多种素养的综合反映。这种智能和素养是可以通过不断训练和积累而不断提高的。

五、根本要求：道德与责任

　　这里，道德是指主持人的内在道德品质，责任是指主持人的社会责任感。如果说真实与真诚是必备条件、知识与经验是基础保障、语智与急智是质量依托，那么道德与责任是在这些素质下面的最根本要求。传播内容失实，传播态度不真诚本身就是道德失衡，没有社会责任感的表现。国家广电总局 2004 年底就颁布了《中国广播电视播音员主持人职业道德准则》，目的是加强广播电视队伍建设，倡导良好的职业精神和职业道德，规范广播电视播音员主持人的职业行为。2005 年 9 月 10 日，国家广电总局又下发了《中国广播电视播音员主持人自律公约》，目的是为了更好地贯彻执行《中国广播电视播音员主持人职业道德准则》，提高职业素养，规范职业行为。这两个文件对主持人应该具有的人格品质、责任作了详细的要求，可见其重要性。

　　道德是一种社会意识形态，是依靠社会舆论、传统习俗和人的内心信念的力量来调整人们之间相互关系的行为规范的总和，它贯串体现于社会生活的各个方面、各个领域，如社会公德、家庭道德、职业道德等。此处所谈的道德是指人性的基本道德和职业道德两方面。前者是普适性道德，是后者的基础，后者是主持人的角色道德。道德是一个较为宽泛的概念，严格意义上讲，主持人所有的相关元素，衣着装饰、言行举止、传播方式、信息内容，等等，都与道德相关。很多不当的传播行为都是主持人的道德素养不高导致的。施工现场发生惨剧，主持人居然还有心情开玩笑，说道："钢筋把他们像糖葫芦一样串了起来，"有位打工青年被机器切掉了 9 根手指，被辗转送到省城医院，匆忙之中将一根手指遗忘在事故地点，主持人戏说道："话说手术即将开始，出现戏剧性场面：哦呵，第 9 根手指忘带来了……"这两位主持人毫无人文关怀。

　　主持人的道德不仅仅是一个"个体"品格好与坏的问题，其道德水平直接影响着传播信息的内容，进而影响整个社会的价值取向、道德氛围。

　　社会责任感就是在一个特定的社会里，每个人在心里和感觉上对其他人的伦理关怀和义务，是个体对社会良性发展应有的一种责任。每个社会中的个体都有社会责任和义务，都应该具有社会责任感。社会责任感是一种自我的觉悟、意识，其程度高低主要依靠个人自觉性。角色论人为，一个人承当的角色越多，权利和义务也就相应的越多，一个人承当的社会角色层次越高，所具有的权利和义务也就越大。主持人作为具有社会示范效应的公众人物、具有信息制造权的传播主体,对其社会责任感的要求就很强,社会对其需求也很大。《中国广播电视播音员主持人职业道德准则》第一条就规定:广播电视播音员主持人所从事的事业,担负着传播先进文化,弘扬民族精神,维护国家利益,促进经济社会发展,推动人类文明的崇高使命和社会责任。一名主持人是否有强烈的社会责任意识会直接体现在其传播方式和内容中,会直接影响到主持人的社会作用以及社会对主持人的认知。主持人是否有社会责任感,社会责任使命的强与弱,主要依靠主持人自身的意识和约束。一个具有社会责任感的主持人,无论是主持什么类型的节目,都会将这种内心情感传递出来,传递出对社会有益的观点。孟非就是一个典型的代表。他所主持的节目《非诚勿扰》并不是传统意义上讨论社会问题、关心社会发展的节目,但孟非却以极高的频率关注社会的各个方面,并提出值得思考的问题,指出不正确的思想观念,给予大家有益的建议。而这种对社会有益的观点才能够被社会广泛接受,这样的主持人才能被观众广泛爱戴,被社会高度认可。

虽然规章制度对主持人的道德和责任提出了要求和做出了约束,但这仅仅是来自外界的一种"形式",主持人道德与责任的存在和良好体现必须建立在自愿性、自觉性和主动性的基础上。主持人发自内心的自愿性,表现为行为上的自觉性和主动性。以人性道德和职业道德为约束,以社会责任为要求。

图6.2　主持人意见性信息表达内在素养诉求

有研究发现,虽然面对面地传播更有说服力,但那只限于影响者具有较大魅力的场合,在缺少魅力的情况下,影像的说服力还不如文章和声音。主持人怎样才有魅力,这是一个复杂的问题,包含很多方面。但传播的责任感、传播的态度、传播的内在储备、传播的智慧表现等一定是主持人魅力的最基本的构成要素。

　　以上阐释的这些内部要素是主持人这一角色结构,尤其是作为意见性信息传播主体这一角色结构的重要构成。结构是指系统内部各个组成要素之间的相对稳定的联系方式、组织秩序及其时空关系的内在表现形式。[①] 角色结构是角色功能发挥的基础,只有角色结构合理,角色功能才能有效发挥。因此,主持人优化其内部结构结构实则是对角色功能的优化。同时,角色的整体性特征告诉我们,角色是由若干个局部要素组成的,其中每一个要素的变化都可能对角色产生影响。与此同时,这些局部要素组合在一起就是一个新的有机体,这个新的有机体并不是各要素的简单叠加,它具有新的、整体的性质和功能。这种角色整体性及其功能的获得是各个局部要素相互作用、彼此配合的结果。因此,主持人的这些内部素养每一项都很重要,都与意见信息的传播效果相关,但最终的传播效果是它们整体作用的体现。

第二节　主持人意见性话语表达的宏观语境

　　美籍德国心理学家库尔勒·勒温(Kurt Lewin)提出"群体动力理论"。该理论认为一个人的行为(Behavior)是其人格或个性(Personality)与其当时所处外部情景或环境(Environment)的共同作用的结果,可用函数表达为 B = f(P,E)。也就是说人的表现是由自身素质和当时面对的情境共同决定的。人是社会的动物,不进入社会情境中与不同角色互动,人的需要得不到满足,能力也得不到发挥,"自我"是在与环境的交互过程中生成的,人的行为、信念、观点等受到周围环境的重大影响。环境包括自然环境和社会环境。我们这里讨论的宏观环境主要指社会环境,也可以理解为主持人的宏观角色环境,指主持人在角色互动中所处的社会大环境,包括社会存在和社会意识两个方面。社会环境按照它内部的行为准则和文化"培育"每一个个体。作为媒介和社会角色承担者的主持人,虽然未必在每一次信息传播中都主动的或者有意识的思考过宏观环境,但心理、思维和行为却无不受其影响。角色论中的"渐进性"理论告诉我们任何角色的行为都受制于一定的环境或情境,要想成功扮演角色,就必须适当的改

---

① 秦启文,周永康.角色学导论[M].北京:中国社会科学出版社,2011:71.

变角色要素,以适应情境。同时主持人内部素养也是一个不断通过积累学习而变化的结构,知识结构、能力结构的变化,也是为了适应处于变化状态的社会文化。与电视传播相关的社会领域非常广阔,历史、政治、文化、科技、经济、法律、时代……很多方面,在此,选择与主持人意见性话语表达最为直接相关的几方面,政治与政策语境、文化与经济语境、时代与审美语境,做出深入探讨。

一、政治与政策语境

1970 年朝鲜乒乓球队来中国访问,国家破例决定进行电视转播,但怎么说,成了大难题,因为稍不注意就会犯政治性错误。最后确定的转播指导思想是:贯彻毛主席的革命外交路线,局部服从全局,技术服从政治,比赛服从友谊,把政治和友谊放在第一位。[①] 具体的执行准则就是,解说员不能报比分,每一局和最终比赛结果也都不能报,解说效果可想而知。这种转播方式在今天听来似乎是天方夜谭,但却是那个时代政治与政策主导下的真实产物。

政治环境是政治体系存在和从事政治活动、进行政治决策的背景条件的总和。大众传播媒介一直被称为"第四权力",社会的三大支柱权力——立法、行政、司法都受它的牵制。大众媒介与政治参与、政治沟通、政治控制、议程设置、舆论监督等多方面政治活动有关,是最有力量的"大众政治家"。拿破仑(Napoléon Bonaparte)说:"报馆一间,犹如联军一队。三份不友善的报纸比一千把刺刀更为可怕。"威廉二世(Wilhelm II von Deutschland)感叹道:"德国战败,就因为没有一张《泰晤士报》。"英国前首相撒切尔夫人(Margaret Hilda Thatcher)说:"没有哪个首相能够同媒体争吵,因为这很难取胜。"正因为大众媒介具有参与政治的"能力",又对人们的思想、对社会的舆论有重要的引导作用,所以大众媒介与国家政权、社会稳定有密切的关系。而政治稳定则是任何一个国家发展的基本前提。因此,一方面大众媒介是政治社会化的重要方式,在政治中扮演着重要角色;另一方面,大众媒介是政治系统中最重要的子系统之一,大众媒介一定不能传播与国家意志相悖符号,必须符合政治需求。大众媒介的传播内容和方式都受到政治环境有形或无形的影响。正所谓"信息并不在真空中流

---

① 杨正泉. 文革中,解说不能报比分[J]. 新华航空,2010(7).

动,而是在早已有所归属的政治空间中流动。"①

电视的媒介特征和普及程度,使其政治影响功能更强。美国总统选举电视辩论是一个典型的例证,赢得电视辩论者将很有可能赢得大选。难怪美国副总统蒙代尔(Walter Frederick Fritz Mondale)说:"要是我不得不放弃……上晚间新闻的机会或者放弃否决的权力……我会选择抛掉否决的权利。"②因此,电视节目的信息传播必须也必然受到一个国家、区域的政治语境规约。出于政权和社会大众利益的考虑,政府都会以种种手段对电视媒介及其传播加以约束,但控制的程度和方式却有所不同。正如施拉姆在《传播学概论》中所指出的:"每个国家都保证本国人民享有表达思想的自由,然而各国都或多或少地对大众媒介加以控制,正如对它所有的社会机构加以控制一样。"③

由于传媒、电视与国家政治密切相关,因此,每个国家就必然会根据其政治需要制定相应的法规政策来管理和调控电视媒体。任何政治体制的国家都一样,只是方式会有不同。在西方国家,主要是商业电视和公共电视这两种电视体制,媒介较为独立,属于自由主义传播模式。这种体制下,政府对媒介没有直接控制性和控制权,但是政府可以通过制定相关的政策、法规等方式对其进行调控和控制。比如英国广播公司 BBC,属于公共广播电视,日常工作不受政府直接控制,BBC 批评英国政府、首相,甚至英国女王的新闻也是屡见不鲜。但是,这种独立与自由并不是彻底没有约束和管理的。首先法律要求它在报道中要公正、不偏不倚,其观点可以与政府不同,但必须与国家利益一致。其次,BBC 的媒介执照是由政府颁发的,每次为期 10 年,政府对营业执照的控制权也就意味着 BBC 仍然无法脱离政府的控制。另外,公司最高领导机构董事会由12 人组成,董事会成员均由政府任免,董事长由首相提名,女王任命,任期 5 年。社会主义国家的电视基本属于国营性质,政府对国营媒体的控制主要是通过行政和财政手段。在我国,1983 年中央 37 号文件《关于批转广播电视部党组〈关于广播电视工作的汇报提纲〉的通知》明确指出:"广播电视是教育、鼓舞全党、全军和全国各族人民建设社会主义物质文明、精神文明的最强大的现代化工具,也是党和政府联系群众最有效的工具之一。"广大受众对电视媒体的党性和

---

① [美]罗伯特·基欧汉,约瑟夫·奈. 权利与相互依赖关系[M]. 门洪华,译. 北京:北京大学出版社,2002:260.
② 转引自张昆. 大众媒介的政治社会化功能[M]. 武汉:武汉大学出版社,2003:70 – 71.
③ [美]威尔伯·施拉姆等. 传播学概论[M]. 陈亮等,译. 北京:新华出版社,1984:179.

权威性也形成了较一致的认同,《新闻联播》就是无可非议的代表。

政治语境直接或间接地影响着话语自由度、空间度,政治语境与传媒政策共同决定着媒介观点传播的广度、深度,甚至方向。我国1997年9月颁布实施《广播电视管理条例》明确提出了我国广播电视的性质和任务:"广播电视应当坚持为人民服务、为社会主义服务的方向,坚持正确的舆论导向……促进社会主义精神文明和物质文明建设。"第三十二条明确规定:"广播电台、电视台应当增加国产优秀节目数量,禁止制作、播放载有下列内容的节目:(一)危害国家的统一、主权和领土完整的;(二)危害国家的安全、荣誉和利益的;(三)煽动民族分裂,破坏民族团结的;(四)泄露国家秘密的;(五)诽谤、侮辱他人的;(六)宣扬淫秽、迷信或者渲染暴力的;(七)法律、行政法规规定禁止的其他内容。"在整个电视传播系统中,由于主持人的传播是以"人"性传播为基本起点的,因此就一定存在个性;主持人与播音员的区别很大程度上就在于主持人是说自己的话;加之主持人意见传播的特征与必要性,所以,对于主持传播而言,对政治环境的依赖度就更高了。高贵武教授也指出:"主持传播的生存,发展除了与崇尚个性的社会心理有关外,还与整个社会的民主化发展息息相关。"①这里所谓的民主化发展,就是政治环境以及主持人的传播空间。对主持人的要求往往被明确地列入了一些重要的文件、决策中。

因此,政治氛围、媒介政策会直接决定电视节目的意见传播空间和节目形态,直接影响着主持人的意见尺度与信息内容。例如:美国20世纪50年代早期由于麦卡锡主义的笼罩,无论是主持人还是节目嘉宾思想都趋向保守,无法形成观点碰撞,所以谈话节目就很难精彩。我国文革期间的电视发展进程,更是一个典型的案例。文革期间很多电视台直接关闭,全国13家电视台,一度仅上海和广州两家电视台坚持播出。而北京电视台的《科学知识》《卫生常识》《文化生活》《国际知识》等各种优秀节目被批判为"危害极大"的"封、资、修的大毒草",停止播出。取而代之的是概念化、口号化的政治节目。电视新闻被人们形象地描述为"大批判,学习班;抓革命,促生产;工厂机器转,田间麦浪翻"。赵忠祥回忆说:"我超负荷、超限度的用声,嗓音喊坏了。我用很大的力气企图恢复原有的嗓音,却怎么也不成,越使劲越喑哑。"②1978年邓小平发表《解放思

---

① 高贵武. 主持人传播学概论[M]. 北京:中国传媒大学出版社,2007:35.
② 赵忠祥. 岁月随想[M]. 上海:上海人民出版社,1995:26.

想,实事求是,团结一致向前看》的重要讲话,《光明日报》发起"实践是检验真理的唯一标准"的大讨论,整个社会开始冲破政治上的原有禁锢,文革特有的电视节目被撤销,假、大、空的电视样态,公式化、形式化电视语言也成为历史。

但直到20世纪80年代初期,我国的电视传播环境还是比较死板的。赵忠祥感慨万分地回忆说:"字正腔圆,昂扬高亢,曾经是中国电视播音员一个时代的集体声音。20世纪70年代,中国的电视播音员是不允许有个性的。"①1980年成为我国第一位主持人的庞啸则这样回忆说:"记者出图像,在当时来说是非常严肃的事情,要查三代。最终确定5个人可以出图像,我是其中之一。②沈力也曾这样清晰地回忆:"关于电视节目主持人个性问题的提出,大约是在1984年。那时我和陆锡初老师探讨过。因为那个时代强调的是党性,还不敢强调个人作用。"③因此,20世纪80年代之前我国话筒前的传播者只能称作"播音员",播音员还不能报名字,只是机械地履行将文字语言转变为有声语言的工作。1980年我国出现了"主持人"这个称谓,并迅速推广开来,因为主持人的到来,荧屏上出现了以"我"出现的观众的朋友。赵忠祥认为:"主持人节目之所以能迅速得到推广、普及,首先仰仗党的十一届三中全会以后,举国上下形成的改革浪潮。没有改革开放这个大气候,主持人形式的节目与主持人的设置还不可能出现和实现。"④1983年开始的《春节联欢晚会》,1990年走上荧幕的《综艺大观》《正大综艺》着实给中国电视输入了新鲜血液,也成就了倪萍、杨澜等几位家喻户晓的主持人,她们也已经一改死板的播报式语言,但总体而言,主持人在节目中还是主要起到串连作用,介绍性的事实表述话语居多,或者是最基本的引导性、常规性意见表达,真正自由的个性化意见表达还没有出现。

1992年邓小平南巡讲话,中国各行各业进一步解放思想,加快改革步伐。1993年初,中宣部部长丁关根在电视宣传工作会议上做具体指示:"今年要努力争取使电视节目有一个较大的改观。要从群众的需要出发,开辟新的栏目,在

①　上海文广新闻传媒集团电视新闻中心评论部. 电视的记忆[M]. 上海辞书出版社,2009: 94.
②　陈一鸣,张亮. 三个电视人的十年[N]. 南方周末,2008 - 12 - 11.
③　白谦诚、胡妙德主编. 中国荧屏第一人——沈力[M]. 北京:中国广播电视出版社,1999: 59.
④　赵忠祥. 中国中央电视台30年1958 - 1988·论电视节目主持人[M]. 北京:中国广播电视出版社,1988:479.

形式上有所创新;要增大信息量,增加新闻播出次数。"①紧接着诞生了《一丹话题》《东方时空》《焦点访谈》《新闻调查》等一批观点鲜明、监督力度强的新闻评论类节目。《焦点访谈》舆论监督节目的平均比例在25%左右,高峰期占到节目总量的近50%。《纽约时报》对《焦点访谈》的开播这样评论:"允许《焦点访谈》这样的节目自生自长并公开地发表不同的见解,显示了中国领导人的自信。"②当朱镕基为《焦点访谈》题字"舆论监督、群众喉舌、政府镜鉴、改革尖兵"时,白岩松问总理是即兴之语还是想了很久?朱镕基回答说:"我想了一宿,今天早上我一量,血压都高了。"③尤其是该类节目对社会负面新闻的深度报道充分体现了媒介自由权和话语权,也正是在这样的媒介环境下涌现出白岩松、崔永元、敬一丹、水均益等一批以意见传播见长的电视节目主持人。中国电视基本可以以《焦点访谈》那一批节目的诞生和成功作为起点,电视话语空间和观点自由度大幅度提升,主持人的意见主导权也随之越来越大。

二、文化与经济语境

美国前总统克林顿与莱温斯基的丑闻案中,美国媒体不遗余力地把所有的"大炮"对准了白宫和克林顿,即使外国总统来访,美国记者还是会毫不遮掩地径直抛出"莱温斯基"问题,外国元首似乎成为"局外人"。一时间,几乎所有的节目形式也都被用上了,新闻、访谈、综艺……夹杂着各种报道、评论,甚至演艺。比如美国广播公司(ABC)的"晚间节目"就出现了5个裸露大腿,一身莱温斯基打扮的年轻姑娘,而且个个嘴里叼着一支莱温斯基在证词中所描述过的雪茄,做出各种性感的姿态。但对美国媒体的反应,法国民众觉得十分不解,因为他们认为那是总统的私生活。正如法国时任总理若斯潘(Lionel Jospin)所说:"尊重个人的原则也应该是大西洋彼岸所应遵循的。"德国人甚至觉得美国媒体的这种不顾一切的狂轰滥炸有点让人"恶心"。为何欧美人对这一事件有完全不同的反应,原因就在于地区间的"文化差异"。

"文化"一词最早在拉丁语和中古英语中出现时是"耕耘"或"掘种土地"的

---

① 丁关根就如何提高电视节目质量总结归纳八条意见[J]. 中国广播电视学刊,1993(3).

② 梁建增. 焦点访谈——从理念到运作[M]. 北京:学习出版社,1998:5.

③ 曾繁旭,吴虹飞. 白岩松:希望新闻改革的速度可以更快[J]. 南方人物周刊,2007(19).

意思。西塞罗使用"文化"时已有转移或比喻的意义,有"耕耘智慧"之意。18世纪的法国,像沃弗纳格和伏尔泰这样的学者,开始在法语中以一种完全不同的意义使用"文化"一词。对他们来说,"文化"意指训练和修来的心智(或思想,或趣味)的结果和状态。很快,这个词就被运用于形容某一位受过教育的人取得的实际成就。良好的风度、文学、艺术和科学——所有这些都被称为"文化",被认为是通过教育而能够获得的东西。① 与此同时和其后的岁月中,各国的学者都在不断"进化"和"解释"文化的概念。正因如此,从某种角度来说,"文化"成为了最没有统一解释和界定的概念,文化的定义在不同国家、各个历史时期、不同学者笔下呈现出多元化和差异化,学者们分别从哲学的、艺术的、教育的、心理学的、历史的、人类学的、社会学的、生态学的和生物学的角度对文化进行过描述和定义。因此,文化涉及面极广,包括:历史、地理、风土人情、传统习俗、生活方式、文学艺术、行为规范、思维方式、价值观念,等等。据统计,有关"文化"的各种不同定义至少有二百多种。2001 年 11 月 2 日,联合国教科文组织 185 个与会成员国通过的《世界文化多样性宣言》对文化的定义为:"应把文化视为某个社会或某个社会群体特有的精神与物质、理智与情感的不同特点之总和。除了文学和艺术外,文化还包括生活方式、共处的方式、价值观体系、传统和信仰。"笔者认为这一定义较为通俗也较为全面。

多媒体视听媒介电视在过去的几十年中扮演了人类最杰出的文化传播大使,他把人类带入了地球村,也把人类文化带入了地球村,使文化能够跨越地域界限、跨越时空界限广泛传播。人类文化借助电视更加人类化,大众文化借助电视更加大众化,流行文化借助媒介更加流行化……电视在传承文化,传播文化的同时,也在以文化为基础进行创意和制作。世界各国均毫无异议的将电视归入了文化创意产业。电视传播的方式、内容、效果都会与文化密切相关,或者说是在无形的接受着文化的规约和影响。比如在有些伊斯兰国家,女主持人出镜时要带着面纱,这本身就传播着一种文化、一种观点,但同时也已严重削弱了主持人意见传播的非语言方式。

罗兰·巴尔特从符号理解的角度分析使用符号的双方(编码者和解码者)之间的"彼此可进入性"时发现,"心灵的共同性和共享性"可以在共同的文化背景或者不同的文化背景下得到证实,但在共同的文化背景下,彼此相同信息

---

① 李宇. 中国电视国际化与对外传播[M]. 北京:中国传媒大学出版社,2010:113.

的程度大。巴尔特认为不论编码者还是解码者对符号意义的感知在本质上并不是因人而宜,他们首先是属于一个文化群体,共同的文化背景为他们提供了互相影响的意识。因此,对文化背景的把握至关重要,对于电视尤其是这样。但值得注意的是,"文化"还有一个特殊性,就是"俄罗斯娃娃"的多层性。意思是说,一个大的文化下面还会包含多种小的文化,比如在"中华文化"中还包含有巴蜀文化、中原文化、三晋文化等众多区域文化,在这些大的区域文化下面甚至还有一些小的区域文化和民俗。这一点在《春节联欢晚会》的收视上有较明显的反映。春节是整个华人的传统文化,《春晚》理应成为中华民族共同关注的节日庆典,但由于《春晚》包含的北方文化元素居多,因此,造成南北收视率冰火两重天的境况。在东北、北京的收视率高达80%以上,在广东、福建等地却往往不到10%。因此,电视传播既受到"大文化"的影响,还受到"小文化"的影响。所以,有效的电视传播必须考虑到多种文化、多级文化的适应性。

主持人在节目中的一言一行具有很大的标识性和影响性,主持人表达的意见性信息又具有鲜明的观点指向性,因此必须考虑传播方式和传播内容与文化的匹配关系。如果合乎文化口味,会增加传播效果;反之,造成不良后果。

2012年11月6日,广州电视台某主持人在其主持的一档普通话新闻节目中就"全国普通话排行榜广东垫底"进行探讨。这本是毫无争议的一个选题,如果客观评价广东人普通话还要加油会是不错的观点。但主持人却言词过于偏激,言语表达的内容和语调都有蔑视和嘲笑广东人讲普通话的意思,甚至直言"广东人讲普通话让人有想自杀的冲动"。立刻在广东引起不小的风波。大家认为主持人的言辞"污蔑广州人和广州文化,侮辱广东人讲普通话,企图推翻多年来推广普通话的成果,侮辱白话(粤语)的发音,阻碍社会文化多元化及多样性",强烈要求主持人道歉。广州电视台骤然之间也成为人们抨击的对象。事发5天后,广东省广播电影电视局属下的广东广播影视网回应:"经过核查,对该主播实行停播处理,对节目组也加强管理,确保以后不再出现类似情况。"这位主持人显然没有明白广州人对粤语的自豪感,广州人对本土文化的钟爱感,作为广州市本土的电视频道,忽略了这一点一定会受到受众的"惩罚"。与这位女主持人形成鲜明对照的是北京电视台曾经的王牌节目《第七日》的女主持人元元。作为一档向北京市民传递身边大小事的地方新闻节目主持人,刘元元俨然就像是一个胡同里大家都喜欢的大闺女。语调是北京腔,语速尽显老北京说话的溜滑劲儿,伶牙俐齿,但又很亲切,说话还总在理儿,深受北京人的喜欢。

由于文化涉及的范围太广,涉及的角度太多,涉及的元素太杂,在此无法细致入微地罗列分析,但总的规则是不变的,那就是充分考虑收视区域的文化特点,充分地尊重文化,合理地利用文化。

经济环境是对传媒业有重大影响力的另一重要环境因素。经济环境是指构成企业生存和发展的社会经济状况和国家经济政策,是影响消费者购买能力和支出模式的因素,它包括收入的变化,消费者支出模式的变化等。媒介经营状况、媒介普及水平、媒介消费形态,等等,都与经济环境密切相关。通常而言,经济强国也是传媒强国。据统计,美国控制了世界上75%的电视节目,每年向其他国家发行的电视节目总量时长达到30万个小时,许多第三世界国家播出的电视节目,直接来自美国的,竟占到60% ~80%,以致电视台几乎变成了美国电视节目转播站。① 全球电视产业100强中有29强是美国的,美国电视产业收入占全球电视产业总收入的52%;全球电视产业公司10强中有8强是美国的,其总收入占10强的85%,占全球100强的35%。② 美国的CNN通过16颗卫星和数不清的有线电视系统向全世界180多个国家和地区的1.84亿个家庭播放,还拥有针对不同区域的电视版本和新闻。BBC国际频道(BBC World)覆盖了大半个地球,24小时向全球观众播放电视节目。

传媒经济是以整个社会的经济环境为依托的,媒介的发达程度是传媒经济的直接反应,而媒介经营状况,即媒介机构的经济效益,则是媒介产品投入的绝对保障。如果没有良好的经济环境,就不会有先进的电视设备,包括电视传输设施和受众接收设备,就不会有高额的节目赞助和海量的广告收入,也就不会有不断创新的高投入的电视节目。《中央电视台简史》中有这样一段对20世纪50年代电视人工作环境的描述:"沈力出图像的地点和插播画外音的播音位置在不同的方位,播音员报告完节目,等摄像机上的红灯一灭,仿佛短跑运动员听到枪声,拔腿就跑;冲到插播画外音的位置,立刻播画外音。画外音播完了,再回到出图像地点准备下一段串连词的播出。如果当晚还安排有座谈会等类节目,播音员又要承担座谈会的主人,参与节目的播出。假如当晚又有歌舞与折子戏的播出,播音员则要担任这部分的报幕与串连,类似如今的主持人。"③1979

① 苗棣,赵长军.论通俗文化——美国电视剧类型分析[M].北京:北京广播学院出版社,2004:3.
② 刘利群,傅宁.美国电视节目形态[M].北京:中国传媒大学出版社,2008:31.
③ 于广华.中央电视台简史[M].北京:人民出版社,1993:257.

年刚刚改革开放时,我国共有广播电台93座,电视台32座,电视机485万台,按当时的8亿人口计算,每165位中国人拥有一台电视,全国全年广告收入仅仅1000万元。而这30多年,我国在取得举世瞩目的经济飞跃的同时,传媒业也同样实现了大跨越。2010年,年我国有广播电视台2106座,天空中有200多套卫星电视节目极力想在我国落地。不仅彻底普及了彩色电视,数字电视也正在普及。2016年中国广告经营额近6000亿元,居世界第二位。一线卫视节目,如《我是歌手》《快乐大本营》《中国好声音》等,仅仅是独家冠名费就在3亿元以上。

经济环境还直接决定了电视媒体(包括网络视频媒体)的数量和节目量,即电视节目的竞争态。比如朝鲜仅有3家电视台,分别是朝鲜中央电视台、教育文化电视台和万寿台电视台。最主要的中央电视台也只有从下午5点至晚上11点播放电视节目,教育文化电视台和万寿台电视台只在星期六下午和星期天播出,应该说还处于供给不足的状态,更不必谈竞争。邻国韩国电视业的发达程度同其经济地位同样成匹配状态,仅仅是被众人熟知的电视台就有近20座。电视节目的出产量惊人,制作水平很高,尤其是娱乐节目极为发达,近几年在我国颇受欢迎的多档电视节目都来自于韩国模式,如《爸爸去哪儿》《奔跑吧兄弟》《妈妈咪呀》,竞争也非常激烈,因此,各大电视台,各个节目组包括主持人,都面临着巨大的竞争压力。KBS《新闻晚9点》主持人郑世真被评价为韩国最具代表性主持人之一,面对韩国主持人竞争日益激烈的态势,她说"就是因为竞争日益激烈,我们主持人才越要发奋图强,提高自身实力与竞争力"。[1]

因此,虽然经济环境并不直接影响主持人意见观点的表达,但却直接决定着电视的生存状态,电视生态必然影响着电视链条上的每一个从业者,包括主持人。发达的经济环境下,才有发达的电视媒体,发达的电视媒体生态下必然发生激烈的媒体竞争,从而必然诞生高质量的电视节目,主持人便是对媒体竞争和优质节目最重要的保障元素之一,他们的意见观点是否具有吸引力则实为关键。

三、时代与审美语境

1983年刘晓庆担任首届《春节联欢晚会》主持人,她在节目中向自己的父

---

① 裴国男.韩国主持人竞争日益激烈[E/OL].新浪娱乐,2006-11-26.

母拜年,不想引起不小的争议,甚至被视为"自由化"的表现。人际化传播中对人性的真实体现,在今天会被视为优秀的节目范本,在当时却有一定争议。2006年"两会"期间,一位政协委员提交了"关于推陈出新,优化中央电视台《新闻联播》节目播音员结构"的提案。提案说:"与其内容日新月异形成鲜明对比的是,节目的表现形式长期以来比较单一,缺少变化,尤其是几位播音员更是常年不变的老面孔。"与此同时,搜狐网的在线调查数据显示,7790张投票中,69.13%的人认为"非常应该"更换主持人。从传播技能的角度来看,时任播音员都可称得上是中国最优秀的新闻主播,语音标准、吐字清晰、声音优美、表意准确,但不得不承认,不同时代人们有不同的审美需求,是时代否定了他们。2007年,白岩松在接受《南方人物周刊》采访时谈到,如果倒退五年《百家讲坛》肯定火不了,原因是人们还很浮躁。这一论证正是基于对时代特征,对时代特征下国民心态的分析。因为中国人在经历了20世纪90年代以来的下海热、炒股热、出国热……浮躁之后,2000年中后期心态开始平和了,才能够坐下来静静地听听历史。

　　所谓时代是指人类社会发展过程中的不同的历史阶段。时代特征是指某一社会发展阶段或某一社会发展层面合乎规律的发展状况,既是时代性质的折射,也是时代基本矛盾的集中体现与高度概括。[①]每一个时代都有自己的特征,每一个时代都有自己多方面的特征表现,时代特征是复杂的。马克思主义理论告诉我们:一切划时代体系的真正的内容都是由于产生这些体系的那个时期的需要而形成起来的。不同时代有着不同的社会思潮、价值冲动、心理状态、心理需求……不同时代中社会的整体状态和各方面的具体状态都会有所差别。电视是现实社会的真实记录者,是时代特征的真实反映者,电视的传播对象是每一个"当代"的社会大众。因此,电视传播必然受到时代的影响,打上时代的烙印。中国社会近几十年的发展变化与电视消费就是典型的例证。20世纪70年代人们看电视是满足"新奇感",因为当时即使在一线城市,"黑白电视"也是稀有物品;80年代电视开始慢慢走进普通百姓家中,结束了70年代的动荡,人们在生活质量渐渐提高的同时娱乐需求开始增长,看电视是要"解闷",因为电视是当时最主要的娱乐方式;90年代改革进一步深入,社会开始转型,社会变革中有诸多的问题和不解,人们通过电视来"解惑"。时间曾这样谈到开办《实话实

---

① 陈金龙.时代特征与马克思主义中国化[J].马克思主义研究,2008(9).

说》的背景:"从历史发展过程来看,一方面长期的封闭使人少有所思或思有偏颇;另一方面,社会转型给人们带来困惑,人们面临各种各样的选择,因此,就需要加强交流加深理解。"①正是这一阶段的时代背景下诞生了一大批广受喜爱的评论类节目《焦点访谈》《东方时空》《新闻调查》,等等,而这些节目的大量开办也反映了当时中国公共话语空间的不断开放;2000 年以后中国人"工作"与"生活"处在"大压力"与"快节奏"之中,人们需要愉悦的放松感,电视则成为人们最易得的"放松"途径。2002 年全国电视观众抽样调查的结果显示,人们的电视收视动机排在第一位的是娱乐消遣,而此前则是新闻信息。②《非常 6 + 1》《星光大道》《超级女声》,等等,陆续亮相,深受观众喜欢。与此同时,20 世纪中国综艺节目的代表《综艺大观》已跟不上时代的节奏,被末位淘汰了。但当人们在快节奏、高压力下不断提升物质生活的时候,开始关注健康、家庭、文化,《养生堂》《爸爸去哪儿》《朗读者》等不断创造出电视热潮。

另一方面,被观众以欣赏和体验的眼光审视的电视,是人类重要的审美表现方式,从普及之时起就成为人类最普遍的审美途径,同时也必然要接受观众审美的检验。审美是人们内在的一种精神体验,同时也受到外在事物的影响,因此,是一个动态的概念。不能符合时代审美的电视作品必然不能被观众接受。

在时代特点与审美需求的促使下,过去几十年中国电视节目的形态、内容和风格都在不断变化之中,主持人的方方面面也在不断的变化调整之中。主要体现在以下几个方面:

其一是主持人语言表达方式的变化。1982 年 3 月,中央广播事业局副局长左漠野指出:我们的新闻播音"缺乏中兴时期的活力,必须改进新闻播音,要加快节奏,每条新闻之间要衔接紧凑,反映新的历史时期的活力","播音要'清晰、活泼、朴实、流畅'"。③ 1983 年,陈铎和虹云主持《话说长江》,两人以温和的语言在演播室与观众直接交流,成为家喻户晓的明星。1985 年全国广播电视工作会议,提到"以新闻改革为突破口,推动广播电视宣传的改革"时,专门提出"要尽可能采取谈心和对话的形式以及节目主持人的形式,以增强新闻报道的吸引

①　何勇,潘可武. 电视是让人说话的:中央电视台"实话实说"暨谈话节目研讨会综述[J].现代传播,1998(2).
②　中国新闻年鉴·传媒调查卷 2003(下)[M].北京:社会科学文献出版社,2003:427.
③　杨波.中央人民广播电台简史[M].北京:北京广播学院出版社,2000:315.

力和说服力"。这不仅是中央文件第一次提到"节目主持人",而且对主持人的语言形式有了更深的理解。1991 年专题片《望长城》主持人焦建成尝试一种平民化、自然化的主持风格,那种以无文本话语操作为特征的原生态主持方式,给人耳目一新之感,大受欢迎。1994 年,非科班出身的白岩松被拉上了《东方时空》。按照制片人时间的回忆,让白岩松当主持,主要是出于对之前一板一眼的播音腔的强烈反感,他希望在这档早晨七点钟播出的节目中启用有个性的主持人,以让观众"耳目一新"。① 对于这种自然态的主持风格,领导没有提出异议,观众也迅速认可。这与当时全国上下都在吸收新事物,寻求改革与突破的时代背景很相关。从 20 世纪 70、80 年代的宣读式,或者叫正统播读式,到 90 年代以后的讲述式、播讲结合式、谈话式,语言表达不断亲切化、个性化和多样化。比如新闻类节目中,徐俐在《中国新闻》中一改常规的播报方式,以密集轻快的语速,夸张的重音处理,独特的突破式语句和停连、语调处理,打破了新闻播报当时沉稳、规整的听觉感受,带给观众轻松悦耳的体验;杨锦麟在《有报天天读》中则是完全口语化的讲述方式;湖南卫视《乡村发现》主持人以绘声绘色讲故事的方式传播新闻……综艺节目中,主持人从一板一眼、字正腔圆的进行串联,到语言表达高度创意化和个性化。比如,李咏在《幸运 52》中,富有激情的夸张言语的使用;汪涵、谢娜各种各样搞笑的语言和语态;孟非简单、随意中尽显幽默的语言。2012 央视春节联欢晚会更是对主持人话语从内容到表达的一次新的尝试。所有的主持人除了是主持人,还都充当了语言类节目演员的角色。

主持人语言的变化不仅是表达方式的变化,还有语言本身的选词,用句。20 世纪 80 年代主持人的遣词造句是"正式而规整"的,主持人才刚刚诞生,还没有太多自我的语言创造,再加上大环境还比较严肃,所以主持人用语很中规中矩,比较正式;90 年代是"个性而规范"的,这一时期主持人话语权开始增大,开始有了自己组织语言的权利,开始寻求适合自己表达风格的用语;2000 年后是"丰富而新鲜"的,因为网络的不断普及和时代对新兴事务接受力的不断提升,各种潮流的、新鲜的、接地气的词语已成为主持人的日常用语,像"吊死""吐槽""亲"之类的词语一经兴起,就会进入主持人的"词库"。

其二是主持人整体状态的变化。20 世纪 80 年代,主持人在镜头前的状态是严肃的、端正的,这一点反应于他们规整的语言、严谨的表情、正式甚至拘禁

---

① 曾繁旭,吴虹飞. 白岩松:改革者还是守成者[J]. 南方人物周刊,2007(19).

的行为动作;90 年代后这种状态开始慢慢改变,在《实话实说》《欢乐总动员》《快乐大本营》等节目中,主持人已经能够呈现出自然轻松的语言和体态;2000 年以后这种趋势不断提升或扩散,尤其是近些年,电视节目中主持人和嘉宾的状态已超越了"自然"态,达到了"自由"态,甚至"表演"态。主持人敢于自嘲,敢于拿别人(明星、主持搭档、朋友、甚至自己的领导,等等)开涮,敢于讽刺,敢于对骂……主持人的状态告诉我们,舞台上呈现的节目就好似自家开的 Party,他想怎么玩儿就可以怎么玩儿;演播室就是自家的客厅,朋友、家人能聊天,想怎么聊就怎么聊。

第三,主持人形象的变化和主持人形象设计自由度的增大。中国传统的主持人外表长相是端庄、大方的,像张宏民、李瑞英等新闻联播主持人便是代表,即使综艺节目主持人也多以赵忠祥、倪萍、朱军这样的正统形象为主。因此,很长一段时间里"国字脸"成为电视荧屏的主旋律,这种形象似乎也代表着公信力。随着人们审美观的变化,20 世纪 90 年代后期以来,很多颠覆传统的主持人形象颇受观众喜爱,比如有大长脸李咏,光头主持人孟非、王凯,胖而可爱型的海涛、张越,留着胡子的汪涵……主持人的服饰设计也同样随着时代的变化在变化。以备受国人及国际社会关注的《新闻联播》主持人为例,以赵忠祥、李娟为代表的第一代播音员以黑色为主,男士身着中山装。罗京、邢质斌、李瑞英为代表的第二代主播,前期均以米色、灰色西装为主,内搭白色或黑色衬衫,还是较显古板的。从 1995 年开始加入了明亮的色彩,红蓝西装与外翻的白色衬衫领都是当时的常见服饰。以康辉、欧阳夏丹、海霞为代表的第三代主播,各种亮丽的颜色,不同颜色的双层混搭都已很平常,尤其是女主播的服装款式潮流、时尚。其他新闻节目主持人外形设计更是体现了时代的发展和主持人自有的选择权。欧阳夏丹在主持《共同关注》时身着牛仔服,网友大呼"亲切"。央视新闻主持人文静身着精心设计的具有红、橙、黄、绿、青、蓝、紫、米八种颜色但款式相同的衣服,出现在不同节目中。网友亲切地将其归纳为"彩虹色",并鼓掌欢迎。其他类型节目主持服饰的变化就更显著了,完全是从正统向多元,再向超个性发展的一个轨迹,像"快乐家族"的服饰,在设计上无论是颜色还是款式都讲究新奇、夸张、不拘一格。

第四,意见环境的变化和意见性信息自由度的增大。从新民主主义革命时期到新中国成立,播音员都是传播党和政府信息的代言人。1952 年 12 月,第一次全国广播工作会议期间召开了播音工作座谈会,仍然明确提出"播音员应是有丰富的政治情感和艺术修养的宣传鼓动家"。受众也对通过播音员的声音听取信息形成了惯性。20世纪80年代后，随着国家重点转向国民经济的发展，开始改革开放，国外影视剧、文化开始进入中国，"蛤蟆镜"和紧身喇叭裤开始成为时尚，山口百惠成为新的审美标准，再加上国民教育的不断提升，国民思想不断开放，意见表达的诉求不断增强。2000年以后，中国人的思想已经相当开放，视野已经相当开阔，再加之相匹配的不断宽松的政治环境和网络自由传播，人们的思想日益活跃，尤其是新生代对于自己思想和个性越来越有展示的欲望、越来越大胆的展示。与此同时，看电视逐渐从一种仪式，变为了一种普通的生活方式，电视中的人物已经从正式的仪式态、庄严的镜头态，变为了生活的自然态、真性的流露态。这个时代语境下，一方面，意见表达诉求的增强给予了主持人意见性信息传播的空间，另一方面给予了主持人意见传播的互动空间。第二章分析过，主持人意见表达与嘉宾、受众的互动十分重要。如果没有观众、嘉宾的互动，近年来很多颇受大家喜爱的节目和它们的主持人都很难获得如此的好评，如《实话实说》《一虎一席谈》《对话》《艺术人生》，等等。婚恋类节目在我国三个发展时期的特征是时代语境的典型诠释样本。前面分析了《非诚勿扰》中孟非的意见性话语表达是节目一大亮点，但孟非之所以总能有机会表达意见，与24位女嘉宾本身主动开放的意见表达关系密切，主持人与嘉宾一起形成了一个良性的意见互动场。但与之形成鲜明对比的是1988年山西电视台推出《电视红娘》，这档中国首推的电视相亲节目如果从电视创意上讲，是具有跨越性意义的。但在当时，国人的思想观念还不能与今天相比，"相亲"具有较强的正式性和私密性。节目开播前在电视上做了两三个月的宣传，结果三个月后栏目组才接到第一个电话。渐渐开始报名的也都是男性，仅有一个女孩，还备受家人指责。节目中，相亲者对着镜头几句简单的介绍会紧张得说不出话。而今天《非诚勿扰》则是需要排队等候的，一旦走上节目舞台，每一个嘉宾都会尽情地展示自己。20世纪90年代末以《玫瑰有约》为代表的一批相亲节目与今天《非诚勿扰》的节目形式已非常相近，但直到那时多数国人还是缺少在电视上相亲的勇气，节目中男女嘉宾的"发言"最多可以用"中规中矩"来形容，还无法"畅所欲言"。因此，在电视节目中，无论是主持人的意见表达还是嘉宾、观众的意见表达都需要一定意见场域，二者都与时代环境紧密相关。

从这些变化和发展不难看出，不同时代人们的需求、心态以及审美观，密切联系着电视节目的形态和内容，联系着主持人的意见传播氛围，也联系着主持人意见表达的方式和内容。

第三节　主持人意见性话语表达的情景语境

情景语境,也可称之为"情境",是具体微观,与角色互动直接发生关系的环境,往往会被角色承担者意识到,而且直接影响其心理。情境给予人一种刺激,个人赋予这种刺激一种解释和定义,在这个相互作用的过程中,人们就有意无意的采取适合这个情境的角色。① 戈夫曼认为人的角色扮演自然要受到情境的限制。换句话说,在角色互动中,人们相互调节的过程是由情境直接规约和影响的,是人们对所处情境的一种客观反映。

主持人的情景语境就是主持人在进行电视传播活动时直接面对的环境,包括媒体语境和节目语境,这两者与主持人的意见表达都有着密切的关系,但相较而言,节目语境对主持人的传播行为影响更直接一些。

一、电视媒体语境

(一)电视媒体的理念与进程

"理念"就是一种思想,是一种理性化的思维活动模式或理性化的看法和见解。电视理念就是与电视节目制作、运营等有关的方方面面的思想、观念、见解等,或者说是电视思维模式。从某种意义上来讲,理念没有什么正确与错误之分,因为事物是不停变化的,理念也不是一成不变的。但从实际指导事物运行的角度观察,理念的确存在先进与落后之分。这也是为什么哈佛大学有这样的校训:一个人的成长不在于经验和知识,更重要的在于他是否有先进的观念和思维方式。从发展的角度讲,理念可以经过实践、经过借鉴与学习、经过融合,不断的提升和完善。电视理念就是关于电视,包括电视节目制作、经营、运行等的思想、见解和看法。一个国家、一个媒体的电视理念直接决定着其电视节目的制作水平、运作方式,也决定着主持人的角色、价值、话语权力等。胡智锋教授对整个中国电视理念 20 世纪 80、90 年代的发展这样描述:"中国电视二十余年来发生了巨大飞跃,各种电视理念的探索匆匆地开拓了又冲淡了,震动了又

---

① 秦启文等. 角色学导论[M]. 北京:社会科学出版社,2011:289.

平复了,冲击了又习以为常了,还没有发展定型成熟却又被视为老化了,还没有展开便已经超越过去了。"①这表明中国电视理念在 20 世纪 80、90 年代日新月异的发展,与之相对应的是中国电视高速发展的 20 年,诞生了一批具有标志性意义的电视节目,80 年代的《观察与思考》《丝绸之路》《话说长江》《春节联欢晚会》,90 年代的《正大综艺》《综艺大观》《一丹话题》《东方时空》《焦点访谈》《新闻调查》《生活》《凤凰早班车》《锵锵三人行》……节目形态越来越多样、节目内容越来越丰富、节目风格越来越多元;与之相对应的还是主持人理念的发展和电视节目主持人高速发展的 20 年。

在这 20 年中,中国诞生了一批又一批的电视节目主持人"明星",从沈力、赵忠祥,到倪萍、周涛、杨澜,到白岩松、敬一丹、水均益、崔永元、毕福剑、黄健翔,再到孟非、汪涵、何炅、谢娜……电视传播人从信息传播工作者变为耀眼的电视明星,除过各种外部因素的促使外,电视理念、主持人理念在这 20 年中的快速发展是重要原因。1980 年之前中国电视界没有"主持人"这一理念,1980年《观察与思考》开始出现"主持人"三个字,1981 年,赵忠祥作为主持人主持了《北京中学生智力竞赛》节目,1983 年,沈力以中国第一位女主持人也是固定栏目主持人的身份主持了《为您服务》,1983 年《春晚》正式启用主持人,一改报幕员的简单串联,这说明中国人对"主持人"这一舶来品的高度认可和电视理念的大踏步发展。对这一角色的认可也是对主持人话语权的认可。90 年代开始,主持人对节目的深度参与以及对主持人中心制的探索,是主持人理念的又一次大的提升,这说明对主持人话语权的进一步认可和主持人意见空间的进一步增大。凤凰卫视中文台副台长刘春曾介绍说:"所有凤凰的主持人有的是完全独立,有的是深度参与,基本就牢牢占据了节目内容的主动。"②在理念的发展中,主持人传播状走过了这样一个历程:机械传播——主动传播——个性化主动传播——创造性主动传播。话语权与主持人能动性仅仅是这 20 年中主持人理念进步的一个表现方面,但这一变化中理念与现实的对应,足以说明理念对电视和电视主持人传播的重要性。

这里还需要明确"媒介发达程度"与"电视理念先进程度"这两个概念的区别与联系,两者有着一定的相关度,但不完全成正比。

---

① 胡智锋. 电视观念论[M]. 北京:北京师范大学出版社,2000:234.
② 吴郁等. 电视节目主持人的综合素质研究[M]. 北京:中国广播电视出版社,2007:52.

　　通常而言,一个区域的经济状况越好,社会先进化程度越高,媒体的普及与硬件配备就越好。比如,在我国这些年随着经济的发展,电视的普及度和发达程度也不断在随之提升。从 1979 年全国共有电视机 485 万台,到 2006 年彩色电视的彻底普及,再到今天正在普及的手机电视;从 1998 年村村通广播电视工程的实施,到如今全国 2 亿有线电视用户已有 1.1 亿户实现数字化;从电视初始化时,观众只能收看一个频道,到了现在的几十个甚至上百个频道。因此,应该说电视的发展离不开经济基础,但是电视媒介硬件设施与技术条件的优越并不能与电视节目制作的先进程度画等号。

　　英国人发明了电视机,BBC 是世界上第一个电视台,1936 年 11 月 2 日就开始提供电视节目,当时叫"BBC 电视服务"(BBC Television Service),第二次世界大战爆发前,已经有大约 25000 个家庭收看节目,1956 年时,达到了 98% 的电视覆盖率。但是 BBC 直到 20 世纪 50 年代时,新闻报道的画面还是静止的图片,播音员的形象也不出现。但 1955 年成立的商业电视台 ITV 开始意识到通过播音员个性的传播能够赢得受众。此时,BBC 在 ITV 的触动下才尝试着打破原有的传播模式,节目中开始出现富有个性色彩的人格化主持形式。1975 年,BBC 推出了第一位新闻节目女主持人安吉拉·里彭,收视率大幅上升,并引起争相报道和效仿。因此,虽然英国人最早普及了电视,但是用鲜活的人物传播的理念却相较落后。相比较,美国人在 50 年代初就已经深刻地意识到主持人的重要性,不仅做了实践的尝试,还进行了理论的初步探索。著名主持人爱德华·默罗(Edward R. Murrow)于 1951 年 11 月和 1953 年 10 开办两档电视节目《现在请看》和《面对面》,1964 年第一位新闻女主播芭芭拉·沃尔特斯开始主持 NBC 早间新闻节目《今天》。1952 年制片人唐·休伊特(Don Hewitt)提出了后来被广泛认可的 Anchor 这一概念。

　　在国内,湖南电视于 20 世纪 90 年代开始以娱乐为主色调走向全国,大获成功。当时,湖南卫视两档王牌节目《快乐大本营》和《玫瑰有约》,其广告价位就已直逼央视黄金档节目,这在中国电视史上是第一次。湖南省的 GDP 全国排名约在十名左右,但因其较早的以内外兼收的方式建立了先进的电视理念,而成功推出了在当时使受众眼前一亮的电视节目,从而走在了全国电视业的最前列。2000 年以后,湖南电视台又成功推出了《超级女声》《快乐男声》掀起了整个国家的娱乐选秀风暴,收视率甚至超过《新闻联播》,一度超越了电视节目本身,成为一种社会现象。借助于成功的电视节目,湖南卫视也成功打造出了多位全国知名的主持人,而且独创了主持人群这一主持形式。与湖南卫视形成鲜明对比的是广东电视。广东省多年来一直位居我国 GDP 排名第一,但电视传媒业与其经济地位极不相称,电视理念长期停滞,运作模式陈旧,没有品牌性电视节目,也没有全国知名的节目主持人。

因此,电视理念是对电视的一种认识,一种发展的指导思想,对电视节目的形态设计、对主持人的传播方式等有观念性的指导作用。

(二)电视媒体的体制与性质

当今世界三大电视体制,公共电视、商业电视、国营电视。这三大电视体制是自上而下的制度的根本区别,媒介性质的根本区别,在媒介定位、传播对象、节目内容、经营策略等诸多方面都有不同之处。这些差别会使主持人意见传播的方式和尺度有所不同。

公共电视以为公众服务为宗旨,必须严格履行公共服务的责任和义务。该类电视台以英国 BBC 和日本 NHK 为代表。公共电视台保持着"独立性"和"多元化"的运行原则。所谓独立性,是指媒介的信息采集、报道、评论发布等不受政府和商业机构的影响。一方面,公共广播电视体制下,电视台的行政、人事、财政等各方面都独立于国家或地方政府;另一方面,也是公共电视很独特的一方面,即独立的资金来源。公共电视以公共视听费,或以社会资助为主,国家财政补贴为辅。比如视听费保证了 BBC 每年大约 30 亿英镑的收入。因此,公共电视不需要太多考虑广告和经营因素,没有商业因素的束缚。另外,在很多国家公共电视还享有很多特权。比如在德国,公共电视就拥有体育赛事的优先转播权,拥有享受新传播技术的权力,这些保证了信息的独立性,同时也就赋予了多元化、平衡化信息供给的义务。所谓多元化,就是保证多元化的节目供给,能够反映不同的政治主张和观点;能够反映和满足社会内部各个群体、各个阶层的各种文化需求。《阿姆斯特丹条约》指出,公共广播电视直接与各个社会的民主、社会及文化需求相关,也与维护媒介多元化的需求相关。

因此,在公共电视体制下,公共电视不需要追逐利润,不需要一味地取悦受众,也不会有意见偏向性,以公共利益和服务社会为己任。因此,公共电视会播出一些市场占有率不高,收视人群不广,但对文化传承、社会环境很有益的节目。基于这样的媒介性质,公共电视被受众认为更值得信任,其代表 BBC 在全球拥有大量的观众。比如,在美国,86% 的家庭可以接收到 BBC World TV 电视节目。伊拉克战争爆发后,BBC 的美国电视观众陡增了 28%,其网站也成为美国访问率第三排名的网站。① 这说明,观众更为相信公共电视的真实性和公众性。公共电视的性质决定了其平台上的主持人需要站在国家、民族的高度,客观、公正的传播信息,而不需要为了博得受众眼球而"不择手段"。

与公共电视形成鲜明对比的是商业电视。我们熟知的美国知名电视台CNN、FOX、NBC、CBS、ABC 等均属于此类。这种电视机构完全以追逐商业利益为核心,以服务广告商为中心。因此,在商业电视台,只要能够赢得收视率,进而获得广告收入,一切都是可行的。可以将新闻戏剧化,可以将事实夸张化,可以将节目出位化,可以抛弃道德伦理,可以违背人性本身……电视制作人不惜采用各种方式,以达到"新""奇""特"。因为商业电视人认为这样才能刺激受众的眼球,才能脱颖而出。布尔迪厄认为,收视率的直接作用就是导致血和性,惨剧和罪行总能畅销,为了收视率,电视机构纷纷采取排他性手段,力图以最快的速度吸引受众视线。主持人则是这一电视理念的直接执行者和体现者,很多商业电视台对主持人达到"最大化价值开发",换句话说,只要能够提升收视率主持人必须"倾其所有"。

在这种体制下,主持人的意见必然是以赢得收视率为首要任务,电视台以经济效益为首要目标,而将社会荣誉放之次席。福克斯新闻频道评论节目《欧瑞利因素》的主持人,经常粗鲁地打断受访者的谈话,以高八度的语调一边反驳对方的立场一边渲染自己的观点,其原因并不是这位主持人学识渊博,而是为了制造冲突的戏剧场面,使得节目更"刺激"。这种电视模式下,一方面客观上给予了主持人意见观点和表达方式的"超大空间";但另一方面,主持人的意见很可能有很大的非本我"表演"性,就是说意见的表达并非主持人完全出于自我本身的意愿或专业角度的考虑,而是"收视率意见"。

国营电视与公共电视的相同点是"国有",不同点是公共电视是相对独立的,而国营电视是被国家直接管理的。中国的国营电视从 20 世纪 80 年代末开始一步步从单一的行政体制,向市场体制转变。这样一方面活跃了电视市场,增加了我国电视台的创新性和竞争力,但同时不可避免地受到商业因素的制约,各大电视台迎合受众和利润最大化的意识越来越明显。

这种媒介性质和经营体制下,无论是节目本身还是主持人,一方面电视人希望最大化的刺激受众的收视神经,获得市场利益;另一方面绝对不能背离其

---

① [英]罗宾·艾特肯. 我们能相信 BBC 吗? [M]. 马建国,译. 北京:新星出版社,2012:9.

国家媒体或党和政府传播者的性质要求,要严格执行中宣部的要求。就我国目前的电视性质和体制来看,电视既要承担党和政府的宣传工作,又承担类似于公共电视的责任和义务,还要兼具商业利润。因此,主持人需要在这三者之间具有极高的"平衡艺术"。《实话实说》就是一个典型的案例。1996 年《实话实说》诞生,很快成为最受关注的节目之一。在早间播出,收视率最高曾经达到过百分之五点,占有率最高达到 70% 。但考虑到晚间广告收入可以更高,2001 年12 月被调至周日晚上播出,结果由于收视人群偏差的原因,收视率大降,可即便如此,广告收入还是长了至少 5 倍,因此,这是收视率和服务人群的失败却是市场利润的成功。

可以看出,电视体制与性质的差异从根本上决定了媒体的传播理念和经营策略,决定了媒体肩负的使命和传播任务,于是也不可避免地影响着主持人表达意见的内容和方式。

(三)电视媒介生态

在英语中,"生态"(ecology)一词源于希腊语"oikos",原意是"家""家园"的意思。后来这一词语的含义逐步延伸、扩展,"家"被用来指自然界,最终成为是对所有有机体相互之间以及它们与其生物及物理环境之间关系的研究,成为一个生物学或者说自然科学领域的概念。媒介也同样是一个有生命体的生态系统,并与其他社会生态子系统相互关联、相互作用,包括人与媒介、媒介与媒介、媒介与社会、国家与国家之间等等。媒介也同样是一个"家园",这个家园要想和睦、健康、生机盎然的发展,就必须处理好内外部关系。俄罗斯生态学家格乌司根据生态现象,曾提出了生态学中最重要的命题——竞争排斥法则。该法则认为,如果两个竞争种能共存于同一个生态环境中,那么它们一定是生态位划分的结果。如果没有这种划分,或者生存环境使这种分化不可能,那么,一个竞争种将消灭或排除另一竞争种。这也就是说,生态系统里面存在着竞争,越是生态位接近竞争越激烈。媒介生态圈也同样遵循这一规律,电视节目的生态格局直接决定他们的竞争状态。

以中国台湾为例,岛上 2300 万人口,收视人口就 1000 多万,而争夺这些收视人口的却有大约 80 家电视台,总共经营 150 多个频道,竞争十分激烈。于是各大电视台为了生存使出浑身解数,尤其是最能代表台湾电视水平的综艺节目近年来进入了停滞期,媒体以及台湾众多电视人都认为,台湾综艺节目失去了曾经的青春盎然、朝气蓬勃,渐露疲态和老态,进入了节目形态同质、内容循环复制、观众审美疲劳的"后综艺时代"。正是这样的瓶颈期和竞争态使得台湾综艺节目已经到了"不择手段"的地步,节目中各种恶搞、侵犯隐私、以"性"引诱,等等,非常规手段已是家常便饭。台湾知名制作人沈玉琳对台湾综艺节目有句经典评语"我常用一句话来形容台湾谈话节目的乱象,它的主题可以从外太空谈到内子宫,从佛经聊到初经,就是什么都能聊"。在台湾电视业,主持人被认为是收视率重要保障,主持人也是这些节目"创意"最直接的创造者和执行者,收入虽高(2013 年收入排在前三位的吴宗宪、小 S 和胡瓜收入均过亿元新台币),但绝对要"超负荷"付出。他们可以做出任何出位的动作、说出任何出格的话语;可以谈论任何不堪入耳的事物、可以挖掘任何令嘉宾尴尬的话题;必须要勇于"自贱自嘲"。例如:小 S 在节目中,为了博得观众大笑而拿自己的任何东西自嘲,可以吃发霉味的糖,可以和蔡康永嘴对嘴吃鱿鱼丝,打赌输了就帮别人舔脚,看到蔡康永在脖子上套了个马桶圈上节目,马上说:"我好想上去尿尿啊。"连自己的姐姐大 S 也不放过,逼问仔仔和自己的姐姐大 S 有没有床上经验……而这些在台湾都还算不上"新奇"或"出格"。2004 年在台湾,出了一个容貌丑陋、口不择言的 40 多岁女人许纯美,她因为抛弃女儿,被丈夫"捉奸在床"等一系列丑闻而走红。就是这样一个社会"负面名人"竟然被台湾各大媒体争相邀请出镜,甚至成为新闻主播。以此可见,台湾电视尤其是综艺节目的生态状况,以及在此生态中主持人的传播状态。

有人认为,如果把传播比作河道,传播的生态就是水,传播的信息就是鱼。如果水质不好,鱼的生长质量一定不佳。当处于同质化的竞争背景下,每一项节目元素的具体把握都很重要,相较其他节目元素,主持人是动态的,主持人的传播内容和方式可以是节目的重要差异化动态元素,因此,主持人就被"寄予厚望",也很容易被"过度化开发"。相较事实性信息,意见性信息则是创造性更强的信息形式,因此意见性信息会成为主持人极力创新、竞争的重要创造手段。

二、电视节目语境

(一)节目形态和主持人的角色定位

受众在观看电视节目时,对于主持人常常会有这样三种不同的感觉,第一种,觉得主持人可有可无,甚至有点多余,比如当一部法制情景剧正准备上演高潮时,主持人出现了,硬是要给观众再讲解一下刚才发生的故事,然后画蛇添足地说:"下来会怎样呢?"第二种,主持人一定要有,如果没有主持人节目就不可能如此呈现,如《鲁豫有约》《一站到底》《非你莫属》,等等;第三种,没有某位主持人,节目的精彩程度就会大打折扣,也就是说观看某档节目就是欣赏主持人的表演,节目精彩与否就是由主持人决定的,比如《新闻1+1》《金星秀》。第一种情形,不是主持人讲得不精彩,而是因为节目设计没有给予主持人核心的角色地位和话语权利,因此主持人只停留在简单的而有限的讲述层面,无法发挥意见思维与个性特征;第二种情形下,主持人是节目构成的必要元素,如果没有主持人节目形态就得完全改变。这种节目设计中,给予了主持人足够的角色重要性和话语空间;第三种情形下,节目就是围绕主持人设计的,主持人就是节目,节目的主体就是主持人传播信息,因此,主持人的角色更为重要,话语空间更大。由此可知,主持人意见性信息表达与节目形态的具体设计和节目的呈现方式密切相关。

所谓节目形态就是与电视节目内容相对应的电视节目表现形式,是电视节目的存在样式和运动状态,提供着适用于不同内容的电视处理方法,常说的纪录片、脱口秀、真人秀、游戏节目、电视剧,等等,就是节目形态。从主持人的角度,还可以将电视节目分为主持人节目和非主持人节目。目前的节目形态中,除电视剧之外,基本都可以设置主持人这一角色,但是不同节目形态中主持人扮演的角色确实会有不同。通常而言,纪录片可以没有主持人;游戏益智类节目中,主持人主要负责掌控游戏规则、提问、引导比赛等;综艺节目、大型晚会中主持人主要负责串联节目,主持发表意见的几率不高,幅度不大;而谈话节目、评论节目中主持人发表意见的空间就大很多,等等。

但是同一节目形态下,节目的具体设计则是绚丽多彩、不拘一格的,主持人这一角色的具体设定也有巨大差别,比如同为真人秀节目,《老大哥》《幸存者》等真实生存状态记录类的节目,多数没有设置主持人,《非诚勿扰》《学徒》等节目中,主持人则很重要,是节目的组织者和闪亮点。因此,主持人在节目中的具体角色定位和作用,要看每一档节目的具体形态特征和设计。

节目形态和其中主持人的角色定位直接决定了主持人意见话语表达的能度、密度、长度和深度。能度,即主持人是否能够发表意见。即使是同一类型节目,有些节目主持人可以发表意见,有些则不能。比如很多新闻节目主持人只是传播事实性信息,《有报天天读》中主持人就可以自由发表意见,节目主持人的定位是信息传播与意见分享并行;密度,指主持人发表意见的频率和自由度。比如谈话节目就有较大的意见表达自由性,可以有很高的意见传播频率;长度,指主持人在一期节目中意见性信息的总时长。同一类型的节目中,主持人发表意见多少也会有较大差别,比如同样是谈话节目,《锵锵三人行》主持人窦文涛说话的时长就要远远大于《鲁豫有约》中陈鲁豫的话语时长;深度,指主持人发表意见的深入程度。通常而言,新闻评论节目主持人可以在有准备的情况下对某一问题做出深入的分析和评价。

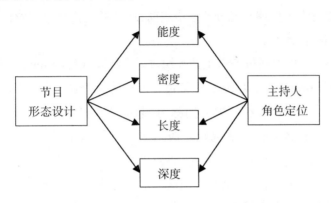

图6.3　主持人意见性信息传播四度

除了节目本身把主持人作为一个"节目元素"进行了角色定位外,一档节目中还可能会给予每个主持人个体不同的角色定位。也就是说,几个主持人同时主持一档节目,但他们个体扮演的角色和意见传播的权利可能会不同。湖南卫视《快乐大本营》《天天向上》主持人群的角色定位就体现了这种角色设定特点。《快乐大本营》中何炅是绝对话语核心,是节目进程的主控者和意见表达者,占据了至少50%的话语份额;李维嘉和谢娜可称之为"副主持",与何炅形成呼应和配合;杜海涛和吴昕则是"边角主持",主要是偶尔的插科打诨,话语比例非常低。

在主持人的角色定位和话语角色都很明确的情况下,主持人意见性话语表达权仍不是一个恒定指数。很多时候,出于各种原因,媒体可能会对某一节目或者某一期节目的意见有所引导或限制。比如,伦敦奥运会转播,央视就对两位主持人沙桐和张斌开幕式节目说的话语范围有一定要求,对于开幕式的文艺演出内容,既不采取赞赏的态度,也不采取批判的态度,而是立足于大量信息的客观介绍,并且严格要求:不和北京奥运会的开幕式作比较。①

---

①　江和平.央视形象　中国声音——浅谈伦敦奥运会的主持、解说与评论[J].现代传播,2012(10).

（二）节目内部话语环境

电视节目制作是一个多工种配合的过程,从前期策划、到节目录制、到后期制作的每一环节都是节目质量的重要保证。主持人作为节目的最终传播角色,不仅需要各项工作人员的配合,在主持人多于一名的情况下,更需要主持人之间的配合,这是与主持人信息传播直接相关的节目内部话语环境。如果配合得当,每一位主持人不仅拥有充分的话语空间,还会形成相互补充的话语氛围,形成自由、互利的传播态势。

美国 NBC 历史上两位著名主持人切特·亨特利(Chet Huntley)和戴维·布林克利(David Brinkley),从 1956 年报道美国两党大会起一直共同主持新闻节目,直到 1970 年亨特利退休,被人们称为"超级明星搭档"。当亨特利于 1974 年死于癌症时,布林克利向电视观众谈到,年轻人曾多次对他和他的搭档说:"我是和你们俩一起长大的。""晚安,切特""晚安,戴维,并祝全国广播公司新闻晚安",两个人的声音一同被受众记忆。正是由于他们的默契合作,使他们的节目《亨特利—布林克利报道》在十余年中,一直雄踞三大广播公司新闻节目收视率之首,甚至压倒了大腕儿克朗凯特。在国内,也有很多搭档了多年的主持人团队,他们配合默契,话语协调。前面刚刚分析到的《快乐大本营》《天天向上》,虽然主持人多达 5 到 7 人,但每位主持人合理把握自己的话语角色,从不争夺话语权,多年来一直保持着稳定的组合、颇高的收视率和良好的主持人品牌认知度。

但是,如果主持人之间相互不配合,恶性争夺话语权,甚至相互抨击,则会形成话语阻碍空间,主持人无法顺畅传播信息,更无法思考组织有质量的意见性信息。2010 年,为了配合上海世博会,东方卫视特地推出了一档大型的综艺娱乐节目《华人大综艺》。制作人是曾成功打造过《我猜我猜我猜猜猜》《康熙来了》《我爱黑涩会》等节目,有着台湾"综艺教父"之称的王伟忠。主持人团队和节目嘉宾也都堪称"豪华"。但由于四个主持人之前也都没有合作的经历,同时都认为自己很大牌、很重要,在台上甚至以比拼嗓门大、音量高来凸显自己,效果就可想而知了。导演只能叫停,然后用"某某某你闭嘴,某某某你来说"这样尴尬的方式来保证节目录制的进行。节目内部的不良话语空间,也会清晰地展现于节目内外,影响节目的质量和观众对节目品牌的认同。

从上面诸多分析可以看出,情景语境直接关系着主持人意见表达的空间、方式、内涵、效果等,是对主持人意见表达最近距离的影响环境。

角色理论认为,角色功能的发挥与环境密切相关,语境并非很多种元素的简单累加,语境是动态的、变化的、交错的,而情景语境尤其是节目语境的动态性较强,这就意味着主持人的意见性信息的是在"瞬时性"传播性条件下的高度"原创性"信息。有学者提出最精彩的主持人话语表达是"一次性话语",就是说,主持人准确把握某一刻的语言环境,制造出最适宜那一刻的信息,并顺利表达,而这一话语表达,移植入其他语境都难以达到此刻的传播效果。

本章小结

主持人意见性信息的话语组织和表达与内部素养和外部环境密切相关。主持人被称为杂家,需要具备的素养很多,本章讨论的五大方面十个因素是与意见表达最相关的内部需求。主持人存在于宏观环境之中,工作于情境环境之中,其传播内容和行为受到相关环境影响和制约。虽然本章对与主持人最直接有关的语境是逐一探讨的,但传播语境实际上是一个整体性概念,其发挥作用和对主持人的影响也是综合性的,即是多个语境同时相互作用。对一名优秀的主持人而言,应该辨识性地理解所处的环境,吸取环境中的营养,利用环境中可能的有利因素,最大限度地发挥自身的优势,彰显独具个性特点的意见信息符号。反之,倘若盲目跟随于环境的变化,机械服从于外界环境,就有可能因缺乏主体意识而抹杀个性,丧失自我,流于平庸。

第七章 融媒体环境下电视节目主持人的意见性信息传播

互联网以第四媒体的身份,从 20 世纪 90 年代开始迅速发展,再加上近几年智能手机的普及,网络已经成为人类绝对的伴随性媒介,其便捷性无"人"可及。近些年,"视频"成为网络最核心的产品之一,视频网站已经对电视台造成巨大的冲击。但就整个大趋势来讲,网络与电视应该是一种互溶共进的态势。这种媒介环境对节目主持人及其意见性信息传播者的角色扮演而言既是一种机遇,也是一种挑战。

第一节 电视与互联网融合发展的机遇与挑战

一、互联网视频消费活跃,电视媒体收视下滑

20 世纪 90 年代以来,互联网在世界各国普及,使用人数激增,应用范围激增,用途功能激增。中国互联网络信息中心(CNNIC)报告显示第 39 次统计报告显示:截至 2016 年 12 月,我国网民规模已达 7.31 亿,互联网普及率为53.2%,而且农村网民已达 2.01 亿。手机网民规模达到 6.95 亿,增长率连续三年超过 10%。中国网民的人均周上网时长达 26.4 小时。网络视频仍保持快速的增长,截至 2016 年 12 月,中国网络视频用户规模达 5.45 亿,较去年年底增加4064 万人,增长率 8.1%,网络视频用户使用率为 74.5%。其中,手机视频用户规模为 5 亿,比两年前的 3.13 亿增加了 1.87 亿,比一年前增加了 9479 万,可见增长速度极快。这说明每三个中国人中,就有一个在移动空间中观看视频,视频浏览正进入高度便捷化和碎片化时代,视频阅读量会大大提高。报告预测,

随着 4G 网络的进一步完善以及手机资费的下调,网民在微信、微博等主流 APP 上观看视频的行为将更加普遍。早在几年前艾瑞咨询就预测,网络视频将在未来几年迅速占领互联网 90% 的流量。

在新媒体视频消费作用下,传统电视媒体呈现出收视时长降低,收视人群老龄化的特征。这一态势始于 2001 年,2005 年和 2006 年由于各级电视台在新闻、综艺节目上的创新和发力,以及世界杯等特殊事件的推动,收视时长曾一度回升。2008 年和 2009 年受益于奥运会、新中国成立 60 周年大庆等特别重量级事件的带动,人均每日收视时长又略有回升。2010 年开始,全国电视观众人均每日收视时长基本呈现持续下滑的态势,虽有 2012 年的短暂回升,但仍难掩其发展"颓势"。[①] 图 7.1 显示,2011 年以后,观众每日收视时长基本呈下降趋势。图 7.2 则反映出,当前年轻人收视时间明显少于老年人,且呈逐年递减趋势。《2012 年全国电视观众抽样调查分析报告》就显示,深度接触频率排名前三的媒体位序由五年前的电视、报纸、杂志改写为电视、网络、手机。电视虽然仍为人们接触的主要媒体,但其中每天收看电视的重度观众下滑明显,已从 2007 年调查数据显示的 87.89% 下降为 74.75%。而网络和手机的接触率则在几何形上升。通过电视机收看电视节目的观众虽然仍占 91.23%,但是只通过电视机收看节目的观众仅占 35.18%。《中国视听新媒体发展报告(2013)》显示,受个人电脑、平板电脑、智能手机的冲击,北京地区电视机开机率从三年前的 70% 下降至 30%。2011 年,美国超过 100 万的付费电视用户终止了合同,转而投向互联网视频消费。美国很多新一代家庭没有过安装有线电视的经历。因此,网络时代的收视率统计出现"多屏收视率"这一概念,比如 2015 年央视春晚的直播收视率统计结果为:多屏收视率(综合计算电视直播与网络直播)29.6%[②]。从当前媒体市场的广告发展来看,新媒体也在一步步侵蚀着传统媒体的市场份额。CTR[③] 发布的《2016 - 2017 年中国广告市场回顾与展望》显示,2016 年互联网广告增幅已经放缓,但仍达 18.5%,传统媒体广告收益仍基本呈下降态势(电台略有增长),电视广告降幅为 3.7%,比 2015 年的 -4.6% 略有好转。

---

① 徐立军. 中国电视收视年鉴(2016)[M]. 中国传媒大学出版社,2016.

② 陈文. 央视羊年春晚收视创新低　观众规模首跌破 7 亿[N]. 新闻晨报,2015 - 2 - 22.

③ 央视市场研究股份有限公司.

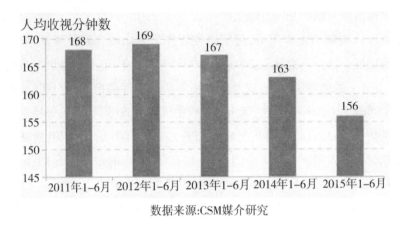

2011-2015上半年观众众人均每日收视时长
(历年所有调查城市)

数据来源:CSM媒介研究

图7.1　2011–2015上半年观众人均每日收视时长

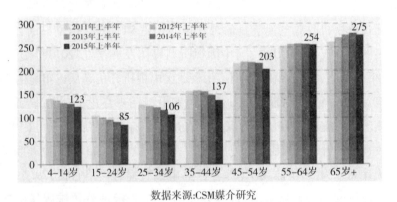

2011-2015年各年龄段观众人均日收视时长
(历年所有调查城市)

数据来源:CSM媒介研究

图7.2　2011–2015上半年各年龄段观众人均每日收视时长

二、电视与互联网融合互动

从上面这些收视现象并不能简单得出这样的结论:在新媒体的冲击下,电视媒体已经衰落,并将成为夕阳产业,而网络视频朝阳无限。网络视频既包含有电视节目的网络化传播,也包含新兴的网络化视频短片或网站自制节目。《2012 年全国电视观众抽样调查分析报告》显示,在网络收视行为上,收看后

"分享给好友"和"分享给在线好友"的选择比例最高,这说明网络收视可以在瞬间完成节目"传阅"。可以看出,新媒体并不是电视的对立媒体,只是更多的年轻人选择了通过新媒体方式收看电视节目,与此同时,收看"电视节目"的人数不但不会下降,反而因为收视便捷度的提高带来更广泛的收视人群。2009年《英国达人》节目中苏珊大妈的一段演唱视频,点击量超过一亿次,影响人群和范围远远超出电视转播的辐射圈。在新媒体收视环境中,大家从手握遥控器,变为了手握鼠标或手机,从强制性媒体变为了非强制性媒体,从家庭会客厅的集体生活方式,变为了个人的生活选择,从固定空间的固定收视,变为了移动空间的即时收视。在新媒体时代,开机率与收视率成为弱关联度的两个概念和数据。"2012中国视频榜"评选中,将"视频瓦解电视"作为2012年中国电视发展的最重要趋势,并推出首届"中国视频榜",将关注面从传统电视媒体拓展至发展迅速的新媒体,目的是对中国电视节目与视频节目做出全面的观察。

与受众通过网络收看电视节目相对应的是,受众也通过电视收看网络视频。我国电视使用率2014年已达到15.6%。[1]《2016中国家庭收视市场入户调查》[2]显示,网络电视收视占有率增长显著。美国市场研究公司NPD对14个国家的1.4万电视用户进行调查后发现,全球18%的电视用户每天通过电视观看网络视频,每周通过电视观看网络视频的比例达到25%。[3] 调查还显示,中国城市受众最喜欢观看网络视频,在各种设备中的比例都远超其他国家,NPD分析认为,网络视频内容比本土电视台更为丰富,也是造成这一现象的重要原因。网络视频制作还有另外一大重要优势——用户数据和收视数据,简而言之,庞大的数据系统使节目制作者清楚受众喜欢什么,受众是谁。所以,网络媒体自制节目内容和风格都不拘一格、灵活多样,但同时能够考虑到收视需求。

数据显示,近几年视频网站已强势登陆成为电视节目的重要制作者。2008年北京奥运会,搜狐、新浪、网易、腾讯等九家网站不仅获得授权转播奥运会,还原创并制作了不少节目,比如搜狐视频的《冠军面对面》《奥运辩论会》《搜狐北京播报》等多档节目都受到市场认可。但把自制节目作为战略性发展举措,并制作不同类型的常规节目则开始于2009年。2011年面对当时不断陡升的版权

---

① 第35次中国互联网络发展状况统计报告.

② 中国广播电视网络有限公司联合北京美兰德媒体传播策略咨询有限公司2017年联合发布.

③ NPD:中国40%城市居民用电视看网络视频[E/OL]. 新浪科技,2012-8-24.

价格,各大视频网站开始加快步伐,重磅出击,迅速推出了脱口秀、综艺、访谈、专题等多种类型的节目,如《让梦想飞——中国最牛人》(优酷)、《微博乐不同》(腾讯视频)、《我为校花狂》(乐视)、《大鹏嘚吧嘚》(搜狐视频)、《全民相对论》(凤凰视频),等等,都颇受欢迎。2012 年《晓说》(优酷)、《罗辑思维》(优酷)更是体现出网站制作高水平文化类节目的能力。2012 年上半年,优酷视频综艺频道播放量前 20 位的节目中,8 个是网站自制节目。2013 年《老友记》(优酷)、《大牌驾到》(腾讯视频)、《优酷全娱乐》(优酷)……2014 年《奇葩说》(爱奇艺)、《你正常吗》(腾讯)、《夜夜谈》(腾讯)……2014 年被称为“网络自制元年”。直至今日,网络自制的高收视节目每年频现。于是,传统概念中通过电视机播放的节目即“电视节目”这一理念已显示出其局限性。个体无论是通过电视机收看节目,或是通过电脑收看节目,抑或是通过手机收看节目,也无论是收看电视台制作的节目,影视公司制作的节目,还是网站制作的节目,都可以被视为“电视受众”,或统称为“视频受众”更符合时代发展理念。

三、电视媒体的融合发展举措

　　在媒介形态融合和传播通道融合的环境下,在新的收视环境和媒介环境下,对于传统媒体而言,既可以被视为是对传统媒介电视的挑战,也可以视为是对电视发展的机遇。各大电视台均在以积极的行动应对挑战和机遇。

　　首先,网络电视、手机电视已成为各大电视台的主要开拓领域。2005 年 5月,上海电视台获得国内首张 IPTV 网络电视牌照和第一张手机电视牌照。2006 年 12 月 11 日,CCTV 手机电视开通仪式在中央电视台举行,手机电视服务品牌为“CCTV 手机电视”。今天,CCTV 手机电视拥有 WAP 产品和 iPhone 客户端、iPad 客户端产品。手机用户可以通过下载、在线(直播和点播)、客户端观看等方式收看到中央电视台的 CCTV - 1、CCTV - 2、CCTV - 3、CCTV - 5、第十放映室、体育公园等 16 路直播节目和新闻、电影、电视剧等上万条点播节目。2011 年,CCTV 手机电视已经覆盖国内 3.5 亿手机用户和世界上 142 个国家的主流手机电视用户。[①] 2010 年 CBS《60 分钟》发布了专门为 iPad 设计的应用,《早间新闻》特制了可以下载到 iphone 和 itouch 的应用程序。BBC、NBC、ABC、

---

　　① 国家广播电影电视总局. 中国视听媒体发展报告(2011)[M]. 社会科学文献出版社,2011:120.

新闻集团等国际电视巨头均推出了针对 ipad 的应用软件或相容格式。在发展新的传播渠道的同时,各大电视台越来越注意利用自己的内容优势取得先机,2014 年湖南卫视宣布今后旗下节目全部由芒果 TV 独播;2014 世界杯,中央电视台也不再向任何视频网站开放直播权,只通过自家 CNTV 播出。

其次,各大电视台越来越重视自家网站建设和与大型新媒体机构的合作互赢。CNN 官方数据显示,CNN. com 每月有 3800 万独立访问者,17 亿的页面访问量,1 亿视频浏览量。BBC 环球公布的年报显示,BBC 官网的用户量达到 5 亿。电视台与大型网站的合作已实现双赢。比如电视台与 Facebook 合作,当观众收看电视节目时,可以看到自己 Facebook 主页上朋友们对此节目的评论。2009 年 CNN 与社交网站 Facebook 合作共同报道奥巴马就职,网页左上侧的 Facebook connect 嵌入了 CNN 的直播视频画面,右侧是 Facebook 网友个人转台信息,下侧是其他好友的和就职典礼的相关信息,Facebook 用户能够在收看直播的同时进行评点,结果 CNN 在这一重大事件的转播中大获全胜。

第三,电视台开始针对网络和个性化信息需求的特点,提供更具针对性的产品。比如在美国,当受众想知道特定领域的资讯,可以到电视媒体的网站上设置最喜爱的新闻倾向,网站将会收集这些内容发布到他的邮箱、手机应用和新闻订阅工具。① 这样就将电视媒体的资源优势和网络个性化服务通道有效结合,实现最理想的一对一媒体内容订阅。

第四,网络视频直播迅速发展。"网络直播"这一互联网新宠于 2010 年开始初露端倪,2015 年开始在世界各国迅速发展。一方面直播参与人数激增,社会影响力已不容小视。中国互联网络信息中心数据显示,截至 2016 年底我国网民 7.31 亿,其中 3.44 亿使用直播。另一方面各大资本纷纷介入,专业直播网站与综合性网站争先恐后地开出直播服务,在美国,谷歌旗下视频分享网站 YouTube 在 2010 年已经推出网络直播服务,先发制人。视频直播领域代表性平台 Meerkat 和 Periscope 在 2015 年大放光芒,2015 年 Twitter 通过收购直播网站 Periscope 拥有了自己的直播平台,Facebook 推出了 Facebook Live,2016 年全球最大的图片社交应用 Instagram 推出直播功能……我国目前在线视频直播平台超过 200 家,除了老牌的六间房、9158、YY 之外,虎牙、斗鱼、龙珠等专业的视频直播网站异军突起,综合网站、专业视频网站,百度、腾讯、搜狐、爱奇异等等也

---

① 李舒东等. 国际一流媒体研究[M]. 北京:世界知识出版社,2013:149.

都力推视频直播,多款直播 app 花椒、映客、美拍……数不胜数,已从 PC 秀场发展到手机移动秀场,VR 技术也已经被应用其中。直播一方面给予了人人开设电视台的权利,民间话语力量增强;另一方面带来了电视与网络传播融合的新渠道和新方式。2015 年 8 月天津港发生爆炸事故,CNN 记者雷普利就利用手机网络连线远在美国总部的主持人现场直播。2016 年国家级媒体纷纷"网络直播",人民日报社联合新浪微博、一直播建设全国移动直播平台"人民直播";新华社推出"现场云"全国服务平台,为全国新闻媒体提供资讯直播服务和平台式支持;央视推出量身定制的"正直播"系统。

保罗·莱文森(Paul Levison)说:"一种新媒介在某一功能上战胜一种旧媒介时,并不意味着那一旧媒介会凋谢和死亡,而是意味着那一旧媒介被推进了一个比新媒介运行更好的小生境。"①就目前网络视频的增长情况和网络、电视机交叉收视情况来看,电视和"电视节目"在很长的一段时间内都会与互联网处于并存、并荣状态,未来的三网合一更会加速从输出渠道,到终端传播设备,再到节目内容的融合。这样电视可能不是被推进了一个更好的"小生境",而是进入了一个更为广阔的"大生境"。

第二节　新语境下主持人意见性信息传播的传承与创新

一、新语境下主持人意见性信息表达者的角色坚守

在电视与互联网融合发展的新的媒体环境下,电视节目制作方式、收视环境、收视方式等发生不小的变化,总体来说,电视节目丰富,竞争度提升了,节目主持人也面临更加激烈的竞争,主持人信息传播也面临新的挑战。最重要的表现是对主持人意见的独特性与说服力要求更高。主要基于以下四点原因:

首先,电视节目数量倍增,竞争密度提升。卫星电视、数字电视的普及本来就已经使受众的收视数量和质量发生了质的提升,而网络传播的出现则彻底打破了媒体的区域和传统电视转播技术界限,理论上来讲,任何电视台的节目都可以是"全球卫星转播"。这样一来,一方面破除了曾经的渠道差别,《2012 年

---

① [美]保罗·莱文森. 软利器[M]. 何道宽,译. 上海:复旦大学出版社,2011:40.

全国电视观众抽样调查》数据已经显示,在网络节目收视中,受众对中央电视台和地方电视台的选择比例差不多,均在53%左右;另一方面,受众可以收看的电视频道几何式上升,再加之网络媒体制作的电视节目,电视节目呈现出极大丰盛化状态,节目的竞争密度远远超过曾经。美国人做了这样一项调查,2013年,NBC《晚间新闻》著名主持人布莱恩·威廉姆斯(Brian Williams)的照片进行调研时,仅仅27%的受访者能够准确地识别他的姓名和职业,3%的人知道他是名主持人,居然有53%的受访者不知道照片中的人是谁或者说成了其他人。与之形成鲜明对比的是,1985年,当时晚间新闻的收视率很高,对当时 CBS《晚间新闻》著名主持人丹·拉瑟的类似调查显示,47%的受访者能够准确识别"这是CBS《晚间新闻》著名主持人丹·拉瑟"。① 这足以说明虽然当今电视和电视节目主持人作为一个整体,仍是影响力最大的媒体,但由于渠道的增多,分散了受众的眼球,个体的凸显性难度越来越大。

第二,收视方式改变,收视自主权提升。互网络、IPTV 为受众供给了可以灵活选择的无数种节目,而网络收视更是一改电视强制媒体的特点,在收看节目时任意"前进"和"后退",也就是说,无趣的节目内容受众可以轻易跳过,而有足够吸引力的"篇章",可能会被受众重复多次收看。因此,新媒体收视环境中对信息质量提出更高的挑战。

第三,网络互动式的节目制作方式对主持人意见反应度和征服性都是更高的挑战。互动性是网络的一大优势,如今很多网络自制节目就是利用这一点实现节目与受众全程互动。由高晓松主持的《晓说》(后更名为《晓松奇谈》)就是代表,自2012年在优酷网播出后反响强烈。该节目每周一期,由主持人高晓松谈论一个话题,话题会提前在网上公布,征集网友对该话题的看法,节目中包含大量高晓松个人观点,讲述过程中网友可发表各种评论,好的评论会在屏幕中下方即时播出,实现和节目的全互动。"即时互动"更是网络视频直播的媒介特性。这是受众话语权利拥有性的体现,大大提升了受众的参与性。当多元主体在同一空间进行符号碰撞时,符号传播的积极性、趣味性和夸张性都会同时增加。这种传播环境也对主持人提出了相应的高要求。

第四,互联网给予了每个人意见传播的权利,意见性信息呈现出"千家之

---

① ROB SULS. Who is this man? Many Americans don't recognize top news anchor. Pew Research Center,2014 - 1 - 9.

言"的"五彩缤纷"现象。全球各大电视巨头从十年前开始,就非常重视受众信息的收集与分享,CNN 网站有 iReport(我来报道),BBC 网站 2007 年就充分体现了 web2.0 的功能,用户可定制主页信息、改换颜色、上传视频……成功推出过 *In our time*(《共享时刻》)、*Fighting Talk*(《口水战》)等多档播客节目。对于任何一个话题都可能会在瞬间出现无数意见与评论,《晓说》和《晓松奇谈》虽然取得了不错的收视率,但是不乏历史迷对高晓松某些史实和观点提出质疑,这无疑会影响大众对该节目和高晓松本人的信任度。布劳指出:"一个人在一个群体中获得社会承认的努力很大程度上是由那些受到高度尊敬的成员的赞同所推动的,因为他们对他的赞同性观点影响了别人的观点,因此有一种乘数效应。"①反之,如果受到高度尊敬的成员对某个个体提出质疑,也会影响其他成员。从传播学角度理解便是舆论领袖对大家的思想具有较大的引导作用,在传统的媒体中,舆论领袖不易传播意见,网络则给予了每个个体平等的话语权力,主持人言论仅仅是网络世界中参与公平竞争的一支"声音"。虽然前文谈到主持人在大众媒介获得的认知度、信任度会给予其在网络媒体的传播优势,但网络媒体中还有很多具有类似传播优势继承的群体,比如著名学者、影视明星、商界领袖,等等,除此之外还有网络虚拟世界中诞生的"网络名人""意见领袖"等,如图 7.3。在这种媒介信息传播环境下,主持人失去了在大众媒介中自己独有的言论权,意见凸现度受到阻碍,成为意见领袖的难度加大。CCTV5 总监江和平总结伦敦奥运会的转播时,这样谈到:"网络铺天盖地的声音给我们造成了双重威胁,一是我们的报道人员会依托网络资讯,受网络舆论的影响;二是网络媒体的视频力量变得越来越强大,也会影响和分流我们的能量。"②《中国周刊》的制片人王力军说:"白岩松过去有些一枝独秀的意思,声音很鲜明。现在高屋建瓴的东西少了,尤其是互联网如此发达,他的声音也就没有过去那样显得那么重要了。"③其实不是白岩松的独特观点少了,而是信息传播门槛低了,意见传播主体多了,观点丰富了。调查显示,有 43.8% 的网民表示喜欢在互联网上发表评论,其中非常喜欢的占 6.7% ,比较喜欢的占 37.1% 。④ 这愈加说明,新媒

---

① [美]彼得·M. 布劳. 社会生活中的交换与权利[M]. 北京:商务印书馆,2008:114.
② 江和平. 央视形象 中国声音——浅谈伦敦奥运会的主持、解说与评论[J]. 现代传播,2012(10).
③ 曾繁旭,吴红飞. 新闻改革速度可以更快[J]. 南方人物周刊,2007(19).
④ 第 35 次中国互联网络发展状况统计报告.

体时代对主持人的信息表现和价值提出了超越任何一个是时代的要求,主持人在知识积累、思维反应、意见创意、观点深度等方面必须不断提升。

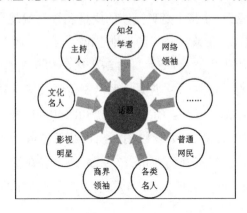

图7.3　新媒体环境下意见传播群体图

二、自媒体运用中主持人意见表达的意义与困惑

网络快速普及带来了自媒体的广泛应用。有人感叹道:将一种传播媒体普及到5000万人,收音机花了38年,电视花了13年,微博只用了14个月,而微信在上线后的433天用户数量即破亿。但中国互联网络信息中心统计数据显示,2013年中国的微博用户已经开始下降,比2012年减少了9.0%的用户。微信已经悄然兴起。新媒体的出现,自媒体技术的日新月异和用户的急速普及,使受众不仅拥有通过"遥控器"评价电视的权力,更有了直接即时发表意见的权力,传统的受众成为同样拥有话语权的意见传播者。正如尼葛洛庞帝在《数字化生存》中所言,在网络上,每个人都可以是一个没有执照的电视台。在自媒体时代,人人都是记者、编辑、主持人。《2012全国电视观众抽样调查分析报告》显示,45.44%的观众由于想要"表达自己的观点、感情、建议"而参与电视节目互动。这说明,当代受众具有较强的意见表达欲望。新媒体从技术层面上的满足了受众这一愿望。对于主持人以及他们的意见传播,自媒体具有更为明显的意义。

第一,受众互动,意见反馈。主持人与受众互动、意见交流,并不是新生行为,最早的书信往来,后来的电话、短信平台,再到新媒体时代的BBS、博客、微博、微信。新媒体以近乎零成本、零门槛、零时差的传播方式,提供了主持人与受众之间的互动。有调查显示,在关注了主持人微博的样本当中曾尝试通过微博与主持人沟通的有44%,比较期望和非常期望在微博中和主持人交流的分别占36%和8%。① 受众观点传达越通畅,深度参与心理越强,主持人与受众之间交流的意见场就越活跃,主持人意见反馈的质量和效率就越高,主持人意见"创作"的素材也随之丰富,意见"创作"的思维也随之活跃。调查数据同样显示,主持人也积极运用新媒体传播观点,并且将新媒体的传播与自身主持节目结合,形成相互支撑状。有人跟踪调查了美国当代5位脱口秀主持人的推特运用状况,他们是 Jay Leno,Jason Lewis,Glenn Beck,Bill O'Reilly 和 Rick Sanchez,调查时间为2009年7月1日至2009年12月24日,结果显示,在他们运用推特传播的信息中,20.34%是回复观众的评价,17.98%是向观众推荐网站链接与之分享,9.53%是向观众询问意见反馈,9.44%是关于某些新闻的个人观点,5.27%是宣传节目主持人的网站……②

第二,摆脱束缚,传播自由。在自媒体中,主持人摆脱了所主持节目"体例"在时长、风格、内容等多方面的束缚,拥有了更广阔的意见性信息传播空间,可以将没有机会通过大众媒体传播的意见、不适合通过大众媒体传播的意见通过自媒体传播。比如,7·21北京特大暴雨,张泉灵作为记者亲身经历、报道了这场灾难。第二天清晨又通过微博表达了自己对此事件更深刻的看法:"一场大雨,十人死亡。很多正能量,守井盖子的工人,奋战一夜的消防、警察、互助的路人……但传递正能量要和反思检讨同时进行,不然倒像是躲避什么了。200多毫米的雨,创纪录了。但创纪录的雨后面就没有中国城市建设长期重地面轻地下的恶果? 这不是北京一个城市需要的反思。"这条微博一周之内被转发20801次,成为当时转发率最高的微博之一。

第三,拉近距离,情感沟通。由于主持人在微博中,传播手段、传播方式、传播内容等方面与电视相比,更为生活化、自然化、丰富化,因此,电视节目中仪式化的感觉被大幅度削弱,主持人与受众心理距离和情感距离更近了。调查中,当问到"您是否感觉在微博/博客中看到主持人的照片、话语等比电视中要亲切",54.55%的受访者回答"是",34.85%的受访者选择"差不多"。另有针对主持人微博受众关注内容的调查数据显示,"个人生活""社会新闻和评论"以

---

① 马浩. 中国电视节目主持人微博形象研究[D]. 河南大学硕士论文,2013:19.
② Kristi Erin Wallace. HOW U. S. TALK SHOW HOSTS USE TWITTER[D]. University of South Alabama,2010:13.

较大优势排在前两位,分别为 39% 和 36%。① 这说明,自媒体成为主持人与受众情感沟通的有效补充。

第四,电视网络,相互配合。从技术角度讲,新媒体不仅没有成为传统媒体的对立方,反而是融合了各种媒体的特长,同时兼顾了声音、影像、图片、文字等媒介传播形态,溶解了不同媒体之间的壁垒。光纤通信技术和卫星通讯技术的发展极大地提高了信息传播的速率,不同形式的内容可以被合并、存储或处理,而且可以快速有效地在同一网络上传输并由相应的设备来接收。② 信息处理技术和传媒技术的界限越来越模糊。主持人通过大众媒体电视传播的意见性信息与自媒体的意见性信息也并不是两种独立媒体的独立信息。传播渠道的增加也就意味着信息暴露率增加的可能性,因此,如果大众媒体和自媒体能够形成配合,传播相互一致的意见观点,将会提升意见性信息的到达率和影响力。

第五,扩大受众,增大影响。从固定的电视节目,到网络自媒体,主持人扩大了意见传播的受众面和影响力。在网络自媒体时代,虽然理论上来讲人人都是记者、编辑、主持人,但却不是每一个自媒体都有高达率,都能具有影响力。由于节目主持人继承了其在现实社会中通过大众媒介带来的公信力和知名度,所以很多著名主持人的自媒体都是网络世界中的"名牌频道"。2012 年发布的国内第一份《中国微博意见领袖研究报告》就显示,百位微博意见领袖中,媒体人最多,共有 33 人(其他三类是:学者 26 人、作家 20 人、商界人士 17 人)。这些媒体人中我们熟知的电视主持人占了相当一部分,比如中央电视台主持人敬一丹,凤凰卫视著名记者、主持人闾丘露薇、阮次山、杨锦麟,等等。在作者进行的问卷调查中,"您的微博'关注'中是否有主持人"一项,84.85% 的受访者选择"有",78.79% 的用户转发或评论过主持人的微博。主持人的微博不仅能够引来线上"围观",高频率转发、二次传播,还常常成为各种媒体的新闻源,形成跨媒介二次传播。

虽然网络自媒体给予了节目主持人意见传播更广阔的空间,但对主持人的"独立"传播能力却是更高的考验。在自媒体中,主持人不再有专业团队作为其强大的支撑,主持人同时担任着导演、策划、撰稿、传播等多种角色,因此,意见观点、表达方式、传播时机等都要完全依靠自己把握。而且正因为主持人自媒

---

① 马浩. 国电视节目主持人微博形象研究[D]. 南大学硕士论文,2013:19.
② 李舒东等. 国际一流媒体研究[M]. 北京:世界知识出版社,2013:130.

体是有影响力的媒体,所以,意见观点获得的"赞"与"踩"都会直接影响到主持人本身的形象和所主持的节目。2013年2月23日杨澜就李某某强奸案,通过微博发表观点道:"劳教一年对一个因为冲动打人的未成年人来说是否惩罚过重?"立刻一片指责声,重压之下,24号晚上,杨澜在微博中道歉:"我眼中的李双江老师是谦和真诚的,对他儿子一错再错,为李老师感到痛心。由于我并不了解当年李天一打人细节,因此有关劳教一年的处罚是否适当的评论是不负责任的。抱歉。法律面前人人平等,没有人可以凌驾于法律之上。"几天的微博论战也引来了很多媒体的全程报道。

综上所述,自媒体为主持人意见性信息传播带来了机遇,也提出了挑战。在这种传播环境下,主持人的优势与劣势并存,同时面临着外部环境的考验,表7.1是主持人自媒体意见性信息传播的SWOT分析。

表7.1 主持人自媒体意见传播SWOT分析

优势:	劣势:
■主持人继承了在传统媒体中的信任度、知名度、受众群、影响力……具有成为"大众自媒体"的先天优势 ■主持人是信息获知优势群体 ■自媒体与大众媒体相互配合传播	■主持人失去了团队支持
机遇:	威胁:
■主持人及时获得意见反馈,促进提升意见性信息传播效果 ■主持人话语空间增大,意见自由度提升 ■主持人意见传播时效性增强 ■主持人传播渠道拓展,传播形式丰富	■意见传播权利平等,意见观点增多,各类意见领袖均有发言机会 ■作为社会公众人物,主持人的意见必须具有客观性、真实性、社会责任性等特征,稍有不慎就会引来负面影响

三、电视节目主持人的"跨媒介"意见性信息传播

在营销学中"跨界营销"是一种重要的营销方式,指不同行业、不同类别之间,相互协作,交叉互助,实现优势互补的营销手段。这里所谓的跨媒介是说跨越原本服务的媒介机构、传播的媒介类型,具体而言主要是指主持人通过其他类型的媒体,电台、网络、报纸、杂志等,或其他传播形式,著作、音乐、话剧、影视剧等,进行信息传播。跨界传播一方面是对主持人影响力、传播力的认可和价值延伸;另一方面也是主持人增加信息表达通道,提升个人影响力的有效方式。

就意见性信息而言,电视节目主持人主要有以下几种跨媒介传播途径:

（一）其他大众媒介传播

除了电视外,电台、报纸、杂志、网站都可以是主持人传播信息的媒介平台。在世界各国,都有很多知名主持人,因为通过电视节目获得了较高的知名度和影响力,其他类型的媒体邀请他们担任主持人、评论员、专栏作家等。比如脱口秀女皇奥普拉·温弗瑞不仅主持电视节目,还拥有属于自己的杂志《O》;英国著名主持人安德鲁·马尔,不仅活跃于BBC电视台的多个节目中,还在BBC广播4频道主持节目《一周的开始》,也在《每日电信报》开设专栏……在我国,这种跨媒介传播的主持人也越来越多。比如:白岩松长期在腾讯网主持体育专栏;体育节目主持人张斌在新浪网"竞技风暴"频道开设专栏;受众在电视中看到战火纷飞的利比亚传来前方记者、主持人间丘露薇的报道,同时也会在《南都周刊》《国际先驱导报》《羊城晚报》等各大媒体间丘露薇专栏中,看到她更多的意见解读。间丘露薇在接受《新闻战线》记者专访时说:"专栏我是一定会写下去的。这些年也写了不少书……对我来说,写东西既是一种表达,也是一种沉淀。"所以,电视节目主持人在其他大众媒介主持节目、专栏,既是一种职业状态的延伸、品牌价值的利用,也是主持人思想、意见的另外一种表达途径,有利于主持人意见的更广泛传播。

（二）著作传播

主持人以非大众媒介节目驾驭者的角色传播途径目前表现出来的有很多,如:著作、影视剧、话剧、音乐、各种线下活动,等等。其中,与意见表达关系最密切的传播方式是"著作"。在我国,主持人出著作是以赵忠祥1995年的《岁月随想》为序幕拉开的,此书共销售108万册,在出版界,50万册以上就是绝对的畅销书了。紧接着杨澜在1996年出版了《凭海临风》,销量在50万册。1997年倪萍的《日子》再创100万册以上销量。之所以能有这么高的销量,跟主持人的号召力密不可分,而且这是一种新的了解电视中的"她/他"的方式。此后很多知名节目主持人都出版过著作。但从2000年以后,当人们熟悉了主持人的这种传播方式后,就不是什么著作都能畅销了。比如李咏的《咏远有李》、朱军的《时刻准备着》就没有被市场和受众接受。有人总结说:"荧屏、爱情、家庭,是这些年主持人出书的惯例,这套模式思路陈旧。"这说明,主持人撰写著作面向社会出版发行,虽然有可能是名利双收的一种传播途径,但并不是每一本著作都有深刻的思想、独到的见解,有些著作不过是主持人日常生活的简单记录,这就难免遭遇挫折和市场冷遇。这十多年的事实证明,一些有思想、有见解的主持人,著作销量一直很好,比如白岩松 2000 年出版的《痛并快乐着》销量在 100 万册以上,2010 年《幸福了吗》销量在 50 万册以上;2001 年崔永元出版的《不过如此》,销量 100 万册以上;等等。不容置疑,著作是主持人意见表达的一种良好途径,但只有优秀的著作才能真正发挥其应有的作用,为主持人锦上添花。著作的质量是对主持人的知识内涵、思维思辨、表达能力的另一种深层次的综合考验。

本章小结

互联网的普及,网络和手机观看视频的普及,网络视频节目的兴起,一方面给电视带来了挑战,与此同时,两种媒介融合发展态势也给电视带来了新的机遇。在媒介融合的新语境下,传播渠道多样,信息产品海量,电视节目丰富、收视方式增多,意见观点多元,主持人的"意见魅力"则面临新的考验。除了传统电视,自媒体的广泛运用,无疑为主持人传播意见信息提供了更为宽广自由的平台,而跨媒体传播也同样拓展了主持人意见性信息表达的空间,这两者是主持人传播力影响力延伸的有效途径。但本章研究的重点,是主持人在电视节目中的意见性信息的话语表达,因此,有关自媒体、跨媒体传播等内容仅做了简要的介绍和评述。

结　语

美国哥伦比亚广播公司（CBS）曾发生过一个颇具戏剧性的故事。同性恋反诽谤联盟认为该电视台评论员安迪·卢内的言论表现出对同性恋的冷漠，电视台迫于压力，给了安迪·卢内停职三个月的处分。然而来自众多观众和专栏作者的观点则截然相反，他们又对 CBS 形成了另外一股压力。后来 CBS 将停职处理从三个月减到三个星期。

这一故事至少说明了两点，一是意见性信息的影响力较大，随时具有一石激起千层浪的可能性，媒体、主持人、观众是意见性信息传播效果的共同承担体；二是意见性信息的传播效果内涵丰富，涉及面广，其对收视率、受众心理和社会舆论等的影响都非常明显。换言之，主持人这一角色在传播意见性信息时，必须高度重视其话语表达的方式（包括内容和形式），尽可能地遵循其内在规律，以获取最佳传播效果。这既是传媒及其从业者应当恪守的准则和追求的境界，也是包括电视节目主持人在内的传媒人的社会责任与担当。

正因如此，本研究立足于电视节目主持人话语表达的内容——意见性信息，阐释其概念内涵，并深入探究其表达方式。研究表明，意见性信息是当代电视节目主持人的常用性信息种类，是主持人自主编码的个性化信息，是主持人个体之间的差异化信息，也是当代受众强烈诉求的信息内容。这种信息的表达，是对主持人综合素质和传播能力的重要考验，也是主持人影响力的直接塑造和体现。通过大量分析已经得出这样的结论：电视节目主持人意见性信息的话语表达不仅仅存在于新闻评论类节目中，而是存在于主持人深度参与的各种节目类型之中，在各种节目中，传播此类信息都具有很强的必要性和独特的功能性。主持人传播意见性信息具有其特别的传播优势、特性、方式、途径等，同时受其内在基础和外在环境制约。

　　节目主持人的主持能力涉及从心理到智力，从内涵到外显，从有声语言到副语言，等等，众多方面。在学界和业界，就主持人是否能够通过"教授"培养而成，一直未停止过辩争。持否定意见的专家认为，主持人需要有极高的天分，而且节目主持是一个综合性要求极强的职业，涉及的相关能力和素养太多，主持人不是完全通过几门所谓的播音主持课程就能够塑造成功的；持肯定意见的专家认为：纵使主持人是一个综合性很强的职业角色，主持传播涉及元素众多，但仍有一定的规律可循，科学的教育对一名主持人是必要的，而且意义很大。无论两者谁更有道理，但是对一个学科理论的不断探索永远是有价值的，理论对实践总是具有指导价值的。对电视节目主持人意见性信息话语表达的研究，至少使主持人从信息内容角度更清晰的认识了观众需求、节目需求，认识了表达什么、怎样表达。

　　与此同时，不可否认电视是一个不断推陈出新的创意产业，电视理念、节目形态每天都在创新，"主持人"这一角色在实际运用中，也不断出现新的现象和发展态势，主持人的概念、技能、诉求等均在不断地变化之中。主持人的意见性信息话语表达也会随着电视产业的变化而变化，主持人必须紧随不断发展的产业要求和受众需求。本文在此总结几点，作为展望和事实证明，也是作者对主持人角色及意见性信息传播可能性变化的几点思考。

　　首先，融节目形态对主持人发展的启示性。英国学者大卫·麦克奎恩(David MacQueen)认为："电视是一种高度类型化的媒介，只有极少数一次性节目会偶尔不在已经确立的一般类型之内。"①但是，不同类型电视节目在节目形态上的相互借鉴和融合，也是近几十年来电视节目创新中出现的不争事实，纪录片、脱口秀、谈话节目、综艺节目、游戏竞赛节目，等等，多种节目形态的特征和表现手法往往同时出现于一档节目之中，作者在此将这种节目形态称之为"融节目形态"，这种节目策划和创意已经越来越明显且广泛地体现于现代节目中。例如：中央电视台《是真的吗》由脱口秀、真相视频调查、现场真假实验、嘉宾猜真假等多个环节构成，将新闻调查、综艺、游戏、脱口秀等节目形态相结合；深圳电视台《饭没了秀》融合了真人秀、综艺表演、纪录、访谈、游戏等节目特征；《倾倾百老汇》是单人脱口秀的艺术表现形式与新闻评论的节目内涵相融合。很久

---

　　①　[英]大卫·麦克奎尔．理解电视[M]．苗棣，赵长军，李黎丹，译．北京：华夏出版社，2003：22．

以前有学者提出"次类型"这一概念,比如综艺节目的次类型可以包括歌唱节目、游戏节目、戏曲节目、谈话节目、模仿秀节目等。这一概念的实例可以追溯于50年代美国的NBC一个空前大型的广播节目 *MONLTR*,即把爵士乐、新闻、人物专访、书评、赞美诗等节目形式熔于一炉。但次类型概念强调的是主类型下"包含"不同类型,融节目形态强调不同节目表现形式的有机"融合"。这种节目形态发展态势对主持人提出更高的要求。首先主持人需要掌握更多类型的节目特征和规律;其次,主持人需要具备更加全面的主持传播能力。

其次,泛主持人化对主持人发展的启示性。近些年在一些电视节目中出现了由主持人担任,却被冠以其他名称的电视人物角色,如《新闻1+1》中白岩松是"观察员",《非你莫属》中黄健翔被称为"主面试官",类似于嘉宾主持人或副主持人的涂磊被称为"观察员"。这不仅仅是一种称谓的变化,它体现出电视节目不断寻求创新过程中,主持人功能的拓展和角色的延伸,这种延伸的趋势显示出,节目中需要主体性、角色性鲜明的意见主体。这种角色泛化、定位独特的传播主体是一种电视现象,更是对传统"主持人"的强大挑战和主持人发展的启示。与此同时,在现代节目形态中,主持人简单的信息传递和环节纽带的作用越来越被弱化。近些年涌现出了很多形象平平,普通话并不标准,也从未学习过"播音主持"的主持人,像乐嘉等人,他们很重要的特点就是在节目意见鲜明、角色性强。

第三,去主持人化对主持人发展的启示性。近年来一些节目中没有设置"主持人"这一角色,但并不意味着节目不需要有人"主持",往往是转而由节目中的其他人物兼职做了主持人。例如:《妈妈咪呀》《中国好声音》(导师选人阶段比赛现场),没有专职主持人,但每一位评委都在多多少少地发挥着主持人的功能。第一季《中国好声音》播出后就有网友调侃的总结四位导师的特点说道:"那英在聊天,杨坤在宣传演唱会,刘欢在开家长会,庾澄庆在做主持人。"这恰恰说明了评委中,有人评点、有人活跃气氛、有人访谈、有人串联,恰似一个配合得当的"兼职主持人团队"。程雷在谈到《妈妈咪呀》几位评委的职责时表示,黄舒骏负责专业评判,金星负责情感沟通,自己负责评委发言时的流程把控。很显然,这也是一个分工鲜明的主持人团队,分别负责意见传播、情感传播和节目把控。这两个团队中的哈林和程磊本身就是比较知名的主持人。这一现象说明,很可能在以后的某些节目中,主持人的功能会在另外一种称谓的角色中体现,而主持人本身也可能扮演着另外一个角色,但兼具主持功能。

对新媒体的研究虽然不是本书的重点,但是新的传输通道、收视方式和制作方式的出现,对任何以电视为研究对象的论文是不可避免的。互联网的特性不必多说,在这种特性下诞生的网络自制视频节目,自2008年起频频创造视觉高峰。这类节目因其创作环境宽松,话语表达自由,观点传播个性,而形成与传统电视节目的差异,且受到青年观众喜爱。作者认为,意见性信息在新媒体环境中会发挥出更高的价值,也会获得巨大的价值回报。

角色论中根据角色的基本形态把角色划分为"理想角色""领悟角色"和"实践角色"。主持人不仅广受关注,也被寄予很多期望,因此是一个承担着很多期望和责任的"理想角色"。主持人需要领悟自我的角色使命、角色权力和角色责任,进而在实践中运用各种传播手段高水准的在执行角色规范过程表现出优秀的实际行为。意见性信息是主持人理想角色中的重要期待内容,领悟角色中的重要理解内容和实践角色的重要执行内容。收笔之时,回看全文。虽然从研究伊始就力求以科学的研究方法做到尽可能全面、深入的研究,但还是由于受到各种内外部条件的限制,最终还是留下一些遗憾之处。

其一,从语言学理论讲,任何话语都包含有意见,只是或多或少,或显性或隐性。但在本文中,笔者还是根据电视节目主持人研究的需要,将信息粗略划分为事实性信息和意见性信息(含情感诉求),并且着重研究意见性信息的话语表达。可是在电视节目信息传播的实践中,两者常常是交融出现,且互为支撑的,因而想要量化意见性信息话语在主持人的话语中所占的比重,就变得相当困难。同时由于文本整理需要投入大量的时间和精力,因此本研究只选取了具有几位著名主持人的一些文本作为研究对象,虽然具有代表性,但全面性上还是略有遗憾的。

其二,受到研究主旨的限制,本文对于意见性信息话语表达的研究主要集中于话语内容和表达方式,对于通过语调、语气、重音等有声语言表达技巧传递意见信息的事实,虽在文中有所提及,但并未深入研究。这些语言表达方法无时无刻不在伴随着话语的表达,与内容一起构成了最终表达的话语意义,因此,今后若条件允许,能够将意见性信息话语表达与有声语言表达技巧结合起来,进行更加深入、细致和全面的研究,相信对主持人传播实践更具现实指导价值。

其三,虽然本文中已经运用了大量国外案例,但由于受到文献资料和节目资源的限制,对其研究还是相对有限,尤其是对欧洲的节目和主持人涉及较少,着实有些遗憾。但可喜的是,近一两年网络视频开始引入国外原版节目,2014

年《艾伦秀》《柯南秀》《周六夜现场》纷纷落户搜狐视频,相信以后还会有更多来自不同国家的优秀节目被引入,这就为全面深入地研究提供了丰富的节目资源。对中外节目主持人的意见性信息话语表达进行比较研究,无疑将有助于进一步完善此项研究,包括从传播实践和理论探索两方面予以充实和拓展。

时间如梭,一晃中国电视节目主持人已经伴随着社会的变迁、媒介的发展和观众的需求走过了近40个春秋。随着视频媒介的发展、节目形态的创新,电视节目主持人的主持形态、传播方式也必定会发生相应的变化,但是话语表达、信息传播是主持人永不更变的角色核心,因而对与之相关的传播实践和理论探索将永无止境。研究还会不断深化,创新发展的实践迫切需要理论的及时回应。

参考文献

一、著作

1. [美]威尔伯·施拉姆,威廉·波特. 传播学概论(第二版). 何道宽,译. 北京:中国人民大学出版社,2010.

2. [美]沃纳·J. 赛佛林,小詹姆士·W. 坦卡德. 传播理论:起源、方法与应用(第五版). 郭振之,主译,北京:中国传媒大学出版社,2006.

3. 李彬. 大众传播学(修订版)北京:清华大学出版社,2000.

4. 李彬. 传播符号论. 北京:清华大学出版社,2012.

5. 郭庆光. 传播学教程(第二版). 北京:中国人民大学出版社,2011.

6. 刘家林. 新中国新闻传播(下). 广州:暨南大学出版社,2010.

7. 刘习良. 中国电视史. 北京:中国广播电视出版社,2007.

8. [美]迈克尔·埃默里,埃德温·埃默里,南希·L 罗伯茨. 美国新闻史——大众传播媒介解释史(第九版). 展江,译. 北京:中国人民大学出版社,2009.

9. [美]加里·R. 埃杰顿. 美国电视史. 李银波,译. 北京:中国人民大学出版社,2012.

10. [英]詹姆斯·卡瑞,珍·辛顿. 英国新闻史. 栾轶玫,译. 北京:清华大学出版社,2005.

11. 岳淼,中国电视新闻节目发展史研究. 厦门大学出版社,2009.

12. 任悦. 视觉传播概论. 北京:中国人民大学出版社,2008.

13. 宋昭勋. 非言语传播学. 上海:复旦大学出版社,2008.

14. [美]卡尔·霍夫兰. 传播与劝服(影印版). 北京:中国传媒大学出版社,2013.

15. [美]艾伦·R. 斯蒂芬森,大卫·E. 里斯,玛丽·E. 比德尔. 美国播音主持实用教程:媒体演播指南(第三版). 林小榆,陈一鸣,译. 北京:清华大学出版社,2014.

16. [美]Carl Hausman,Philip Benoit,Fritz Messere,Lewis B. O'Donnell. 美国播音技艺教程(第五版). 王毅敏,刘日宇,译. 上海:复旦大学出版社,2007.

17. 赵玉明,王福顺. 广播电视词典. 北京:北京广播学院出版社,1999.

18. 杨波.中央人民广播电台简史.北京:北京广播学院出版社,2000.

19. 张颂.中国播音学(修订版).北京:中国传媒大学出版社,2003.

20. 高贵武.主持传播学概论.北京:中国传媒大学出版社,2007.

21. 高贵武.解析主持传播.北京:北京广播学院出版社,2004.

22. 陈虹.节目主持人传播.上海:复旦大学出版社,2006.

23. 陆锡初.节目主持人导论.北京:中国传媒大学出版社,2012.

24. 喻国明.传媒影响力.广州:南方日报社,2003.

25. 应天常.节目主持人通论.武汉:武汉大学出版社,2007.

26. 应天常.节目主持语用学(修订版).北京:中国传媒大学出版社,2008.

27. 吴郁等.电视节目主持人的综合素质研究.北京:中国广播电视出版社,2007.

28. 吴郁.主持人的语言艺术.北京:北京广播学院出版社,1999.

29. 徐浩然等.主持人语言逻辑与管理制度.北京:中国传媒大学出版社,2009.

30. 孙祖平.忽悠主持:主持能成为一门专业吗?.上海:上海文艺出版社,2009.

31. 毕一鸣.主持艺术的新视野:传播学视野中的主持艺术.北京:中国广播电视出版社,2011.

32. 曾志华.中国电视节目主持人文化影响力研究.北京:北京大学出版社,2009.

33. 洪民生.中国中央电视台30年:1958-1988.北京:中国广播电视出版社,1988.

34. 王利芬.对话美国电视.北京:中信出版社,2006.

35. 壮春雨,崔健.新闻主持概论.杭州:浙江大学出版社,2009.

36. 张笑恒.孟非的说话之道.青岛:青岛出版社,2011.

37. 周康梁.做最牛的主持人.广州:南方日报出版社,2009.

38. 任远.名主持人成功之路.北京:中国广播电视出版社,1995.

39. [美]Bob Edwards.爱德华·R·默罗和美国广播电视新闻业的诞生.周培勤,译.上海:复旦大学出版社,2005.

40. 金凯利.脱口秀女王奥普拉的说话之道.北京:电子工业出版社,2011.

41. 杨博一.美国脱口秀.北京:京华出版社,2000.

42. [美]汤姆·海德里克.体育播音艺术.任悦,王群,金北平,徐力译.北京:中国广播电视出版社,2008.

43. 张海潮.中国电视节目分类体系.北京:中国传媒大学出版社,2007.

44. 何勇.德国公共广播电视研究.北京:中国传媒大学出版社,2010.

45. 冉永平,张新红.语用学纵横.北京:高等教育出版社,2007.

46. 赵毅衡.符号学原理与推演.南京:南京大学出版社,2016.

47. [苏]巴赫金.巴赫金全集(第三卷).白春仁等,译.石家庄:河北教育出版社,1998.

48. [英]Louise Cummings.语用学:多学科视角.北京:北京大学出版社,2007.

49. 毕一鸣.广播电视播音与主持艺术新论.北京:中国广播电视出版社,2005.

50. 孙玉胜.十年:从改变电视语态开始(修订版).北京:人民文学出版社,2012.

51. 刘利群、傅宁.美国电视节目形态.北京:中国传媒大学出版社,2008.

52. [法]皮埃尔·布尔迪厄.关于电视.许钧,译.南京:南京大学出版社,2011.

53. 崔莹.做最创意的节目——对话英国权威电视制片人.广州:南方日报出版社版,2011.

54. 仲富兰.广播电视评论.上海:复旦大学出版社,2007.

55. 张昆,大众媒介的政治社会化功能.武汉:武汉大学出版社,2003.

56. 上海文广新闻传媒集团电视新闻中心评论部.电视的记忆.上海:上海辞书出版社,2009.

57. 刘少文.1872－2008中国的媒介嬗变与日常生活.北京:中国社会科学出版社,2010.

58. 张宇丹,孙信茹.应用电视学:理念与技能.昆明:云南大学出版社,2004.

59. 靳智伟.电视受众市场研究.北京:北京师范大学出版社,2010.

60. 支庭荣.大众传播生态学.杭州:浙江大学出版社,2004.

61. 孙宝国.中国电视节目形态研究.北京:新华出版社,2007.

62. 谢耘耕,陈虹.真人秀节目:理论、形态和创新.上海:复旦大学出版社,2007.

63. 时统宇.深度报道范文评析.北京:新华出版社,2001.

64. 何苏六.电视画面编辑.北京:中国广播电视出版社,1997.

65. 赵淑萍.新闻权威与个人魅力.北京:华文出版社,1999.

66. 张龙.记者型主持人角色论.北京:中国广播电视出版社,2009.

67. 杨新敏.新闻评论学.苏州:苏州大学出版社,2007.

68. 龚文庠.说服学——攻心的学问.北京:东方出版社,1995.

69. 赵忠祥.岁月随想.上海:上海人民出版社,1995.

70. 倪萍.日子.北京:作家出版社,1997.

71. [英]大卫·麦克奎恩.理解电视.苗棣,赵长军,李黎丹,译.北京:北京华夏出版社,2003.

72. [法]皮埃尔·布尔迪厄.关于电视.许钧,译.南京:南京大学出版社,2011.

73. [美]詹姆斯·W·凯瑞.作为文化的传播.丁未,译.北京:华夏出版社,2005.

74. [美]John Fiske.电视文化.祁阿红,张鲲,译.北京:商务印书馆,2005.

75. [加]马歇尔·麦克卢洪汉.理解媒介.何道宽,译.北京:商务印书馆,2000.

76. 张启忠.访谈节目编导教程.北京:中国传媒大学出版社,2007.

77. 苗棣.脱口成"秀"——电视谈话节目的理念与技巧.北京:中国广播电视出版社,2006.

78. 尹鸿,冉儒学,陆虹. 娱乐旋风:认识电视真人秀. 北京:中国广播电视出版社,2006.

79. 雷蔚真,邓力. 电视品牌的策划与创建——《艺术人生》透析报告. 北京:中国传媒大学出版社,2008.

80. 涂光晋. 时代之"声"——新时期中国新闻评论研究. 北京:中国人民大学出版社,2011.

81. 梁建增. 《焦点访谈》红皮书. 北京:文化艺术出版社,2002.

82. 赵振宇. 新闻评论研究引论:功能、品格、思维、发现. 北京:中国人民大学出版社,2011.

83. 王逢振. 电视与权力. 天津:天津社会科学院出版社,2000.

84. 王振业,李舒. 广播电视新闻评论(第二版). 北京:中国传媒大学出版社,2009.

85. 钟大年,朱冰. 凤凰秀. 北京:中国友谊出版社,2006.

86. 胡正荣,朱虹. 外国电视名牌栏目. 北京:红旗出版社,2011.

87. 吴郁. 谈话的魅力. 北京:中国广播电视出版社,2007.

88. 吴郁. 提问:主持人必备之功. 北京:中国广播电视出版社,2008.

89. 王群,曹可凡. 谈话节目主持概论. 北京:中国传媒大学出版社,2007.

90. [美]拉里·金,比尔·吉尔伯特. 拉里·金沟通现场. 方海萍,魏青江,译. 北京:中国人民大学出版社,2006.

91. 翁佳. 名牌电视访谈节目研究报告. 北京:中国经济出版社,2006.

92. 童清艳. 超越媒介——揭开媒介影响受众的面纱. 北京:中国广播电视出版社,2002.

93. 秦启文,周永康. 角色学导论. 北京:社会科学出版社,2011.

94. 曹可凡. 道·业·惑:"实"说主持. 上海:上海交通大学出版社,2011.

95. [美]汤姆·海德里克. 体育播音艺术. 任悦,王群,金北平,徐力,译. 北京:中国广播电视出版社,2008.

96. 崔莹. 做最创意的节目——对话英国权威电视制片人. 广州:南方日报出版社,2008.

97. [英]罗宾·艾特肯. 我们能相信BBC吗? 马建国,译. 北京:新星出版社,2012

98. 李舒东等. 国际一流媒体研究. 北京:世界知识出版社,2013.

99. 冯平. 评价论. 北京:东方出版社. 1995.

100. 郭景萍. 情感社会学:理论·历史·现实. 上海:上海三联书店,2008.

101. 金维一. 电视观众心理学. 上海:复旦大学出版社,2005.

102. 彭聃龄,张必隐. 认知心理学. 杭州:浙江教育出版社,2004.

103. 沙莲香. 社会心理学. 北京:中国人民大学出版社,2011.

104. 斯蒂芬·弗兰佐. 社会心理学(第三版). 葛鉴桥,陈侠,胡军生等,译. 上海:上海人民出版社,2010.

105. 姚本先. 心理学概论. 北京:高等教育出版社,2005.

106. 章洁. 大众传媒心理学教程. 杭州:浙江大学出版社,2011.

107. [丹麦]克劳斯·布鲁恩·延森. 媒介融合:网络传播、大众传播和人际传播的三重维度. 刘均,译. 上海:复旦大学出版社,2015.

108. [美]彼得·M. 布劳. 社会生活中的交换与权利. 商务印书馆,2008.

109. [美]兰德尔·柯林斯. 互动仪式链. 林聚任,王鹏,宋丽君,译. 北京:商务印书馆,2009.

110. [苏]肖·阿·纳奇拉什维里. 宣传心理学. 金初高,译. 北京:新华出版社,1984.

111. [英]亚当·乔伊森. 网络行为心理学——虚拟世界与真实生活. 任衍具,魏玲,译. 北京:商务印书馆,2010.

112. [日]今井芳昭. 说服的心理学. 彭曦,译,上海:华东师范大学出版社,2011.

113. [美]菲利普·津巴多,迈克尔·利佩. 态度改变与社会影响. 邓羽,肖莉,唐小艳,译. 刘力,审校. 北京:人民邮电出版社,2007.

114. Qualter,T. H. Propaganda and psychological warfare. New York:Random House,1962.

二、期刊论文

1. 杨礼银、朱松峰. 论哈贝马斯的"实践话语"理论. 国外社会科学,2008(3).

2. 隋岩. 从符号学解析传媒言说世界的机制. 国际新闻界,2010(2).

3. 吴平. 汉语会话中的反馈信号. 当代语言学,2001(2).

4. 李彬. 语言·符号·交流—谈布拉格学派的传播思想. 新闻与传播研究,2000(2).

5. 陈卫星. 西方当代传播学学术思想的回顾和展望(下)[J]. 国外社会科学,1998(2).

6. 江琦,杨山. 问题解决的信息加工机制探析. 宁波大学学报,2002(1).

7. 谢金文. 新闻传媒中意见性信息传播初探——兼谈传播者的素养要求. 新闻记者,2005(6).

8. 马岂停. 意见性信息——媒介竞争的重要手段. 辽宁广播电视大学学报,2010(3).

9. 马岂停. 早期广播意见性信息的传播. 辽宁广播电视大学学报,2010(4).

10. 陆锡初. 节目主持人的点评议论艺术. 现代传播,1998(4).

11. 赵雪. 电视访谈节目的语篇组织模式. 语言文字应用,2006(12).

12. 姚喜双. 播音员、节目主持人的语言评价. 语言文字应用,2005(2).

13. 顾鲲. "场信息":电视谈话节目的根本. 新闻前哨,2010(7).

14. 俞虹. 电视节目主持人发展变奏曲. 电视研究,2008(10).

15. 白岩松. 我们能走多远. 现代传播,1996(1).

16. 朱羽君,殷乐.声音的汇聚:电视评论节目.现代传播,2001(5).

17. 于松明.电视新闻评论节目形态探析.中国电视,2008(11).

18. 高贵武,张丽.境内外电视新闻评论员身份比较.电视研究,2010(8).

19. 高贵武.中美电视节目主持人群体特征比较.国际新闻界,2007(12).

20. 高贵武.谈主持人评论.中国广播电视学刊,2000(9).

21. 高贵武.浅论节目主持人的点评艺术.电视研究,1997(10).

22. 高贵武.节目主持人的影响力及其生成.中国广播,2012(5).

23. 高贵武.个性——主持人评论节目的制胜之道.电视研究,2001(1).

24. 展江.十五名美国电视新闻节目主持人的经历与素质.现代传播,1996(2).

25. 程青.崔永元实话实说.瞭望新闻周刊,1997(Z1).

26. 施玲.广播电视节目主持人与受众的互动关系透视.现代传播,2003(1).

27. 童清艳.探索电视谈话类节目的语言艺术.新闻大学,1999(2).

28. 徐坤.政治喜剧《乔恩每日脱口秀》的讽刺艺术.电影文学,2012(24).

29. 曾繁旭,吴虹飞.白岩松:希望新闻改革的速度可以更快.南方人物周刊,2007(19)

30. 陈金龙.时代特征与马克思主义中国化.马克思主义研究,2008(9).

31. 邵道生.近20年来国民心态发展轨迹研究.浙江学刊,1999(4).

32. 何勇,潘可武.电视是让人说话的:中央电视台"实话实说"暨谈话节目研讨会综述.现代传播,1998(2).

33. 江和平.央视形象　中国声音——浅谈伦敦奥运会的主持、解说与评论.现代传播,2012(10).

34. 水均益.面对关注的时候.电视研究,1997(3).

35. 左漠野.新时期在呼唤名节目主持人.中国广播电视学刊,1988(2).

36. 吴庚振,何其聪.电视主持人评论论辩.现代传播,2003(5).

37. 陆锡初.节目主持人的点评议论艺术.现代传播,1998(4).

38. 任俊英.主持人话语分析.新闻大学,2004(3).

39. 姜力.浅析节目主持人的议论现代传播,1988(6).

40. 唐怡.央视评论员:给新闻第一时间竞争力.新闻与写作,2009(11).

41. 谭天.电视新闻评论节目的划分.电视研究,2005(9).

42. 李萌.电视评论节目的多元化表达——以《新闻深一度》为例.青年记者,2013(6).

43. 喻国明.关于传媒影响力的诠释——对传媒产业本质的一种探讨.新闻战线,2003(6).

44. 蒋肖斌.从《电视红娘》到《非诚勿扰》——电视相亲节目的历史考察.现代视听,2011(9).

45. 刘川郁.从传播学角度解析真人秀节目特性.当代传播,2012(2).

46. 谢耘耕,陈虹.中国真人秀节目发展报告.新闻界,2006(2).

47. 刘萍. 真人秀电视节目受众心理分析及应对策略. 文化学刊,2010(3).

48. 王文捷. 影像形式的复制力量——从国内电视真人秀节目的模仿现象谈起. 文艺争鸣,2011(6).

49. 陈瑶. 欧美电视真人秀节目发展状况报告. 华章,2013(19).

50. 阚乃庆. 欧美电视真人秀节目发展趋势及启示. 现代视听,2007(7)

51. 潘杨华. 探析电视求职节目《非你莫属》的热播原因及存在问题. 金田(励志),2012(9).

52. 黄国文,廖海青. 电视访谈节目的言语功能及互动模式. 外语研究,2008(4).

53. 陶皆良. 关于电视节目主持人话语权的思考. 现代传播,2011(6).

54. 廖圣清. 上海市民的意见表达及其影响因素研究. 新闻大学,2010(2).

55. 郭娟. 电视访谈中的评论性话语引导标记. 现代传播,2013(8).

56. 熊征宇. 电视访谈节目主持人:角色传播力. 新闻战线,2010(6).

57. 李春姬,魏立. 主体话语结构中主持人的提问策略分析. 外语学刊,2010(3).

58. 苗棣. 话语的力量——美国电视的夜间谈话与日间谈话节目(上). 现代传播,1998(4).

59. 苗棣. 话语的力量——美国电视的夜间谈话与日间谈话节目(下). 现代传播,1998(5).

60. 易军. 真人秀节目主持人专业化与传统美学"隐秀"观. 四川戏剧,2013(1).

61. 马少华. 从传播效率的角度谈新闻评论的开头与结尾(下). 新闻与写作,2005(3).

62. 陈冠兰. 电视连续报道与系列报道的融合——以《焦点访谈》2008年的两次大型灾难报道为例. 声屏世界,2008(12).

63. 宋世雄. 回忆最艰巨的一次转播. 体育博览,1997(10).

64. 何涛. 体育赛事电视直播中体育评论员与顾问的配合与合作. 南京体育学院学报,2006(2).

65. 姜欣,张德胜. 浅析体育解说中的情感倾向. 传媒观察,2014(4).

66. 包韶睿. 节目主持人如何应对突发状况——以中国最强音何炅与朱丹的表现为例. 西部广播电视,2013(7).

67. 梁庆婷. 试论电视节目主持人的急智应对策略. 广西社会科学,2006(1).

68. 刘宏艳,胡治国,彭聃龄. 情绪与语言加工的相互作用. 心理科学进展,2009(4).

69. 唐挺,马哲明. 信息消费过程中的信息加工模型研究. 图书情报工作,2007(10).

70. 吴郁. 播音主持语言的定性分析. 中国广播电视学刊,2004(5).

71. 张颂. 关于"通用语言"的思考. 现代传播,2001(1).

72. 张颂. 关于愉悦共鸣的思考. 现代传播,1999(2).

73. 敬一丹. 论节目主持人的语言特点. 现代传播,1987(2).

74. 刘力军. 主持人的语言特点评析. 新闻传播,2006(12).

75. 徐洁. 主持人如何展现独特的语言风格. 南方电视学刊,2011(3).

76. 王非. 电视新闻采、编、播的一体化——试论新闻节目主持人的发展和影响. 现代传播,1983(4).

77. 柯涛. 意见领袖:新闻节目主持人的理想状态. 传媒观察,2003(7).

78. 赵汉庭. 搞好谈话类节目主持人舆论导向. 新闻大学,1997(1).

79. 毕一鸣. 谈话节目中的"场效应"和"场控制"——论谈话节目主持人的调控作用. 现代传播,2004(4).

80. 昌毅. 论主持人的"意见领袖"角色. 新闻世界,2011(10).

81. Rob Suls,Who is this man? Many Americans don't recognize top news anchor. Pew Research Center. 2013,vol 7.

82. Shah D V,Cho J,Eveland W P,Kwak N. Information and expression in a digital age:Modeling Internet effects on civic participation. Communication Research. 2005,vol 32.

83. McLeod J M,McDonald D G. Beyond simple exposure:Media orientations and their impact on political processes. Communication Research. 1985,vol 12.

84. Angela Smith. Lifestyle television programmes and the construction of the expert host. European Journal of Cultural Studies. 2010,vol. 13.

85. Marianna Patrona. 'A mess' and 'rows': evaluation in prime-time TV news discourse and the shaping of public opinion. Discourse & Communication,2009,Vol 3(2).

86. Marianna Patrona. Conversationalization and media empowerment in Greek television discussion programs. Discourse & Society. 2006,Vol 17(1).

三、学位论文

1. 李思墦. 电视互动求职类真人秀节目研究. 广西大学硕士论文,2012.

2. 马浩. 中国电视节目主持人微博形象研究. 河南大学硕士论文,2013.

3. 应吉庆. 国内电视新闻评论的问题与对策. 南昌大学硕士论文,2010.

4. 赵晖. 论电视述评的传播符号和话语系统. 河北大学硕士论文,2003.

5. 林毅. 电视访谈节目中的"倾听". 上海戏剧学院硕士论文,2006.

6. 张婷. 电视新闻深度报道研究. 辽宁大学硕士论文,2012.

7. 张婷婷. 试析《鲁豫有约》节目中的会话特征. 黑龙江大学硕士论文,2009.

8. 华丽. 凤凰台叙事型谈话节目分析. 上海戏剧学院硕士论文,2009.

9. 李敏. 媒介融合趋势下的电视新闻评论创新研究. 暨南大学硕士论文,2011.

10. 钟益帆. 电视评论节目形态初探. 广西大学硕士论文,2002.

11. 高海英. 电视评述主持人的点评艺术——以《焦点访谈》为例. 河北大学硕士论文,2006.

12. 陈荟如. 新闻深度报道的修辞研究. 南京林业大学硕士论文,2011.

13. 代树兰. 电视访谈话语研究. 上海外国语大学博士论文,2007.

14. 朱俊河. 体育解说的叙事学研究. 上海体育学院博士论文,2012.

15. 易旭明. 中国电视产业的制度变迁与需求均衡. 上海大学博士论文,2011.

16. 罗佳. 电视新闻直播语言研究. 中国社会科学院博士论文,2012.

17. 刘秀梅. 多元媒介融合背景下电视节目主持传播的机遇与挑战. 上海大学博士论文,2009.

18. 陈建群. 电视节目播看双方信息对称性及其对节目品质的影响. 华中科技大学博士论文,2011.

19. 陈炜. 俗世之镜——台湾综艺节目研究. 福建师范大学博士论文. 2011.

20. 马琳林. 电视新闻谈话节目主持人言语交际行为研究. 陕西师范大学大学博士论文,2012.

21. 卢迎安. 当代中国电视媒介的公共性研究(1978—2008)——以央视和凤凰卫视为例. 复旦大学博士论文,2009.

22. 崔智英. 电视访谈的语体特征研究. 复旦大学博士论文,2011.

23. 李冬梅. 网络时代中国电视真人秀节目的内容生产与营销创新. 山东大学博士论文,2010.

24. 曹莉. 国内电视谈话节目成功女主持人研究. 华东师范大学博士论文,2010.

25. 游泓. 情感与信任关系的社会学研究. 武汉大学博士论文,2009.

26. 任志峰. 角色论视域下的我国新闻伦理失范问题研究. 武汉大学博士论文,2011.

27. Kristi Erin Wallace. HOW U. S. TALK SHOW HOSTS USE TWITTER. The University of South Alabama,2010.

28. Conway, Michael Thomas. The visualizers: A reassessment of television's news pioneers. The University of Texas at Austin,2004.

四、新闻报道

1. 程喆,王岗. 综艺做主　各大卫视改座次? 中国民航报,13 - 07 - 19.

2. 赵洋.《中国好声音》:2.0 时代的中国"真人秀". 北京日报,2012 - 09 - 20.

3. 洪鹄. 中国电视"相亲交友年"卫视三足鼎立苏军破局. 南都周刊,2010 - 04 - 27.

4. 陈文. 节目现场对掐海归女《非你莫属》主持人遭质疑. 新闻晨报,2012 - 01 - 18.

5. 钱卓. 选手有故事《中国达人秀》火了. 都市快报,2010 - 10 - 11.

6. 郑依菁. 真人秀的中国化之旅. 东方早报,2013 - 05 - 30.

7. 央视节目满意度调查《新闻联播》满意度常年居首. 现代快报网,2013 - 11 - 05.

8. 张欢. 窦文涛锵锵窦文涛. 南方人物周刊,2009 - 02 - 23.

9. 刘洪. 在国外看电视新闻　韩国色情换生存　美国重速度. 国际先驱导报,2009 -

07 – 12.

10. 何艳 . 刘建宏解说总跑题,引水均益吐槽 . 重庆晨报,2014 – 07 – 11.

11. 徐云霄 . 实话实说停播　崔永元:收视率是"万恶之源" . 新华网,2009 – 09 – 23.

12. 杨晓龙 . 荷兰真人秀是否"秀"过了头 . 中国文化报,2013 – 02 – 06.

13. 易东方 . 央视处理人质竞猜事件《今日关注》制片免职 . 新华网,2006 – 09 – 16.

14. 穆恩 . 电视的焦虑 . 中国文化报,2014 – 01 – 23.

15. 陈一鸣 . 三个电视人的十年 . 南方周末,2008 – 12 – 11

16. 郭春晓 . 保加利亚8日起停播脱衣新闻节目《裸露的真相》新华网,2012 – 01 – 10.

17. 吴虹飞 . 电视"老人"白岩松 . 南方人物周刊,2007 – 08 – 03.

18. 张欢,徐湛媛 . 窦文涛锵锵窦文涛 . 南方周末,2009 – 02 – 23.

19. 李多汪,师永刚 . 难以复制的时事开讲 . 南方周末,2002 – 12 – 24.

20. 鲁豫 . 说出自己的故事 . 南方周末,2002 – 07 – 22.

21. 高慎盈,黄玮,刘璐 . 对话著名主持人孟非:应当明白"我是谁" . 解放周末,2012 –
04 – 20.

22. 朱强 . 拷问 CBS"60 分钟"台前幕后 . 新华网,2004 – 06 – 14.

23. 杨逍 . 美国,谁在当主持人 . 环球时报,2005 – 05 – 02.

24. 裴国男 . 韩国主持人竞争日益激烈 . 新浪娱乐,2006 – 11 – 26.

25. 陈文 . 央视羊年春晚收视创新低　观众规模首跌破7亿 . 新闻晨报,2015 – 02 – 22.

26. 杨逍 . 美国,谁在当主持人 . 环球时报,2005 – 05 – 02.

后　记

　　2004 年我从英国利兹大学硕士毕业，当时根本就没想过要从事教书育人的工作或科学研究的工作，一心想着去一线工作，做出一番伟业来。可事事似乎难以预料，毕业仅仅两年，2006 年便来到广东财经大学成为一名大学老师，而且一干就是这么多年。在大学工作，"攻读博士"是获得更多专业养分和研究方法的必要途径，而"博士"也是一种很需要的身份认可。于是，我于 2011 年去到暨南大学新闻与传播学院"读书"。应该说，我是幸运的，年过 30 之时还能再过一次学子生活，抛开求知的层面，对于人生也是颇为有意义。

　　近些年媒介的发展与变迁之迅速，人人深有感触，视频是发展的排头兵，本著作在开写之初还异常火爆的节目，在完稿时也许已经下架了。但是，这并不影响对主持人基础性的话语分析，而且无论媒介和节目以什么节奏和方式变化，视频节目中传播主体的重要性和功能性都是毋庸置疑的，主持人话语一定是节目质量的重要保证，我对自己研究选题的价值深信不疑。2015 年我通过了博士答辩，应该说毕业了。但却始终对自己的研究不满意，总觉得缺少一种途径能够刚性地佐证主持人意见性信息的广泛使用性和重要性。一次学术会议中被他人的研究方法所启示，通过在有效文本库中检测核心词并统计词频的方法被我引入自己的研究，这种量化研究方法获得的结果对研究设想起到了极为有力的支撑，这时我感觉到论证似乎真的立了起来。与此同时又对论文多处进行了修改和增补，最终完成了《电视节目主持人意见性话语研究》这部著作。

　　博士期间的学习，博士论文的完成，再到两年后本著作的出版，都离不开导师曾建雄教授的悉心指导。曾老师治学严谨，为人和蔼，对待学生极为认真负责，我每次请他指导的论文或课题申报书，无论多少字，他都会逐字修改，甚至一个标点符号也不漏过。对于博士论文，曾老师更是不遗余力地进行了数次指导和修改,学生对您的治学精神和为师风度深表敬佩,对您的耐心指导深表谢意! 同时也感谢读博期间给我们上课,传授我知识的林如鹏、范以锦、蒋建国、蔡铭泽、陈致中,等等,诸位老师。

贾 毅

2017 年 5 月 17 日 于广州